체육학 자연과학 및 사회과학 분야의
석·박사 학위 논문, 학술진흥재단 등재지,
등재후보지와 관련된 학회지

논문 작성법

하철수 · 김봉경 지음

가림출판사

체육학 분야는 크게 세 가지로 나눌 수 있는데 자연과학, 인문사회 및 사회과학 분야이다.

본 책에서는 인문사회 분야를 제외한 자연과학과 사회과학 분야 석·박사 학위 논문 그리고 일부분 체육학 분야 학술진흥재단에 등재된 등재지(후보지)와 관련된 학회지 논문 작성 방법을 쉽게 정리하려고 노력하였다.

체육학 분야 석·박사 학위 논문 작성 방법과 학술진흥재단에 등재된 등재지(후보지)와 관련된 학회지 논문 작성 방법은 분명하게 다르다. 또한 석·박사 학위 논문들도 각 대학 지도 교수들에 따라 체계나 구성, 내용이 각각 다르게 나타나고 있는 것이 현실이다.

"모방 없이는 창조도 없다."라는 말이 있듯이 논문을 쓸려면 선행 연구가 있어야 하는데, 대학원 지도 교수들에 따라 수많은 석·박사 학위 논문들이 내용이나 체계, 목차까지도 각기 다르게 표현되고 있어 처음 석·박사 학위 논문을 쓰려는 대학원생들에게는 혼란을 주고 있는 것이 현 실정이다.

대학원생들뿐만 아니라 지도 교수인 필자 자신도 경우에 따라 논문 체계가 바뀌는 것을 보면서 논문의 체계성과 일관성이 필요하다고 뼈저리게 느끼게 되었다.

체육학 분야 논문도 연구 목적에 따라 작성 방법을 달리 해야 한다.

이에 필자는 체육학 분야 석·박사 학위 논문을 쓰고자 하는 학생들이 잘 이해할 수 있도록 이 책을 집필하였고, 처음으로 접하는 체육 관련 학회지 논문 작성 방법을 예시로 보여줌으로써 조금이나마 쉽게 논문을 작성할 수 있도록 하였다.

과거에 필자도 석·박사 학위 논문을 처음 쓸 때 무엇을 어떻게 하여야 할지를 몰라서 매우 난감하였고, 많은 논문 작성법들을 접해 보았으나 체육학에 관련된 논문 작성법이 체계적으로 정리된 것이 없어서 어려움이 많았던 경험이 있다. 논문 작성법에 관련된 교재들 가운데 체육학에 관련된 것은 단 한 권도 없었고, 모두 다른 학과에 편중되어 만들어진 것들뿐이었다.

더욱이 상지대학교 대학원에서 석·박사 지도 교수를 매년 맡아 오면서 반복되는 대학원생들의 질문에 답하다 보니 체육학 관련 석·박사 학위 논문 작성에 관련된 교재의 필요성을 절실하게 느끼게 되었다.

필자는 상지대학교 체육학과에서 지금까지 24년 동안 제자들을 지도하면서 석·박사 학위 논문 작성 내용을 검토하며 체육학에 관련된 학회지에 논문을 게재하였는데, 수없이 게재·수정 후 게재, 수정 후 재심, 게재 불가 등의 판정을 받으면서 학회지에 게재한 논문도 있지만, 게재가 되지 못한 논문도 있다.

뒤돌아보면 체육학 관련 논문 작성법에 관한 올바른 지침이 있었다면 논문의 체계를 제대로 알고 논문을 쓸 수 있었을 테고, 잘못된 논문 작성 방법을 바로잡아 제자들에게 가르칠 수 있었을 것이라는 아쉬움이 크다.

미흡하고 모자라는 부분이 많으나, 체육관 관련 논문 작성법을 처음 정리한다는 마음에서 과감하게 힘을 내어 체육학 가운데 자연과학과 사회과학 분야의 석·박사 학위 논문, 2009년 학술진흥재단에 등재된 등재지(등재후보지)와 일부분 관련된 학회지 논문 작성 요령을 알기 쉽게 기술하고자 노력하였다.

본 교재에서 언급한 내용들은 완벽한 석·박사 학위 논문에 관한 교과서라고는 할 수 없지만, 필자의 오랜 세월 석·박사 학위 논문 지도와 체육학 분야 학술진흥재단에 등재된 등재지 및 후보 등재 학회지 투고 경험을 통한 주관적인 견해와 주장임을 알려드린다. 필자의 교재를 읽고 체육학이라는 학문을 접하는 많은 대학원생들과 체육학도들에게 도움이 되면 하는 바람이 든다.

끝으로 본 교재가 만들어지기까지 사회과학 분야 원고를 정리한 김봉경 박사님과 교재 출간이 가능할 수 있도록 도움을 주신 가림 출판사 강선희 사장님을 비롯한 편집부 직원들께 감사의 말씀을 전한다.

우산골에서 저자 씀

1부

자연과학
분야 석·박사
학위 논문
작성 요령

하철수

체육학 분야 논문들은 연구 절차 및 방법에 따라 논리적이고 체계화된 논문 작성 방법이 필요하며, 과학적 기초 자료를 통한 합리적이고 논리적인 연구 결과가 제시되려면 귀납법과 연역법을 이용하여 결론을 이끌어내어야 한다. 귀납법과 연역법에 관계된 내용을 살펴보면 연구 논문에 제시한 모든 변인들을 포함하여 개별적인 특수한 사실이나 원리로부터 모든 변인들에서 일반적인 명제를 이끌어내는 연구 방법을 귀납이라고 하며, 귀납적인 추리의 연구 방법과 연구 절차를 논리적으로 체계화한 것을 귀납법이라고 한다.

귀납은 연역과는 달리 사실적 지식을 확장해준다는 특징을 가지고 있지만, 전제가 결론의 필연성을 논리적으로 확립해주지 못한다는 한계를 지닌다. 귀납적 추리는 근본적으로 관찰과 실험에서 얻은 부분적이고 특수한 사례를 근거로 전체에 적용하는 이른바 '귀납적 비약'을 통해 이루어진다. 따라서 귀납에서 얻어진 결론은 필연적인 것이 아니라 단지 일정한 개연성을 지닌 일반적 명제 내지는 가설에 지나지 않는다. 귀납은 그 결과의 성격에 따라 일차적인 귀납과 이차적인 귀납으로 나뉜다. 개별 사실들에 대한 관찰과 실험 등으로부터 일반적인 가설이나 법칙을 추론하는 것을 일차적 귀납이라고 한다. 그리고 여러 일반 명제들에서 하나의 이론을 추론하는 것을 귀납이라고 한다.

체육학 분야 중에서 이미 발표된 선행 연구 및 책에서 증명된 하나 또는 둘 이상의 명제를 전제로 하여 새로운 명제를 결론으로 이끌어내는 것을 연역이라 하며, 이러한 연역적 연구 절차와 방법에 따라 연구 논문 등으로 논리적으로 체계화하는 것을 연역법이라 한다.

연역적인 연구 방법은 귀납법과는 다르게 전제와 결론의 구체적인 내용을 문제 삼지 않고 엄격한 논리적인 연구 결과에 따라 결론을 이끌어낸다.

전체적인 연구 논문 내용이 논리적 형식의 타당성을 갖추고 있으면 결론은 전제들로부터 필연성을 가지고 도출된다. 따라서 전제가 결론을 확립해주는 결정적 근거가 되므로, 전제가 제대로 되어 있을 때 결론 역시 제대로 될 수 있어 전제와 결론 사이의 필연 관계는 논리적 형식과 규칙의 타당성에 근거하여 성립된다.

연역적 추리의 연구 방법은 하나의 전제에서 결론을 도출하는 직접추리와 2개 이상의 전제에서 결론이 나타나는 간접추리로 나누어진다.

'대전제 → 소전제 → 결론'의 형식으로 나타나는 삼단논법이 간접추리의 전형적 형식이다. 예를 들면 다음과 같다.

세상 모든 사람들은 죽는다(대전제).

홍길동은 사람이다(소전제).

홍길동은 죽는다(결론).

오늘날의 연구 논문들은 전제로 삼은 가설을 검정하기 위해 가설로 제시한 몇 가지 명제들을 연역해 연구 대상자들을 측정, 실험 및 관찰 등을 통해서 연구 결과를 도출한 후 결론을 이끌어내는 가설연역법을 널리 쓰고 있다.

이러한 가설 설정 방법에는 귀무가설(null hypothesis)과 대립가설(alternative hypothesis)이 있는데, 설정한 가설이 진실일 확률이 극히 적어 처음부터 버릴 것이 예상되는 가설을 말한다.

귀무가설을 영가설이라고도 하는데, 통계적 가설 검정에 쓰이는 수리통계학 용어로 로널드 피셔(Ronald A. Fisher)가 명명하였다.

체육학 분야 중에서 자연과학에 속하는 연구 논문들을 과학적으로 검정하고자 할 때는 비교되는 2개의 표본 집단으로 연구한 결과 자료가 확실하게 평균적으로 차이가 나타난다고 생각되는 경우, 또는 동일 모집단에 귀속하고 있지 않다고 생각되는 경우 그 추측과 반대로 가설을 설정하는 것이 귀무가설이다.

한편으로 대립가설은 통계학에서 귀무가설에 대립하여 '모집단에서 독립변수와 결과변수 간에 관련이 있다'라고 생각되는 경우에 귀무가설처럼 검정을 직접 수행하기는 불가능하며, 귀무가설을 기각함으로써 받아들여지는 반증 과정을 거쳐 인정할 수 있다.

대립가설에는 단측대립가설과 양측대립가설이 있으며, 독립 변수와 결과 변수와의 관련성을 검정할 때 그 방향이 미리 어느 한쪽으로 결정되어 있는 경우이다. 예를 들어, '새로운 축구 선수들에게 적용하는 훈련 프로그램이 기존 훈련 프로그램에 비하여 더 효과적인가?'라는 것을 밝혀 낼 때에 더 효과가 좋다는 가설이 단축대립가설이다.

양측대립가설은 '독립 변수와 종속 변수 간에 관련성 혹은 차이가 존재하는가?' 하는 면에서만 관심을 가지고, 방향은 따지지 않는 가설이다. 예를 들어, 새로운 축구 선수들에게 사용하는 훈련 프로그램이 기존 훈련 프로그램에 비교하여 효과에 차이가 나타났다라고 하는 것이다.

이와 같이 언급한 연역법, 귀납법 그리고 가설 설정에 관계된 체육학 분야 연구 논문들은 연구 목적에 맞게 연구 방법을 적절히 선택하여야 할 것이다.

　체육학부를 졸업하고 나서 대학원에 진학한 학생들은 자신의 장래 목표에 따라 교육대학원, 일반대학원, 특수대학원으로 진로를 결정하였을 것이다. 교육대학원생은 장래 체육 선생님으로, 일반대학원생은 장래 체육 교수로, 특수대학원은 다른 꿈을 가지고 교수님들에게 수업을 받게 된다.

　지금은 교육대학원에서 석사 학위 논문 없이도 일정한 학점을 이수하면 졸업장을 취득할 수 있는 제도가 생겼다. 그러나 일반대학원에 진학한 대학원생들은 석사 과정이든 박사 과정이든 반드시 지도교수의 지도에 따라 석사 학위 논문이나 박사 학위 논문을 제출하여야 한다.

　본 교재를 쓰고 있는 필자도 서울시 소재 H대학교에서 석사 학위 논문과 박사 학위 논문을 쓰고 나서 졸업하였다. 그 당시는 컴퓨터가 없을 때여서 논문을 원고지에 직접 쓰든지 타자기를 두드려서 작성해야 할 형편이었다. 지금 생각해 보면 웃음이 나오지만, 당시 원고를 쓸 때 힘주어 펜을 잡다보니 가운뎃손가락 마디가 계속 눌려 굳은살이 생길 정도였다.

　체육학 분야에는 지금도 예전처럼 올바른 석·박사 학위 논문 작성법 교재가 없다. 그러다보니 전국에 있는 수많은 지도 교수들에 따라 석·박사 학위 논문 작성법이 다르다. 그러므로 전국에 있는 대학원에서 제시하는 석·박사 학위 논문 내용을 정리한 후 주관적인 관점에서 이 책 내용을 엮고자 하니 별다른 오해가 없기를 부탁한다. 미흡한 실력이나마 조금이라도 도움이 되기를 바랄뿐이다.

석·박사 학위 논문 작성 요령

1. 논문이란

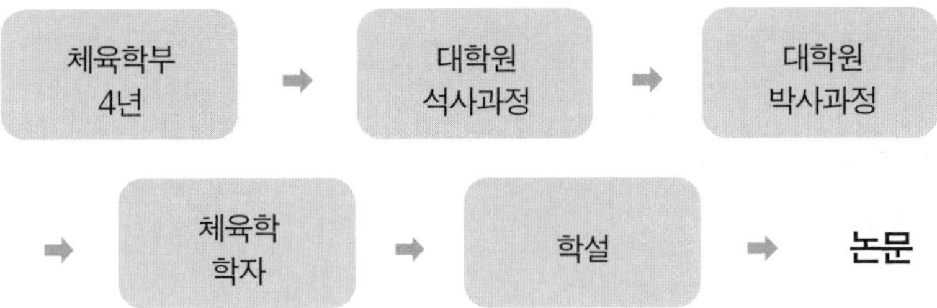

요즈음은 체육 계열 학과를 졸업하면서 체육학사증을 취득할 수 있는 방법이 다양하다. 체육학부 4년 생활을 총정리하는 의미에서 논문을 쓰게 하는 대학, 실기 시험을 통과해야 졸업시키는 대학 그리고 체육과 관련한 일정한 자격증을 취득하여야 졸업시키는 대학도 있다.

논문을 써야 졸업할 수 있는 대학 학생들은 그나마 논문이 무엇인가를 접해 보겠지만, 그렇지 않은 대학 졸업생들은 대학원 진학과 동시에 석·박사 학위 논문을 써야 하므로 많은 고충이 따른다. 본 교재는 이런 고충을 느끼는 대학원생들에게 조금이나마 힘이 되고자 한다.

논문이란 학설이라고 볼 수 있는데, 석사 학위 청구 논문을 제출하면 석사 학위를 받는다. 석사 학위를 받고나서는 본격적인 체육학자로서 자격을 갖는다고 해도 지나친 말이 아니다. 따라서 체육학자가 되는 첫 관문인 석사 학위 논문은 대단히 중요하다.

이런 맥락에서 지금부터 석사 학위 논문 작성법에 대해 언급하도록 한다. 체육학에서 자연과학 분야의 석·박사 학위 논문은 특수한 경우를 제외하고는 비슷한 방법으로 전개되므로, 석·박사 학위 논문 작성법을 같이 기술하고자 한다.

2. 주제 선정

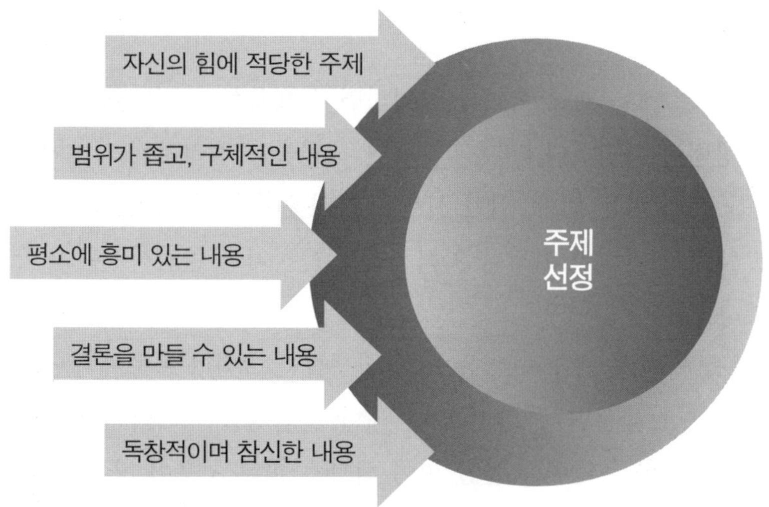

위의 5가지 항목 중에서 주제 선정에 자신이 없다면 주제는 논문 전체를 완성한 후에 정하여도 늦지 않다. 논문 전체가 완성된 후라

면 수시로 주제를 바꾸어야 하는 상황이 오히려 없을 것이다. 이것
은 주제 선정으로 스트레스를 전혀 받을 필요가 없다는 이야기이다.

3. 목차 정하기

책을 쓰는 것과 마찬가지로 논문도 대략적인 줄거리를 잡고 쓰기
시작한다. 여기서 줄거리는 곧 목차를 의미한다. 무슨 글을 쓰든 '모
방 없이는 창조가 없다' 고 보므로, 주제 선정 이후에 목차 잡기가 힘
든 대학원생들을 위해 전국 대학원에서 발표한 석사 및 박사 학위
논문에 언급한 목차를 예시로 들어본다. 필자가 제시하는 12가지 예
시를 자세히 읽어보고 자신의 연구 내용에 맞는 목차를 선정하여 응
용하기 바란다.

예 1
1994년 2월에 발표한 M대학교 대학원 석사 학위 청구논문 목차

Ⅰ. 서론
  1. 연구의 필요성 및 목적
  2. 연구 문제
  3. 연구의 제한점
Ⅱ. 이론적 배경
  1. 젖산의 축적
  2. 젖산 제거

3. 수분의 손실 및 보충
  4. Alkaline ION음료
  5. 요
Ⅲ. 연구 방법
  1. 연구 대상
  2. 실험 도구
  3. 실험 방법
    가. 운동 부하 방법
    나. Alkaline ION음료 섭취
    다. 혈중 젖산 농도 분석
    라. 혈액 채취 방법
  4. 채뇨 시기 및 실험 방법
Ⅳ. 결과 및 고찰
Ⅴ. 결론 및 제언
참고 문헌

예 2

2005년 2월에 발표한 H대학교 대학원 석사 학위 청구논문 목차

국문 요지
Ⅰ. 서론
Ⅱ. 연구 방법
  1. 연구 대상
  2. 연구 기간 및 절차
  3. 실험 도구
  4. 실험 설계
  5. 측정 방법
  6. 자료 및 결과 처리

Ⅲ. 연구 결과
Ⅳ. 고찰
Ⅴ. 결론
참고 문헌
Abstract

예 3

2007년 12월에 발표한 S대학교 대학원 석사 학위 청구논문 목차

국문 초록
Ⅰ. 서론
　　1. 연구의 필요성
　　2. 연구의 목적
　　3. 연구 문제
　　4. 연구 가설
　　5. 연구의 제한점
　　6. 용어의 정의
Ⅱ. 이론적 배경
　　1. 피드백
　　2. 운동 학습
　　3. 골프 퍼팅
　　4. 운동학적 분석
Ⅲ. 연구 방법
　　1. 연구 대상
　　2. 연구 기간 및 절차
　　3. 측정 도구
　　4. 측정 방법
　　5. 자료 처리

예 4

2007년 12월에 발표한 S대학교 대학원 석사 학위 청구논문 목차

예 5

2007년 2월에 발표한 S대학교 대학원 석사 학위 청구논문 목차

Abstract

2003년 2월에 발표한 S대학교 대학원 박사 학위 청구논문 목차

Ⅰ. 서론
    1. 연구의 필요성
    2. 연구 목적
    3. 연구의 제한점
    4. 용어의 정의
Ⅱ. 문헌 고찰
    1. 야구 타격의 운동 기술
    2. 인체분절 및 배트의 역할과 움직임
    3. 야구 타격에 관한 연구
Ⅲ. 연구 방법
    1. 연구 대상자
    2. 실험 도구
    3. 실험 설계 및 절차
    4. 자료 분석 방법
    5. 통계 처리
Ⅳ. 연구 결과
    1. 운동학적 분석
    2. 운동역학적 분석
    3. 배트 속도와 운동학적 및 운동역학적 변인의 관계
Ⅴ. 논의
    1. 운동학적 변인
    2. 운동역학적 변인
    3. 배트 속도와 분석 변인과의 관계
Ⅵ. 결론 및 제언

    1. 결론
    2. 제언
참고 문헌
Abstract

예 9

2006년 2월에 발표한 H대학교 대학원 박사 학위 청구논문 목차

국문 요지
Ⅰ. 서론
Ⅱ. 연구 방법
  1. 연구 대상
  2. 연구 기간 및 절차
  3. 실험 설계
  4. 실험 도구
  5. 실험 방법
  6. 결과 처리
Ⅲ. 연구 결과
  1. 운동학적 분석
  2. 전정기관 분석
Ⅳ. 고찰
Ⅴ. 결론
참고 문헌
Abstract

예 10

2006년 2월에 발표한 S대학교 대학원 박사 학위 청구논문 목차

Ⅰ. 서론
  1. 연구의 필요성
  2. 연구의 목적
  3. 연구의 제한점
  4. 용어의 정의

2007년 12월에 발표한 D대학교 대학원 박사 학위 청구논문 목차

예 12

2008년 2월에 발표한 H 대학교 대학원 박사 학위 청구논문 목차

4. 서론 작성 요령

논문의 서론 부분은 크게 두 가지 내용인 연구의 필요성과 연구 목적으로 구성한다. 필자의 경험에 의하면, 연구의 필요성과 연구 목적은 다음과 같은 순서로 세분화하면 된다.

- (주제 내용에 대한) 정의
- 연구의 중요성 및 필요성
- 문제 제기
- (국내외) 선행 연구
- 연구 목적

1) 정의 부분 작성 요령

필자가 쓴 논문 "태권도 나래차기 운동학적 분석"의 서론에 기록한 정의의 일부로 예를 들어보면 다음과 같다.

예

태권도 경기에서 나래차기는 근접한 거리에서 상대 선수가 있을 때 뒷발을 들어 올려 몸통 돌려차기를 하면서 착지와 동시에 점프하여 다음발로 돌려차기로 연결하는 다득점 발차기를 말한다(국기원, 2005).

인용한 문장은 반드시 참고 문헌(예 – 국기원(2005), 태권도교본, 서울 : 오성)에 순서대로 기록하여 놓는다.

2) 연구의 중요성 및 필요성 작성 요령

주제에 관련 있는 연구의 중요성 및 필요성을 논문에 반드시 언급해야 한다. 필자가 쓴 논문 "태권도 앞돌려차기 운동학적분석"의 서론에 기록한 중요성 및 필요성에 관한 내용을 예로 들면 다음과 같다.

예

근래에 외국 선수들의 기술과 체격 등이 급속히 발달하면서 경기력의 차이는 현저히 줄어들고 있으며, 세계 선수들의 평균 신체 조건에 비해 우리 선수들의 평균 신체 조건은 매우 낮다. 이런 점에서 단일 공격은 승패에 많은 위험성을 가지고 있으며, 앞으로의 메달권은 장담하기 어려워진다.

공격의 형태는 시합의 전개에 따라 변화되어가기 때문에 자신의 신체적, 기술적 여건을 고려하고, 상대 선수의 동작 특성을 파악하는 일이 매우 중요하다. 경기에서 공격 방식은 단일 공격과 복합 공격으로 나눌 수 있다. 복합 공격보다는 단일 공격이 많아져 경기가 단순화되면서 태권도는 스릴과 흥미가 떨어지는 관람 스포츠로 자리 잡아가고 있는 것이 현실이다. 태권도 발전을 위해서는 다양한 공격 방식으로 경기가 이루어져야 하며 난이도에 따른 득점별 차이가 필요하다.

본 연구를 통하여 일반 선수들이 보다 나은 훈련 방법으로 훈련하고 과학적으로 증명된 발차기 형태로 훈련하여 높은 득점 성공률을 나타내어 보다 좋은 경기력을 갖게 하는 것에 연구의 필요성을 두고자 한다.

3) 문제 제기 작성 요령

주제에 알맞은 문제 제기를 하여야 한다. 필자가 쓴 "비타민 C, E 복합 섭취가 최대하 운동 후 지질과 산화물 및 SOD 활성도와 혈중 피로 물질에 미치는 영향"이라는 논문 서론 부분에서 문제 제기 부분의 예를 들어보면 다음과 같다.

예

운동으로 인한 근육 손상에 대한 항산화 보충제의 효과를 평가하기 위하여 매우 많은 연구가 수행되었고 특히, 근육 통증을 유발하는 방법을 통해 근육으로부터 유출되는 혈청 내의 효소들(creatine kinase; CK, lactic acid dehydrogenase; LDH, malondialdehyde; MDA, myoglobin)을 사용하여 항산화제 효과에 대한 연구가 수행되었으나, 이러한 지구성 운동이 항산화 방어 능력에 긍정적인 결과만을 보고하지는 않았다(Powers, Criswell, Lawler, Ji, Martin, Herb, & Dudley, 1994 ; Tidus, Pushkarenko, & Houston, 1996). 지금까지 많은 연구에서 산화스트레스의 인자로서 운동이 항산화 방어능력에 긍정적 반응을 나타내는가에 대해 다루어왔으나, 지구성 운동이 항산화 방어능력에 긍정적 영향을 미치는지와 부정적 영향을 미치는지에 대한 명확한 규명은 이루어지고 있지 않으며, 항산화제의 보충 섭취가 어느 정도 효과를 주는지 또한 명확하지 않다. 본 연구에서는 장기간의 고강도 지구성 운동에 따라 지질 과산화물질 생성이 어떻게 변화되는지와 자체 방어물질로서 SOD의 활성화를 판단하고 항산화제로서 비타민 C와 E를 섭취했을 때 인체 내 산화적 스트레스를 어느 정도 억제하는지 규명하고 산화적 스트레스의 억제를 통한 피로물질을 효과적으로 통제하는지를 규명하고자 하였다.

4) (국내외) 선행 연구 작성 요령

논문에는 주제에 맞는 국내외 선행 연구를 기술해야 한다. 필자가 쓴 논문 "비타민 C, E 복합 섭취가 최대하 운동 후 지질 과산화물 및 SOD 활성도와 혈중 피로 물질에 미치는 영향"의 서론에 기록한 선행 연구를 예로 들어본다.

예 1

비효소계 항산화제는 항산화 효소와 함께 산화 스트레스(oxidative stress)에 대한 강력한 제거제(scavenger)로서의 역할을 한다고 알려져 있으며(Packer, 1991; Goldfarb, Mcintoxh, Boyer, & Fatourso, 1994 ; Kanter, Nolte., & Holloszy, 1993; Reid, Sotkic, Koch, Khawli., & Arturoleis, 1994), 특히 외부적 항산화제 중 비타민 E와 C는 가장 뛰어난 항산화 능력을 가지고 있는 것으로 평가되고 있다. 비타민 E(α-tocopherol)는 미토콘드리아 막에 존재하면서 유리기의 연쇄 반응을 차단하는 강력한 지용성 비타민이며, 막 지방질의 산화적 손상에 대신하여 유리기와 반응하며 조직 손상을 예방한다고 하였으며(Packer, 1991), 비타민 C는 산화형 비타민 E(α-tocopheroxy1 radical)를 환원형으로 재생산하며, 수용성 과산화 유리기에 대한 보호제로서 알려지고 있다. 혈장에서의 지질 과산화는 ascorbate가 전부 산화되기 전까지는 발생하지 않는다고 하였으며, Halliwell과 Foyer(1976)의 연구에서 비타민 C는 superoxide radical(O_2^-)를 hydrogen peroxide(H_2O_2)로 환원시켜 O_2^-를 제거하고, singlet oxygen($1O_2$)의 소거제로 작용함으로서 산화 반응을 억제한다고 하였다. 지구성 운동은 조직의 항산화 능력에 영향을 미치는데 골격근, 심장과 같은 특수 조직의 항산화 능력을 향상시키며(Jenkins, 1988; Ji, 1995), 항산화 능력의 적응은 심한 운동 시 산소 섭취량의 증대에 의해

발생하는 산소 유리기에 대한 세포의 중요한 보호 작용을 의미하는 것
이다(Leeuwenburgh, Hoolander, Leichtweis, Reid, Stokic, Koch,
Khawli, Arturoleis, Reid, Stokic, Koch, Khawli, Arturoleis, 1994).
특히 외부적 항산화제 중 비타민 E와 C는 가장 뛰어난 항산화 능력을
가지고 있는 것으로 평가되고 있다.

필자가 쓴 논문 "주기화된 12주간의 근력 트레이닝이 복싱 선수들
의 최대 무산소 파워 및 등속성 근력 향상에 미치는 영향"의 서론에
제시한 선행 연구는 다음과 같다.

예 2

복싱 선수의 체력 훈련에 관한 연구 보고에 의하면, '폭발적인 체력
의 향상은 대개 초-최대 근력(higher maximum strength)에서 발생
하며 최대 근력을 향상시킴으로써 폭발적인 체력을 향상시키는 것이
가장 쉬운 방법이라는 것이다(Getke & Digtyarev, 1989)' 라고 하였
고, Fleck와 Kraemer(1988)의 연구 보고에 따르면, 근력 트레이닝의
결과로 생리적인 적응이 생기면서 건과 인대가 증진된다는 것이다. 이
와 같은 결합 조직의 증진은 복싱 선수의 골격근 조직의 부상을 방지할
수 있도록 도와준다. 또한 웨이트 트레이닝과 같은 강도 높은 신체 활
동은 골격 내에 무기물을 증가시켜 부상의 가능성을 줄이고 골격 조직
을 강하게 만들어준다(Fleck & Kraemer, 1988)고 하였고, 근력트레
이닝이 거의 모든 스포츠 활동에서 선수들의 근력 및 근 파워 증가를
위한 수단으로 활용되고 있으며, 경기력 향상에 필수 요인이라는 사실
을 인식하고 있는 실정이다(이석인, 오대성, 강희성, 1993).

필자가 쓴 논문 "태권도 나래차기 운동학적 분석"의 서론에 제시
한 선행 연구는 다음과 같다.

예 3

지금까지 연구 보고된 태권도 발차기 기술에 대한 선행 연구들을 살펴보면, 김창국(1992)은 태권도 돌려차기 동작의 운동역학적 분석을 하였고, 김승재(1993)는 태권도 차기 기술의 운동학적 동작 형태 분류를 하였으며, 윤동섭(1996)은 태권도 앞돌려차고 돌개차기의 연속 동작에 대한 운동역학적 분석을 하였다. 김상복, 김주선(1997)은 태권도 돌려차기 시 관절 운동을 분석하였으며, 이재봉(2001)은 태권도 돌려차기 동작의 운동학적 분석을 하였다.

앞돌려차고 나래차기 동작에 대한 운동학적 분석을 연구 보고한 안왕식(2004)은 발차기의 임팩트까지 시간과 신체 각도, 신체 중심 이동을 분석하여 몸통의 회전에 따라 발차기의 빠르기가 다른 것과 연속 발차기의 올바른 중심 이동과 각도 변화를 분석하였고, 이종갑(2004)은 태권도 우수 선수의 안면 돌려차기 동작의 운동학적 분석을 실시하여 동작 시간과 신체 중심의 변위를 찾아 DLT 3차원 분석을 하였다.

필자가 쓴 논문 "복싱 선수들의 근력 트레이닝 프로그램이 전문 체력 향상에 미치는 영향"의 서론에 제시한 선행 연구의 예는 다음과 같다.

예 4

복싱은 다양한 각도와 스피드에서 발휘되는 격렬한 힘(force)을 특징으로 하는, 부상의 우려가 대단히 큰 스포츠 종목 중 하나이다. 특히, 복싱 선수의 강한 근력은 상대 선수로부터 가해지는 엄청난 충격으로 야기될 수 있는 부상을 사전에 방지하고, 경기력 향상의 필수 요소라 할 수 있는 파워를 향상시키기 위한 기본적인 요소이다. 여러연구 (Estwanik Boitano., & Necip, 1984; Dengel et al., 1987; Ebben & Blackad, 1997; Estwanik, 1991)에 의하면, 복싱 선수를 위해 올바르게 고안된 근력 트레이닝 프로그램은 펀치의 속도, 지구력 및 파워 증진은 물론 부상을 줄일 수 있는 능력이 향상되는 것으로 나타났다. 따라서 복싱 선수들에게 근력 트레이닝은 성공적인 경기 수행을 위해 매우 중요하며, 부상의 가능성도 줄일 수 있기 때문에 복싱 선수들의 훈련 프로그램에 반드시 포함시켜야 할 것이다.

이상과 같이 예시로 든 4가지 선행 연구 내용이 정석은 아니지만, 참고하면 도움이 될 것이다.

5) 연구 목적 작성 요령

서론 부분에서 연구 목적은 가장 중요한 내용으로 목적을 명확하게 제시해야 한다.

일반적으로 논문에 제시하는 연구 목적은 몇 가지 유형으로 나눌 수 있는데, 필자가 쓴 논문 "양궁 선수들의 경기력 향상을 위한 셋업에서 슈팅 동작까지 지면반력 분석"에서 그 예를 들어본다.

예 1

이에 본 연구에서는 지면반력기(Force platform system)를 이용하여 남자 양궁 우수 선수 집단과 비우수 선수 집단 간에 셋업에서 슈팅 시까지 신체 중심 이동의 전후 결과, 좌우 결과 및 압력 중심의 상하에 대한 지면반력 변화를 비교 분석함으로써 양궁 선수들과 지도자들에게 경기력 향상을 위한 기초 자료를 제공하는 데 연구 목적이 있다.

“체력 향상을 위한 축구 선수들의 훈련에 따른 혈액 변화에 관한 생화학, 혈액학, 기타 검사 분석”에서 예를 들면 다음과 같다.

예 2

본 연구는 체력 향상을 위한 남자 축구 선수들의 장기적이고, 지속적인 훈련에 따른 혈액 변화에 관한 생화학 검사, 혈액학 검사, 기타 검사 중에서 18개 검사 항목을 선정하여 훈련 전과 훈련 후의 체내 여러 가지 혈액 변화, 체내 호르몬 변화를 규명함으로써 남자 축구 선수들이나 축구 지도자들에게 보다 나은 체력 향상을 위하여 효과적이고, 체계적인 훈련을 위한 기초 자료를 제공하는 데 연구 목적이 있다.

“단기간 크레아틴 투여에 따른 축구 선수들의 근력 및 요 크레아틴에 미치는 영향”에서 연구 목적을 예로 들어보면 다음과 같다.

예 3

본 연구에서는 축구 선수들의 강도 높은 훈련을 통해 크레아틴 구강 투여 후 축구 선수들의 근력 향상 및 체내 크레아티닌의 변화를 비교 분석하여 경기력 향상을 위한 영양 보조물로서의 역할을 규명함으로써 축구 선수들의 근력 향상을 위한 기초 자료를 제시하고, 크레아틴 loading 투여와 소량 투여의 비교를 통해 효과적인 투여 방법을 밝히는 데 그 목적이 있다.

“여자 대학생들의 턱걸이 수행 능력 향상을 위한 운동 프로그램”이라는 논문의 연구 목적을 예로 들어본다.

직업적 요구에서의 턱걸이 수행 능력은 여성에게 또한 그 능력을 기르는 데 있고 여자들의 기본적인 트레이닝 보급에 목적이 있다.

"크레아틴 loading과 크레아틴 소량 섭취가 근력, 요 크레아티닌 및 신체 구성에 미치는 영향"이라는 논문에 밝힌 연구 목적 내용은 다음과 같다.

따라서 본 연구에서는 축구 선수들의 강도 높은 훈련을 통해 체지방률, 크레아티닌, 최대 근력이 1일 3g의 low-dose 크레아틴 보충과 4일 동안 1일 20g의 loading 프로토콜과 그 후 매일 5g의 크레아틴 보충의 효과가 어떻게 나타나는지 비교하는 데 있다.

"태권도 나래차기 운동학적 분석"이라는 논문의 연구 목적은 다음과 같다.

본 연구는 태권도 경기 시 사용 빈도 수가 높고, 다득점을 얻을 수 있는 나래차기 동작을 우수 선수 집단과 비우수 선수 집단을 3차원적 영상 분석을 통하여 시간 변인, 인체 중심의 변인과 인체분절 변인에 대하여 비교 분석함으로써 태권도 선수들과 지도자들의 경기력 향상에 도움을 주는 데 연구 목적이 있다.

"항산화제 투여와 지구성 고강도 운동이 MDA 활성화에 미치는 영향"이라는 논문에서는 연구 목적을 다음과 같이 밝히고 있다.

본 연구는 장기간의 고강도 지구성 운동에 따라 지질 과산화물질 생성이 어떻게 변화하는지와 항산화제로서 비타민 C 섭취를 했을 때 지질 과산화 물질의 생성 변화를 평가하여 산화적 스트레스를 어느 정도 억제하는지 규명하여 산화적 스트레스에 대한 항산화제의 역할과 실질적으로 지구성 운동을 통해 항산화 방어능력이 인체에 긍정적 영향을 미치는지를 규명하고자 하였다.

"복싱 선수들의 근력 트레이닝 프로그램이 전문 체력 향상에 미치는 영향"이라는 논문에 기록한 연구 목적은 다음과 같다.

따라서 본 연구는 복싱 선수들의 근력향상 프로그램을 개발하고, 이를 적용시킴으로써 개발된 근력 트레이닝 프로그램의 효율성을 검증하는 데 있다. 근력향상 프로그램은 첫째, 체력의 근간이 되는 최대 근력의 향상, 둘째, 선수들의 경기력에 직접적으로 영향을 미치는 전문 체력의 향상을 목표로 구성하였고, 부차적으로는 이를 통해 우리나라 복싱 국가 대표 선수들이 올림픽, 아시안게임 등 주요 국제 대회에서 상위 입상하여 국위를 선양하는 데 기여하고, 또한 본 연구를 토대로 향후 유도, 레슬링, 태권도 등의 종목으로 확대하여 효과적인 근력 트레이닝 프로그램을 개발하고 적용함으로써 우리나라가 세계 체육의 강국으로 도약할 수 있도록 일조하는 데 그 목적이 있다.

연구 목적은 논문에서 가장 중요하게 기술해야 하는 부분인데, 특히 석 · 박사 학위 논문은 기여도와 공헌도가 있어야 한다. 예를 들면, 체육 현장에서의 기여도와 공헌도가 체육학 석 · 박사 학위 논문의 연구 목적에 없다면 석 · 박사 학위 논문으로서 의미가 없을 것이다.

4. 이론적 배경 작성 요령

일반적으로 자연과학 분야의 석·박사 학위 논문 목차는 다음과
같다.

자연과학 분야 논문 목차

국문 초록
Ⅰ. 서론
Ⅱ. 연구 방법
　1. 연구 대상
　2. 연구 기간 및 절차
　3. 측정 도구
　4. 측정 방법
　5. 자료 처리
　6. 통계 처리(결과 처리)
Ⅲ. 연구 결과
연구 결과 및 고찰(논의)
Ⅳ. 논의
Ⅴ. 결론
참고 문헌
Abstract

위와 같이 자연과학 분야의 논문에는 목차에 이론적 배경이 없는
경우가 많으며, 인문사회나 사회과학 분야에는 이론적 배경이 많이
기술되고 있는 실정이다. 그 이유는 자연과학 분야 논문은 서론이나

연구 방법 부분에 상당히 많은 내용의 이론적 배경을 언급하기 때문이라고 본다. 필자의 경험에 의하면 체육학 분야 중 자연과학 분야에서는 이론적 배경을 언급하지 않는 편이 낫다고 생각한다.

5. 연구 방법 작성 요령

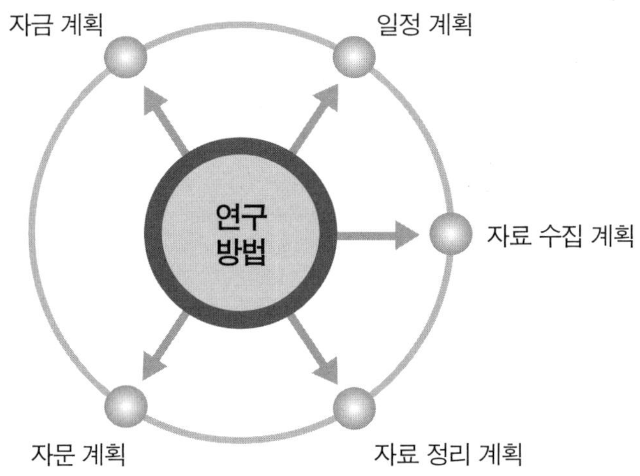

 석·박사 학위 논문뿐만 아니라 모든 체육학 연구 논문에서 '연구 방법' 부분은 전체 논문 중에서 '꽃'이라고 표현하고 싶다. 설계를 하지 않고서는 집을 짓지 못하듯이 논문도 연구 방법이 없으면 쓸 수 없다. 따라서 대학원생들은 어느 부분보다 연구 방법에 시간을 많이 투자하여 논문을 제대로 진행해야 한다.

연구 방법 중에는 여러 가지 항목이 있을 수 있는데, 쓰고자 하는 논문 제목에 맞게 연구자 중심으로 차례를 정리하여야 한다.

지금부터 기술하는 연구 방법 차례는 필자가 일반적으로 사용하는 자연과학 분야의 석·박사 학위 논문 내용을 토대로 하여 정리한 것이므로, 본 교재를 읽는 대학원생들은 자신의 논문에 맞도록 목차를 정리하여 사용해야 한다.

1) 연구 대상 작성 요령

자연과학 분야의 체육학 논문은 질적 연구 방법으로 쓰기 때문에 연구 대상자 수가 통제집단과 비교집단이 각각 2명이든 4명이든 10명이든 문제가 되지 않는다. 따라서 연구자가 연구 대상자를 선정하는 방법도 임의추출법, 임의표본추출이나 유의표본추출법에 의한다.

① 임의추출법(random sampling method) : 연구자가 연구 목적에 맞게 임의대로 대상자들을 선정하는 방법

② 임의표본추출법(convenient sampling method) : 표본을 선정할 때 조사자 임의대로 사례를 추출하는 방법

③ 유의표본추출법(purposive sampling method) : 조사자의 판단이나 조사 목적에 의해 표본을 선정하는 방법

연구 대상에 관계된 내용은 말로 표현하기가 어렵기 때문에 표를 만들어 간단하게 정리하는 것이 좋다. 그 예는 다음과 같다.

본 연구 대상자는 W시에 거주하는 S대학교 남자 축구 선수 20명을 임의로 추출하였으며, 연구 대상자들의 신체적 특성은 〈표 1〉과 같다.

표 1. 연구 대상자들의 신체적 특성

체격 요인 구분	신장 (cm)	좌고 (cm)	체중 (kg)	흉위 (cm)	상지장 (cm)	하지장 (cm)	상완위 (cm)	전완위 (cm)	대퇴위 (cm)	하퇴위 (cm)	지극 (cm)
평균	176.5	94.3	67.5	91.5	76.8	99.9	28.8	24.9	52.8	38.0	177.9
표준편차	3.25	2.38	3.41	3.00	2.87	3.09	1.54	1.48	2.83	1.74	5.08

연구 대상자가 최초에는 22명이었으나, 국제 경기 출전, 훈련 중 부상, 부진한 시합 결과로 국가 대표 탈락 등의 사유로 최종 11명으로 축소되었고, 연구 대상자들의 신체적 특성은 〈표 1〉과 같다.

표 1. 연구 대상자들의 신체적 특성

N	연령(yrs) M ± SD	체중(kg) M ± SD	신장(cm) M ± SD	BMI M ± SD	체지방률 M ± SD
11	21.55 ± 1.97	72.55 ± 14.66	176.82 ± 7.39	18.27 ± 1.95	19.64 ± 5.41

본 연구에서 연구 대상자들은 전국 대학 선수권 대회에서 입상한 H 대학 태권도 우수 선수 4명, 입상하지 못한 태권도 비우수 선수 4명으로 하였고, 각 페더급(62~67kg), 라이트급(67~72kg), 웰터급

(72~78kg)에서 남자 선수 비율이 높은 체급을 정하여 대상자를 선정하였으며, 각 대상자들의 신체적 특성은 〈표 1〉과 같다.

표 1. 연구 대상자들의 신체적 특성

대상자		신장 (cm)	체중 (kg)	하지장 (cm)	연령 (yrs)
비우수 선수	S1	176	62	95	21
	S2	179	71	101	20
	S3	177	67	98	20
	S4	178	66	97	20
우수 선수	S1	176	66	96	20
	S2	177	67	98	20
	S3	185	75	105	20
	S4	178	78	98	21
M		177.50	66.50	97.75	20.25

가끔씩 연구 논문을 보면 연구 대상자를 피험자라고 쓴 것을 접할 수 있는데, 소제목에 연구 대상으로 썼다면 일관성 있게 논문이 끝나는 부분까지 연구 대상으로 쓰는 것이 좋다. 피험자라는 단어를 국어사전에 찾아보면, '시험이나 실험 따위의 대상이 되는 사람' 혹은 '심리학적 실험에 연구 대상으로 참여하는 사람' 으로 표기되어 있다.

예전에는 체육학 논문에서 연구 대상자를 피험자라고 쓴 것을 많이 볼 수 있었으나, 현재는 연구 대상자라고 표기하며 피험자라고 쓰는 것을 거의 볼 수 없는 실정이다.

2) 연구 기간 및 절차 작성 요령

연구 기간은 짧게는 6개월, 길게는 1년으로 잡는 것이 좋고, 연구 기간과 절차는 석·박사 학위 논문에 큰 의미가 없으나, 체계적으로 정리할 필요는 있다.

연구 기간 및 절차 작성 요령에 관한 아래 예시를 보고 참고하기 바란다.

예 1

본 연구의 기간 및 절차는 〈표 2〉와 같다.

표 2. 연구 기간 및 절차

순서	연구 기간	절차
1	2000. 6. 1 ~ 2000. 6. 20	논문 설계 및 자료 수집
2	2000. 6. 21 ~ 2000. 6. 30	수집된 자료 분석
3	2000. 7. 1 ~ 2000. 7. 10	예비테스트 및 결과 분석
4	2000.7. 11 ~ 2000. 7. 20	예비테스트 결과 분석의 평가
5	2000. 7. 21 ~ 2000. 7. 30	훈련 전 1차 채혈
6	2000. 8. 1 ~ 2000. 8. 3	1차 혈액 분석
7	2000. 8. 4 ~ 2000. 8. 20	축구 선수들의 훈련 프로그램 작성
8	2000. 8. 21 ~ 2000. 11. 21	훈련 프로그램에 의한 12주간 훈련
9	2000. 11. 11 ~ 2000. 11. 23	12주간 훈련 후 2차 채혈
10	2000. 11. 24 ~ 2001. 11. 30	2차 혈액 분석
11	2001. 1. 1 ~ 2001. 1. 28	1차와 2차 혈액 변화 비교 분석
12	2001. 2. 1 ~ 2001. 2. 30	1차와 2차에 관한 자료 분석
13	2001. 3. 1 ~ 2001. 3. 30	통계 처리
14	2001. 4. 1 ~ 2001. 4. 20	통계 처리한 자료 분석
15	2001. 4. 21 ~ 2001. 4. 30	분석된 자료 평가
16	2001. 5. 1 ~ 2001. 5. 30	논문 작성

〈예 1〉에 기술한 본 연구의 기간 및 절차는 〈표 2〉와 같다라는 본문 내용이 표 제목과 한 글자도 틀리면 안 되고, 반드시 일치하여야 한다. 본문 내용에는 〈표 2〉라 쓰고 표 제목에는 표 2.로 써야 한다.

예 2

본 연구의 연구 기간 및 절차는 〈표 3〉과 같다.

표 3. 연구 기간 및 절차

연구 기간	절차
2007. 3. 01 ~ 2007. 3. 30	연구 주제 선정
2007. 4. 01 ~ 2007. 4. 20	논문 설계 및 계획
2007. 4. 21 ~ 2007. 5. 10	문헌 연구 및 자료 수집
2007. 5. 11 ~ 2007. 6. 10	연구 대상자 선정
2007. 6. 11 ~ 2007. 6. 20	1차 예비 테스트
2007. 6. 21 ~ 2007. 6. 30	2차 예비 테스트
2007. 7. 01 ~ 2007. 7. 16	피드백 제공 전 측정 및 카메라 촬영
2007. 7. 17 ~ 2007. 8. 18	헤드업에 대한 피드백 제공 실시
2007. 8. 20 ~ 2007. 8. 21	헤드업에 대한 피드백 학습 효과에 대한 측정 및 카메라 촬영
2007. 8. 22 ~ 2007. 9. 10	자료 수집 및 처리
2007. 9. 11 ~ 2007. 9. 30	통계 분석 및 결과 처리
2007. 10. 01 ~ 2007. 11. 20	연구 논문 작성

예 3

연구 기간 및 절차

1) 연구 기간

2002. 2. 1 ~ 2002. 10. 10

2) 연구 절차

본 연구의 절차는 〈Table - 2〉와 같다.

〈Table - 2〉

Process	Date	Remark
Research planning	2004. 1. 30 ~ 2. 15	
Research of Reference	2004. 2. 16 ~ 3. 16	
Selection of the Sampling Subject	2004. 3. 17 ~ 3. 31	
Experimental Planning	2004. 4. 1 ~ 4. 30	
Preliminary Experiment	2004. 5. 1 ~ 5. 15	
Main Experiment	2004. 5. 16 ~ 6. 30	
Arrangement of the Result	2004. 7. 1 ~ 7. 31	
Framing Report	2004. 8. 1 ~ 9. 10	
Drawing up Dissertation	2004. 9. 11 ~ 10. 20	

예 4

본 연구의 기간 및 절차는 〈표 2〉와 같다.

표 2. 연구의 기간 및 절차

연구 기간	절차
2007. 03. 01 ~ 2007. 03. 15	주제 선정
2007. 04. 16 ~ 2007. 04. 31	연구 계획 및 실험 계획
2007. 05. 10 ~ 2007. 06. 10	선행 연구 문헌 조사
2007. 06. 11 ~ 2007. 06. 15	실험 대상자 선정
2007. 07. 16 ~ 2007. 08. 17	예비 실험
2007. 09. 26 ~ 2007. 09. 26	연구 실험
2007. 10. 27 ~ 2007. 10. 30	결과 정리
2007. 10. 31 ~ 2007. 11. 20	자료 분석
2007. 09. 21 ~ 2007. 12. 01	논문 작성

3) 측정 도구 작성 요령

측정 도구는 주로 표나 그림 및 사진으로 작성한다. 왜냐하면 군더더기 없이 요약하여 정리 정돈할 수 있기 때문이다. 예를 들면 다음과 같다.

예 1

본 연구에서 사용한 측정 도구는 〈표 2〉와 같다.

표 2. 연구에서 사용한 측정 도구

측정 도구명	모델명	용도	제조국
자전거 에르고미터	Monark 828E	최대 무산소	스웨덴
Cybex	770 Orthotronco.	파워 측정	미국
체중계	카스 150A	등속성 근력측정	한국
신장계	JENIX DS-102	체중 측정	한국
		신장 측정	

예 2

본 연구에 사용된 실험 장비는 측정 장비와 분석 장비, 기타 장비로 나눌 수 있으며, 사용된 실험 도구 및 분석 장비는 다음 〈표 2〉와 같다.

표 2. 실험 도구 및 분석 장비

구분	측정 도구	모델명	제작사
측정 장비	영상 카메라	S-VHS 456	JC-labs
	고속 카메라	HSC 250 × 2	Panasonic
	영상 분석기	AG-5700	Panasonic
	비디오 데스크	AG-7350	Panasonic
	Video Film	S-VHS XP 120	TDK
	미트	made	adidas
분석 장비	Computer	Pentium-133s	USA
	Monitor	GCM-1014S	Honeywell

예 3

본 연구에서 사용할 실험 기기 및 용도는 〈표 2〉와 같다.

표 2. 실험 기기의 종류 및 용도

기구명	모델명 및 제조국	용도
싸이클 에르고미터	Mona가 828E(스웨덴)	최대 무산소 파워 측정
건식생화학분석기	EKTACHEM DT60 Ⅱ(일본)	혈액 분석
체중계	카스 150A(한국)	체중 측정
신장계	JENIX DS-102(한국)	신장 측정
크리아틴	파워크레틴 6000(한국)	크레아틴 복용
원심분리기	VS-5500 GFN(한국)	혈장 분리

본 연구의 측정을 위해 사용할 도구는 〈Table - 3〉과 같다.

〈Table - 3〉 Measurement Equipments for Research

Instruments	Type	Co.	Remark
Control Obfect		made	
High Speed Camera	S - VHS 456	JC-labs	
High Speed Camera	HSC 250×2	Panasonic	
High Speed Video Deck	AG - 5700	Panasonic	
Video Deck	AG - 7350	panasonic	
Video Film	S - VHS XP 120	TDK	
Computer	Pentium - 133s Petium - Ⅲ - 766HZ	U.S.A	
Ski-Simulator			Researcher Made

본 연구는 경기도 Y시 Y대학교 생체역학 실험실에서 태권도 반달차기 동작 시 운동학적 변인들과 근전도 변인들을 비교 분석하기 위하여 Vicon Motion System 동작 분석용 장비를 사용하였는데, 크게 촬영 장비, 데이터 수집 장비, 분석용 소프트웨어로 구분된다. 3차원 동작 분석 장비와 근전도 측정기기 및 프로그램은 〈표 4〉와 같다.

표 4. 동작 분석 장비와 근전도 측정기기

측정 항목	실험 도구	제조사	제조국
근전도	TeleMy2400T	Noraxon Inc.	USA
근전도 전극	Dual Electrode	Noraxon Inc.	USA
근전도 측정 프로그램	MyoResearch XP	Noraxon Inc.	USA
분석 장비	Pentium Ⅳ	Hewlett Packard	USA
인체 계측	Martintlr 인체 계측기	Takei C.	Japan
동작 촬영	HDR - FX1	Sony	Japan

4) 측정 방법(실험 설계) 작성 요령

본 교재는 자연과학 분야 논문 목차에 따라 측정 방법이라고 하였
으나, 다른 대학교 대학원 학위 논문에는 실험 설계라고 한 경우도
있다. 학위 논문을 쓰는 대학원생은 지도 교수의 연구 목적에 맞추
어야 한다. 측정 방법이나 실험 설계를 작성하는 방법을 예로 들면
다음과 같다.

예 1

본 연구는 강도 높은 지구성 운동을 통해 항산화 비타민 섭취 여부가
지질 과산화 정도를 알아볼 수 있는 MDA에 어떠한 영향을 미치는지
를 규명하고자 하였다.

본 실험에 자발적으로 참여한 20명의 대상자들은 본 연구 기간 동안
실시되는 강도 높은 지구성 운동을 수행할 수 있는 자로서 훈련 전에
자필로 본 연구에 대해 허락을 받은 후 트레이닝 실험실에서 최대운동
부하검사를 Astrand Protocol을 이용한 점증운동 부하검사
(150kgm/2min, 60rpm)로 측정하였다. 최대운동 부하검사를 통하여
환기역치(VT) 수준과 최대 산소 섭취량을 측정하였으며, 그 측정치를
근거로 하여 트레이닝 처치를 위한 운동 강도를 설정하였다. 운동 강도
는 환기역치(VT) 수준의 산소 섭취량을 산출한 후 이에 80%와 110%
에 달하는 산소 섭취량을 계산하여 그 시점의 심박수로 AT 80%와
110%의 운동 강도를 결정하였다.

항산화 비타민 섭취 방법은 모든 피험자들의 체내 저장량을 비슷하
게 유지하기 위하여 1주일 간 비타민 C 섭취를 하였으며, 비타민 C 단
일제제 2000mg을 매일 1회에 걸쳐 8주간 복용케 하였다.

모든 대상자들은 훈련 3일 전에 현재 개인적으로 실시하고 있는 모든
운동을 중지하였으며, 채혈은 12시간 동안 공복을 유지한 상태에서 훈

련 전 안정 시와 8주 후 운동 직후에 하였다.

예 2

실험 설계 작성 요령

본 연구의 목적을 달성하기 위한 실험 설계는 〈그림 5〉와 같다.

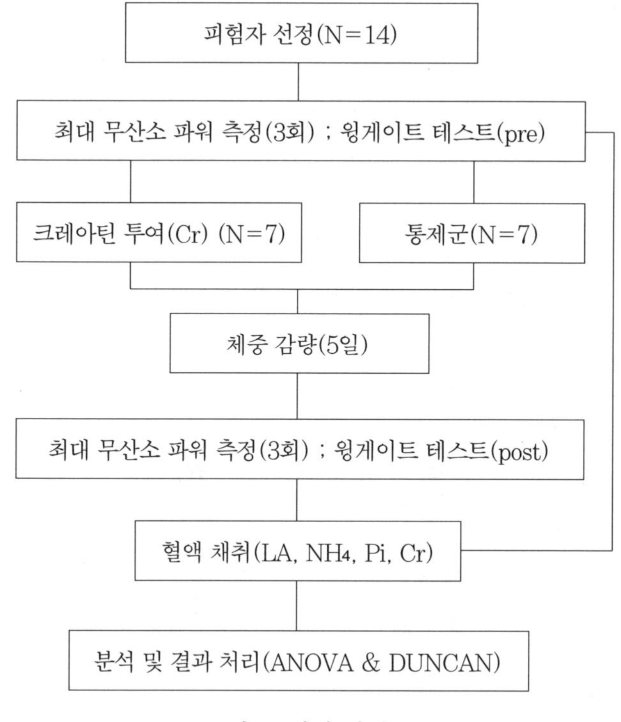

그림 5. 실험 설계

예 3

실험 방법 및 항목

본 연구는 동양적 신체에 수련 중인 여성 25명을 대상으로 연령과 수련 기간에 따른 골밀도와의 관계를 분석하였다.

골밀도 측정을 위한 실험 기자재는 Lunar사의 양광자 감마선 측정기(DPXA : QDR4500 HOLOGLC INC. U. S. A)를 이용하여 척추골(L2~L4)과 대퇴골(femoral neck, ward's triangle, trochanteric area)의 골밀도를 측정하였다. 골다공증의 정의는 WHO의 기준에 따라 골밀도(총 T-score)가 -2.5 이하인 경우로 하였다.

예 4

측정 방법

본 연구의 실험 과제에 따라 본 측정에 들어가기 전에 연구 대상자들에게 헤드업과 관련된 골프 퍼팅에 대해서 40분간 이론적 설명과 교육을 하였다.

실험 전 모든 피험자들에게 데이터 오차를 검정색 타이즈 하의를 착용하고 〈그림 2〉와 같이 카메라의 정확한 동작 인식을 위해 각 관절에 반사 마커를 부착하였고, 퍼팅 후 홀컵과 골프공 간의 거리를 줄자로 측정하였다.

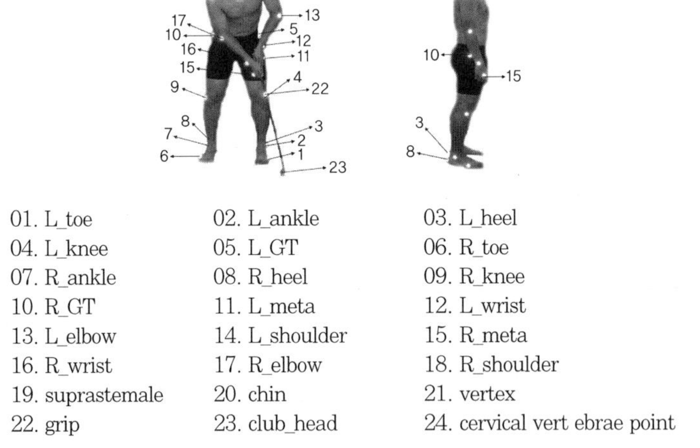

01. L_toe	02. L_ankle	03. L_heel
04. L_knee	05. L_GT	06. R_toe
07. R_ankle	08. R_heel	09. R_knee
10. R_GT	11. L_meta	12. L_wrist
13. L_elbow	14. L_shoulder	15. R_meta
16. R_wrist	17. R_elbow	18. R_shoulder
19. suprastemale	20. chin	21. vertex
22. grip	23. club_head	24. cervical vert ebrae point

그림 2. 반사 마커 부착 부위

본 측정의 단계별 절차는 먼저 사전 검사를 하였고 사전 검사는 3회 시행으로 이루어지며, 총 7대의 초고속 카메라를 사용하여 3M 퍼팅 매트 위에서 퍼팅을 해보도록 한 후, 정확성을 알아보기 위해 줄자를 이용하여 홀컵과 골프공의 거리를 소수점 첫째자리까지 측정하였다.

측정 도구 배치는 〈그림 3〉과 같다. 연습 단계에서는 모든 조건을 동일하게 하여 1일 30회씩 실시하도록 하였고, 1주일에 4일씩 총 4주간 연습을 하였다. 연구 대상자들에게 제공되는 피드백은 실험자의 육성으로 "헤드업 하지 말 것"이라고 언어적인 피드백 학습 효과를 이용하였으며, 홀컵과 골프 공의 오차 거리로 계산된 결과 지식이 제공되었다.

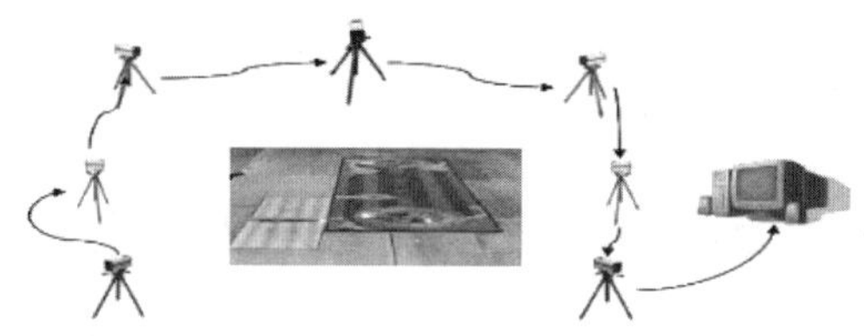

그림 3. 측정 도구의 배치

예 5

측정 방법

(1) 요 크레아티닌(urine creatinine) 분석

요 분석을 위해 자동생화학 분석기(Model : Hitach 747, Kit : Crea)를 사용하였으며, 크레아티닌은 알칼리 용액에서 picrate와 유색 화합물을 형성하는 데 화합물의 형성 속도를 측정함으로 얻을 수 있다.

대상자들은 24시간 동안 지정된 개인 용기에 소변을 보도록 하여 0, 1, 3, 7, 14, 21, 28, 35일째에 소변을 채취하였으며, 소변량은 1.0~1.5g/day를 채취하였고, 자동생화학분석기를 통해 2500rpm ~3000rpm에서 15~20분간 원심분리하여 측정하였다.

(2) 근력 측정

근력 측정은 운동 전(day, 0), 운동 중(day 17), 운동 후(day 35)에

실시하였으며, 측정 전 대상자들은 고정식 자전거에서 5분 동안 운동을 하였고, 각 대상자들은 power dlean을 1RM의 60, 70, 80%를 2번 반복하였다. 그것을 3세트 한 후 성공적 시도가 될 때까지 2kg의 중량을 증가시키면서 최대 근력을 측정하였다.

(3) 신체 조성

신체 조성은 훈련 전과 훈련 후 오전 10시에 전기저항법을 이용하는 측정기기인 Inbody 3.0을 이용하여 측정하였으며, 모든 대상자들은 측정 전날 오후 9시 이후부터 금식을 시켰으며, 측정 당일 소변 및 대변을 모두 보도록 하였고, 모든 측정은 적어도 2회의 시도에서 3% 이내의 오차 또는 총 10회의 측정에서 완전할 때 적용토록 하였다.

5) 자료 처리(결과 처리 또는 통계 처리 방법) 작성 요령

학위 논문 특성에 맞게 목차를 정하면 되는데, 연구 방법 중에서 마지막으로 논문 정리에 필요한 항목이 자료 처리 부분이다.

자연과학 분야에서는 반드시 나타난 연구 결과를 통계 처리한 다음 나타난 통계치를 가지고 해석하고 평가하여 결론을 이끌어 내어야 한다. 따라서 자료 처리 방법이라고 쓰는 논문도 있고, 결과 처리 또는 통계 처리 방법이라고 쓰는 논문도 있다.

어느 것을 택하느냐는 논문 특성에 맞게 연구자가 결정하여야 하겠으나, 본 교재에서는 일반적으로 많이 쓰는 자료 처리 방법, 결과 처리 또는 통계 처리 방법을 예로 들어본다.

예 1

자료 처리

본 연구에서 사용한 결과 처리 방법은 SPSS/pc +V.10.01 프로그램을 사용하였으며, 근력 측정은 3×3 반복측정 요인설계(집단×기간)로 각각 이원변량 분산 분석(two-way ANOVA)을 하였고, 각 집단별, 기간별 평균차를 알아보기 위하여 Duncan의 사후 검정을 실시하였다. 연구 결과에서 나타난 유의성의 임계치는 $p < .05$ 수준으로 정하였다.

예 2

결과 처리

본 연구에서 나타난 연구 결과는 SPSS 12.0 for Windows 프로그램을 이용하였고, 집단 간에 대한 검정은 태권도 우수 선수 집단과 비우수 선수 집단으로 나누어 집단 간 평균 차이에 대한 t-test 검정을 사용하여 유의성 검정을 산출하였으며, 통계 처리 후 나타난 유의성 검정 결과의 임계치는 $p < .05$의 유의수준으로 설정하였다.

예 3

자료 처리 방법

본 연구에서 사용한 자료 처리 방법은 SPSS/pc +V.12.01 프로그램을 사용하여 항산화 비타민 섭취에 따라 최대하운동 후 지질 과산화물 생성 및 SOD효소, 피로물질에 어떠한 영향을 미치는지를 알아보기 위한 이원변량 분산 분석(Two-way ANOVA)을 실시하였고, 연구 결과에 나타난 유의성의 임계치는 $p < .05$ 수준으로 정하였다.

예 4

결과 처리

헤드업에 대한 피드백 학습 효과가 골프 퍼팅 시 헤드업 하는 집단과

4주간의 피드백 제공으로 헤드업을 하지 않는 집단 간에 정확성 변인과 운동학적 변인을 비교 분석하기 위하여 대응표본 t검정을 실시하였고, 모든 연구 결과 자료는 SPSS 12.0 for wondows 프로그램을 사용하였으며, 연구 결과 자료 처리를 위한 통계치의 임계치는 $p<.05$의 유의수준으로 설정하였다.

예 5

자료 처리 방법

본 연구에서 얻은 자료는 SPSS 통계 package(ver.10.0)을 이용하여 기술 통계량을 산출하였고, 체중 및 체지방률의 변화는 감량 전과 후에 각 그룹별 t-test를 실시하였으며, 단기간의 체중 감량 기간 동안 크레아틴 투여 조건에 따른 전과 후의 3회 반복적인 최대 무산소 파워 요인들과 이에 따른 혈중 젖산, 암모니아, 그리고 무기인산염 농도 변화를 반복 측정에 의한 이원변량 분석(two-way ANOVA with repeated measurement)을 사용하여 유의수준을 산출하였고, 유의한 차가 있을 경우 Duncan의 사후 검증을 통해 평균치를 검증하였다($p<.05$).

예 6

결과 처리

본 연구에서는 스키시뮬레이터 좌우 이동 시 업-다운 시 숙련도에 따른 차이를 보기 위해 각 국면별, 이벤트별로 평균 차이에 대한 유의성을 t검정으로 하였다. 모든 결과 처리는 SPSS for Windows 프로그램(version 11.0)을 이용하였다.

예 7

통계 처리

본 연구의 통계 처리는 태권도 반달차기에 따른 우수 선수 집단과 비우수 선수 집단 간의 운동학적 변인 및 근전도 변인의 차이를 비교 분석하기 위하여 대응표본 t-test를 이용하였으며, 모든 통계치의 임계치는 5% 유의수준으로 설정하였다.

예 8

자료 처리

본 연구의 자료 처리 방법은 SPSS 10.0 통계 패키지를 이용했으며, 선수들의 신체적 특성과 측정 자료에 대한 평균 및 표준편차를 산출하였다. 개발된 체력 향상 프로그램의 적용 효과를 살펴보기 위하여 Paired t-test를 이용하여 시기(사전 및 사후 측정)에 따른 차이를 검증하였다. 또한 체력 요인별 측정 변인들 간의 관련성을 알아보기 위하여 상관관계 분석(Pearson Product-Moment)을 실시했으며, 통계적 유의수준은 5%로 설정하였다(p<.05).

예 9

결과 처리

태권도 뛰어 앞차기 동작의 역학적 분석에서 신체중심 높이와 각 주관절의 각 변위 및 수직 지면반력에 따른 우수 선수 집단과 비우수 선수 집단간의 변인 차이를 보기 위해 독립 t검정을 실시하였다.

모든 자료는 SPSS 12.0 for Windows 프로그램을 이용하고, 모든 통계치의 유의수준은 5%로 설정하였다.

6) 연구 결과 작성 요령

연구 결과 작성은 연구 대상자들을 실험, 측정한 후에 나타난 자료들을 가설 설정에 맞는 통계 기법을 사용하여 결과를 도출한다. 도출한 연구 결과는 체계적이고, 일관성이 있으며, 논리적으로 전개해야 한다.

연구 결과는 중요성을 강조하고, 단순명료하게 제시하기 위하여 표나 그림을 사용하는 것이 좋고, 석·박사 학위 논문은 중복되는 감이 있더라도 표나 그림 전체를 게재하여야 한다. 본 교재는 이미 발표된 석·박사 학위 논문의 예를 들어 설명하고자 한다.

예 1

연구 결과

본 연구는 태권도 반달차기 동작을 우수 선수 집단과 비우수 선수 집단 간에 비교 분석하기 위하여 운동학적 변인 분석과 근전도 변인 분석을 통해 운동학적 변인으로는 소요 시간, 족관절 각 변위, 슬관절 각 변위, 고관절 각 변위, 신체 중심 이동 및 상체 젖히기를 비교 분석하였고, 근전도 변인으로는 대퇴직근, 척추기립근과 복근을 비교 분석하였다. 결과는 다음과 같다.

1. 운동학적 변인

1) 소요 시간

우수 선수 집단과 비우수 선수 집단의 소요 시간에 관한 유의성 검정 결과는 〈표 4〉와 같다.

표 4. 소요 시간에 관한 유의성 검정 결과 (단위: sec)

국면 \ 항목	대상자	평균	표준 편차	t
국면 1	우수 선수 집단	0.120	0.018	1.643
	비우수 선수 집단	0.150	0.031	
국면 2	우수 선수 집단	0.135	0.019	0.234
	비우수 선수 집단	0.137	0.009	
국면 3	우수 선수 집단	0.070	0.000	-1.567
	비우수 선수 집단	0.062	0.009	
총 소요 시간	우수 선수 집단	0.332	0.041	0.610
	비우수 선수 집단	0.350	0.039	

〈표 4〉에 나타난 바와 같은 태권도 반달차기 동작 시 두 집단별 평균 국면별 소요 시간을 살펴보면 우수 선수 집단은 국면 1, 2, 3에서 0.12 ± 0.018sec, 0.135 ± 0.019sec, 0.070 ± 0.000sec로 나타났고, 비우수 선수 집단은 0.150 ± 0.031sec, 0.137 ± 0.009sec, 0.062 ± 0.009sec로 나타났다. 총 소요 시간은 우수 선수 집단이 0.332 ± 0.041sec로 비우수 선수 집단은 0.350 ± 0.039sec로 나타났다. 이러한 결과는 태권도 반달차기 시 각 국면별 연결 동작이 우수 선수 집단이 비우수 선수 집단에 비해 빠르다는 것을 알 수 있다.

〈예 1〉에 작성된 바와 같이 〈표 4〉를 제시하기 이전에 〈표 4〉에 대한 설명이 있어야 하고, 〈표 4〉를 제시한 후에는 해석이 바로 이어져야 한다. '〈표 4〉에 나타난 바와 같이, 〈표 4〉에 의하면, 〈표 4〉에서와 같이, 〈표 4〉에서 보아, 〈표 4〉에서 보면' 등과 같이 다양한 문구로 표에 대한 해석을 연구 결과 내용으로 이끌어 낼 수 있다.

연구 결과

본 연구는 헤드업에 대한 피드백 학습 효과가 골프 퍼팅 시 헤드업하는 집단과 4주간의 언어적 피드백 제공으로 헤드업을 하지 않는 집단 간에 정확성 변인과 운동학적 변인에 미치는 영향에 대해 분석하고자 퍼팅 매트 위에서 동작을 수행하였고, 연구 대상자들은 W시 S대학교 체육학부에 재학 중인 20~21세의 남학생으로 임의 추출하였다.

골프 퍼팅 수행에 따른 정확성 변인, 헤드업에 관련된 두 정점 위치 변화, 클럽 헤드 속도, 동작 수행 시간, 신체 중심 이동 등의 변인을 헤드업 하는 집단과 헤드업 하지 않는 집단을 비교 분석하여 다음과 같은 결과를 얻었다.

1. 정확성 변인

정확성 변인의 헤드업에 대한 피드백 학습 효과를 알기 위하여 연구 대상자들의 정확한 동작을 위한 피드백 전과 4주간 피드백 학습 후의 홀컵과 골프 공을 기준으로 촬영하여 최고점까지 거리를 측정하였다. 이에 따른 정확성 변인에 대한 유의성 검정 결과는 〈표 5〉, 〈그림 7〉과 같다.

표 5. 정확성에 대한 유의성 검정 결과 (단위 : cm)

구분 측정 시기	피드백 전 M ± SD	4주간 피드백 후 M ± SD	t값
1	66.9 ± 53.4	17.0 ± 12.8	2.551*
2	68.9 ± 44.7	9.7 ± 12.1	4.544**
3	48.1 ± 37.9	22.5 ± 22.3	1.803

*$p < .05$, **$p < .01$

<표 5>, <표 7>에 나타난 바와 같이 정확도는 첫 번째 퍼팅 피드백 전에는 67.0 ± 53.4cm로 나타났고, 4주간 피드백 후에는 17.0 ± 12.8cm의 거리를 나타냈으며, p<.05로 유의한 차이가 나타났다. 두 번째 퍼팅에서는 피드백 전에 나타났으며, p<.01로 유의한 차이가 나타났고, 4주간 피드백 후에는 22.5 ± 22.33cm의 거리를 나타냈으며, p>.05로 유의한 차이가 나타나지 않았다.

이러한 결과는 피드백 전 헤드업 하는 집단보다 4주간 언어적 피드백 제공 후 헤드업을 하지 않는 집단이 홀컵에 거리가 가까워지는 상태임을 알 수 있다. 이는 헤드업에 대한 피드백을 제공하면 정확성에 관한 학습 효과가 나타나는 것으로 볼 수 있다.

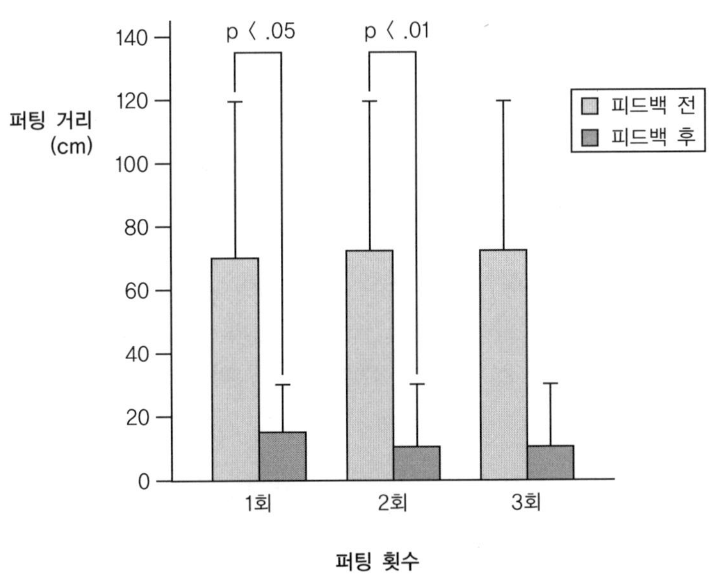

그림 7. 정확성에 대한 유의성 검정 결과 처리

태권도 뛰어 앞차기 동작의 역학적 분석에서 신체 중심 높이와 각 주 관절의 각 변위 및 수직 지면반력에 따른 우수 선수 집단과 비우수 선 수 집단 간의 변인 차이를 보기 위해 독립 t검정을 실시하였다.

모든 자료는 SPSS 12.0 for Windows 프로그램을 이용하고, 모든 통 계치의 유의수준은 5%로 설정하였다.

예 3

연구 결과

본 연구는 태권도 뛰어 앞차기 동작을 3차원적 역학적 분석을 위하여 앞차기를 지면반력기 위에서 수행하였다. 대상자는 대한 태권도 협회 가 인정하는 전국 대회에 수상 경력이 있으며 현 국가 대표 시범단 우 수 선수 4명과 W시 S대 시범단 선수로 수상 경력이 없는 비우수 선수 4명을 임의추출하였다.

태권도 뛰어 앞차기 수행에 따른 지면반력, 신체 수직 높이, 족관절, 슬관절, 고관절의 각 변위를 분석하여 다음과 같은 결과를 얻었다.

1. 신체 수직 높이

신체 수직 높이는 동작 수행 전의 스탠딩 자세를 촬영하여 힙 포인트 를 기준으로 뛰어 앞차기를 해서 최고점까지의 수직 거리를 높이로 측 정하였다. 이에 따른 결과는 〈표 3〉과 〈그림 7〉과 같다.

표 3. 신체 수직 높이   (단위 : cm)

구분		우수 선수	비우수 선수	t값
도약 높이	차는 다리			
		S1 82.40	63.68	
		S2 71.67	69.97	
		S3 72.37	58.17	6.968***
		S4 74.59	61.05	
	M ± SD	72.64 3.36	51.98 4.89	
	도움 다리	S1 77.66	57.76	
		S2 70.66	54.10	
		S3 70.87	46.92	3.422**
		S4 71.38	49.13	
	M ± SD	75.26 4.92	63.22 5.03	

(note) p<.01**, p<.001***

〈표 3〉에 나타난 바와 같이 차는 다리에서 우수 선수 집단은 72.64 ± 3.36cm, 비우수 선수 집단은 51.98 ± 4.89cm를 뛰었고, 도움 다리에서 우수 선수 집단은 75.26 ± 49.23cm, 비우수 선수 집단은 63.22 ± 5.03cm으로 〈그림 7〉과 같이 우수 선수 집단이 비우수 선수 집단보다 신체 수직 높이가 높게 나타났으며, 차는 다리와 도움 다리의 차이도 나타났다. 차는 다리에서는 p<.001 유의수준에서 현저한 차이를 보였고, 도움 다리에서는 p<.01 유의수준에서 매우 유의한 차이를 보였다.

이러한 결과는 차는 다리는 타격점을 가격하기 위해 고관절의 위치 최고점에 위치하고 있으며 도움 다리는 떨어지고 있는 상태임을 알 수 있다. 우수 선수 집단은 차는 다리와 도움 다리의 높이가 비슷하지만 비우수 선수 집단의 차는 다리와 도움 다리의 높이 차이는 크다. 이는

도움 발이 이미 지면에 이지되고 있으며 체공 시간이 짧은 것으로 사료
된다.

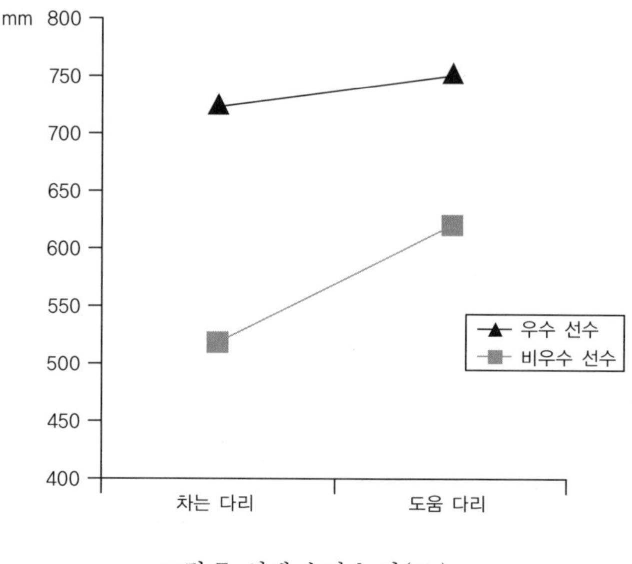

그림 7. 신체 수직 높이(Fz).

예 4

연구 결과

우리나라 국가 대표 복싱 선수 11명을 대상으로 전문 체력 향상을 위
한 근력 트레이닝 프로그램 개발 및 적응을 위해 트레이닝 전과 12주
트레이닝 후에 복싱 선수들의 점증부하 방법에 따른 주기화 적용으로
측정한 연구 결과는 다음과 같다.

1. 연구 대상자들의 트레이닝 전과 12주 트레이닝 후의 검정 결과는
〈표 10〉과 같다.

표 10. 근력 변인들의 평균 차에 따른 유의성 검정 결과

Item	N	Pre M ± SD	Post M ± SD	t	p
배근력(kg)	11	137.36 ± 30.48	141.45 ± 31.30	-1.34	.21
악력좌(kg)	11	47.82 ± 8.85	49.73 ± 7.73	-1.61	.14
악력우(kg)	11	46.64 ± 8.65	41.91 ± 9.01	-1.42	.19
완신근력(좌) (kg)	11	24.82 ± 7.15	27.18 ± 6.71	-1.28	.23
완신근력(우) (kg)	11	24.09 ± 5.68	27.91 ± 7.29	-3.93	.003**

**p⟨.01

〈표 10〉에서 보아 연구 대상자들의 배근력, 좌·우측 악력, 좌측 완식근력은 트레이닝 프로그램 적용 전과 비교하였을 때 통계적으로 유의하게 향상되지는 않았지만(p〉.05), 적용 전에 비해 평균값이 소폭 향상되는 경향을 보였다. 우측 완신근력의 경우 프로그램 적용 전은 평균값이 24.09 ± 5.68kg이었으나 적용 후 27.01 ± 7.29kg으로 증가하여 통계적으로 유의한 차이가 있는 것으로 나타났다(p⟨.01).

〈예 2〉, 〈예 3〉, 〈예 4〉에 제시한 바와 같이 학위 논문 내용에 맞는 가설 설정 이후 표나 그림에 나타난 유의수준에 따라 해석이 다르게 된다. 예전에 필자가 석·박사 학위 논문에 대한 가설 설정 시 혼란스러웠던 가설 설정에 대한 검증과 검정에 대한 내용을 언급하고자 한다. 예전에 학위 논문을 쓸 때 체육학 교수님들과 다른 학과

교수님들 그리고 선후배 체육과 교수들에게 한동안 물어보고 다닌 결과 검증이란 용어는 인문사회 분야 학문에 많이 사용되고, 검정이란 용어는 자연과학 분야에서 많이 사용된다는 결론을 내릴 수 있었다. 검증과 검정에 대한 국어사전을 찾아보면 다음과 같고, 표나 그림에서 제기하는 유의수준에 대한 뜻도 다음과 같으므로 참고하기 바란다.

● 가설(Hypothesis)

검증(檢證) – 검사하여 증명함
예) 판 · 검사가 증거 물품이나 장소를 실제로 조사함
검정(檢定) – 가치, 품격, 자격 등을 검사, 결정함
영가설(null hypothesis) → 귀무가설
　　　　　　　　　　　　→ 진위성 여부
대립가설은 영가설의 반대가설

체육학 학설에 대한 임계치 내용을 분석하여 보면 다음과 같다.
ⓐ p<.05의 유의수준 → 0.05*
ⓑ p<.01의 유의수준 → 0.01**
ⓒ p<.001의 유의수준 → 0.001***

6. 연구 결과에 대해 해석하는 요령

표나 그림에 나타난 유의수준 중에서 *p<.05는 통계적으로 p<.05의 유의수준으로 차이가 나타났다고 해석할 수 있고, **p<.01은 통계적으로 p<.01의 유의수준으로 매우 많은 차이가 나타났다라고 해석할 수 있으며, ***p<.001은 통계적으로 p<.001의 유의수준으로 현저한 차이가 나타났다라고 해석할 수 있다. 따라서 석·박사 학위 논문을 쓸 때 연구 결과에 대한 내용은 앞에서 제시한 통계적으로 평균차에 따른 유의성 검정 결과가 나타난 〈예 2〉, 〈예 3〉, 그리고 〈예 4〉를 참고로 하면 도움이 될 것이다.

7. 논의(고찰) 작성 요령

석·박사 학위 논문에 나타난 연구 결과 내용이 관련된 책에서나 선행 연구들과 '같다, 다르다'를 기술한 후에 연구자(자신)의 의견을 제기하거나 결론에 기술할 내용을 기초로 주장한다.

새로운 학설을 만들어 내는 것이 논의를 제대로 쓰는 방법이다. 어떤 논문에서는 논의라고 하고, 어떤 논문에서는 고찰이라고 하는데, 연구자나 지도 교수에 따라 논문 특성이나 목적에 맞게 논의라 하거나 고찰이라 한다. 이런 관점에서 몇 가지 유형의 논의 작성 방법을 필자가 2001년도에 발표한 논문 "동양적 신체 수련이 여성의 골밀도에 미치는 영향", 한국체육학회지 40(3), pp. 595-601을 예로 들어보면 다음과 같다.

예 1

논의

본 연구는 운동이 여성의 골밀도에 긍정적인 영향을 미친다는 다수의 선행 연구들의 결과에 기초하여 동양적 수련이 여성의 골밀도에 미치는 영향을 살펴보고 연령대별, 수련 기간별로 분류하여 그 효과를 규명하는 데 목적이 있다. 단전호흡, 단학선원, 기수련, 국선도 등을 포함한 동양적 수련은 심리적·생리적인 부분뿐만 아니라 경기력에 관한 부분 등에서 다양하게 접목이 시도되어 왔다. 그중 심리적 이완에 관한 연구가 가장 많이 선행되었는데, 단학명상 집단 또는 이완훈련 집단이 통제 집단보다 불안 감소에 효과적이라는 연구가 주류를 이루고 있다(Linden, 1973; Morris, Davis & Hutching, 1981; 이화자, 1987; 배창, 1987; 이명수 외 1997).

변주나 외(1996)의 연구에서는 단전호흡술로 산소분압이 상승하여 최대산소 섭취량이 증가한다고 보고하고 있으며, 이는 조춘호(1999)가 양궁 선수를 대상으로 한 단전호흡 수련이 양궁 슈팅 수행 및 호흡 순환에 미치는 영향에 관한 연구 결과와 같은 증거를 제시하고 있다.

조춘호 외(1998)의 단전호흡 및 운동 처치가 심박수, 혈압, 호흡수에 미치는 영향에 관한 연구에 의하면 심박수, 호흡수, 혈압 모두 유의한 차이를 나타냈으며, 이 결과는 최성식(1987), Jiang(1991), 최영곤(1993), 최창국(1993) 등의 결과와 유사한 경향을 나타내고 있다.

이와 같이 동양적 수련이 심리적·생리적으로 미치는 영향으로 보아 생리적 현상 중의 하나인 골밀도에도 영향을 미칠 것으로 사료되었으나, 본 연구에서는 동양적 수련이 골밀도에 유의한 영향을 미치지는 못하였다.

운동은 골밀도(BMD)를 높이며 연령 증가에 따라 골밀도 약화를 방지할 수 있다(Karlson, 1993). 신체 활동이 적은 장기간의 침상 생활과 무중력 상태에서는 골밀도 감소를 보고하였고(Dalen 외, 1974), 저항 운동과 에어로빅 댄스(Chow 외, 1974), 웨이트 트레이닝(Peterson 외, 1991), 리듬운동(박인숙, 1995) 등 운동의 종류와 강도에 따른 골밀도 변화에 대한 연구에서 보고된 바와 같이 신체 활동이 골밀도에 긍정적인 영향을 미치고 있음을 시사하고 있다.

여성을 대상으로 한 연구에서 Pocok(1986)는 폐경 전후 여성을 대상으로 대퇴경부와 척추요부를 측정한 결과 최대산소 섭취량과 골밀도 사이에 유의한 차가 있음을 제시하였고, Chow(1986)는 최대산소 섭취량과 인체의 총 칼슘 농도 사이에 유의한 상관관계를 나타낸다고 보고하고 있으며, 이 또한 운동이 골밀도 증가에 긍정적이라는 점을 제시하고 있다.

본 연구에서의 동양적 신체 수련이 앞에서 제기한 여러 가지 운동 종목에 비해 정적으로 이루어진 활동이 많았기 때문에 골밀도에 긍정적인 영향을 미치지 못한 것으로 사료된다.

다음의 연구를 위해서는 일정 연령 대상자들 중에 수련 기간이 각기 다른 집단으로 분류하였거나, 다른 연령의 수련 기간이 각기 다른 집단으로 분류하거나, 다른 연령의 수련 기간이 같은 대상자 집단으로 분류하여 연구하는 것이 보다 통제된 상태의 결과를 얻을 수 있다.

또한 개인의 운동 선택 양식 측면에서 다른 종목에 비하여 동양적 신체 수련을 택하는 사람들의 체력 상태도 사전에 점검하는 것도 중요하다. 상대적으로 체력이 낮은 사람들이 주로 정적인 운동을 선택하는 경향을 보일 수 있기 때문이다.

필자가 2002년에 발표한 논문 "단기간 크레아틴 투여에 따른 축구 선수들의 근력 및 요 크레아틴에 미치는 영향", 한국체육과학회지, 11(2), pp. 575-585에서 예를 들어보면 다음과 같다.

고찰

생리적으로 높은 강도의 근활동이나 단시간의 운동에서 크레아틴 인산을 APT의 재합성에 필요로 하는 물질이다. 간, 신장, 췌장에서 mehionine, glycine, arginine과 같은 아미노산이 매일 약 1에서 2g의 크레아틴을 합성한다(Greenhaff, et al, 1993; Clark, 1997; Volek, et al., 1997; Greenhaff, 1995).

인체에서 합성된 전체 크레아틴의 약 95~98%가 골격근에 저장되며, 그중 60%는 크레아틴 인산의 형태로 존재하고 나머지는 유리크레아틴으로 존재한다.

일부 연구에서 단기간 크레아틴 loading이 무산소성 운동에 효과를 가져 온다고 하였고, 1일 5g씩 4번의 투여가 체중, 제지방, 근력의 증가를 가져온다고 하였다(Noonan, et al., 1998; Kelly, et al., 1998).

크레아틴 loading이 골격근 내에서 크레아틴으로 인해 특히, 일시적인 또는 순간적인 운동에서 수행증가를 위한 가능성이 존재한다고 볼 수 있으며, 운동과 운동 사이의 회복을 증대시킬 수 있다고 하였다 (Casey, et al.,1996; Dawson, et al., 1995; Greenhaff, 1995; Balsom, et al., 1995; Greenhaff, et al.,1994; Birch, et al., 1994; Dawson, et al., 1997; Vandenberghe, et al., 1999).

크레아틴 loading은 1주간 고탄수화물 식사를 통해 글리코겐 저장량을 증가시키려는 탄수화물 loading의 목적과 비교될 수 있다.

그러나 운동 선수들이 시합 전 1주일 동안의 단순한 크레아틴 loading을 하는 것이 아니라 무산소성 운동에서 보여주는 효과 때문에 매일 많은 양의 크레아틴을 섭취하는 것이 있을 수 있다.

일부 연구에서 반복적인 무산소성 운동에서 비록 근력 트레이닝을 통한 연구에서 IRM의 근력이 향상되었다고 하였다(Burke, et al., 1996; Cooke, et al., 1995; Mujika, et al., 1996).

본 연구에서 얻고자 하는 것은 습관적으로 크레아틴을 섭취하는 운동 선수들이 크레아틴 섭취가 안전한지 또는 필요한지를 알아보고자 한 것이다.

본 연구에서 제시하는 자료들은 1주간의 크레아틴 섭취가 축구 선수들에게 IRM의 근력이나 요 크레아티닌 농도에서 커다란 효과를 보여주지 못했다.

김병로 등(1998)의 연구에서 크레아틴 투여가 투여 전보다 단시간 고강도 운동 시 무산소성 파워가 증가하였다고 보고하였다고 보고한 연구 결과와 윤종대 등(2001)의 크레아틴 투여 간격에 따른 신체 조성과 반복적인 고강도 운동수행능력에 대한 연구에서 투여 방법에 따라 평균 파워, 피크 파워, 무산소성 파워가 증가하였다고 보고한 연구 결과와는 상이한 결과를 보여주었다.

본 연구에서 또한 모든 집단에서 IRM의 근력은 증가하였으나 모든 집단에서 근력의 증가는 프로그램화된 근력 트레이닝 프로그램이 근력 향상을 야기했다고 볼 수 있다.

이러한 결과는 Wilder 등(2001)의 크레아틴 섭취량에 따른 근력, 요 크레아틴 농도, 신체 구성에 대한 연구에서 크레아틴 섭취에 따라 근력에 차이가 발생하지 않으며, 근력의 증가는 저항성의 트레이닝 프로그램에 따른 결과라고 한 연구 결과와 Becque 등(1997)의 근력 트레이닝 동안에 크레아틴 섭취가 IRM과 신체 구성에 미치는 효과에 대한 연구, Earnesr 등(1995)의 연구, Greenhaff 등(1993)의 연구 결과와 일치하였다.

본 연구에서 low-dose 집단이 다른 두 집단보다 높은 IRM 근력을 보여주었으나 통계적으로 의의 있는 차이는 나타나지 않았다.

크레아티닌 형성은 골격근에서 크레아틴 인산 농도와 직접적으로 관련이 있다.

Harris et al(1992)은 근육에서 크레아틴 포화는 요 크레아티닌의 수준 향상과 관계한다는 것을 보여주었다. 이러한 결과는 근육에서 초과된 크레아틴은 크레아티닌 형태로 변화하여 혈류로 유입되어 신장을 통해 소변으로 배출된다. 즉, 근육량이 많아지면 크레아티닌 양도 많아지는 것으로 알려져 있다.

다른 연구자들은 근생검법을 이용하여 크레아틴 loading(20g/day)이 근육 내에 크레아틴 인산이 증가한다는 것을 보여주었다(Greenhaff, et al., 1994; Hultman, et al., 1996).

더욱이 크레아틴 loading과 요 크레아티닌 농도도 증가는 상호 관련되어 있다.

본 연구에서 7일 동안 측정된 요 크레아티닌 농도는 대상자들 사이에서 커다란 변화를 보여주었다. 이러한 변화는 Hultman 등(1996)은 크레아티닌 분해는 근육의 크레아틴 인산량을 직접적으로 비례할 수 있다는 연구에서 찾아볼 수 있다.

본 연구에서는 골격근 내에 총 크레아틴 인산의 농도를 측정하지 않았지만, 크레아틴 보충으로 근육 내에서 크레아틴 인산의 수준이 증가한가면, 섭취 운동 후 요 크레아틴의 측정에 의해 나타나는 것으로 예측할 수 있을 것이다.

본 연구 결과에서 크레아틴 loading 집단이 low-dose 집단과 위약 집단의 비교에서 통계적으로 의의 있는 차는 보여주지 못했으나, 두 집단보다 요 크레아티닌의 농도가 높은 것은 주 집단보다 요 크레아티닌의 농도가 높은 것은 두 집단에 비해 1일 5g씩 4번의 높은 투여로 인해 요 크레아틴 농도가 증가한 것으로 보여진다.

요 크레아티닌의 농도의 변화는 loading 집단과 low-dose 집단은 운동을 시작하면서 급격히 떨어지다가 3일차에 증가하는 현상을 보였으며, 위약 집단은 3일차까지 떨어지다 7일차까지 평형 상태를 보여주었다.

이러한 결과는 loading 집단과 low-dose 집단은 크레아틴 보충으로 인해 요 크레아티닌 농도가 증가한 것으로 사료되며, loading 집단이 7일차에 요 크레아티닌 농도가 떨어진 것은 5일차부터 loading을 중단하고 low-dose 집단과 같은 양의 크레아틴을 섭취함으로 인해 요 크레아틴을 섭취함으로 인해 요 크레아티닌 농도가 비슷한 수준으로 나타난 것으로 보여진다.

본 연구 결과는 Wilder 등(2001)의 연구에서 크레아틴 섭취량에 따라 크레아티닌의 농도가 통계적으로 의의 있는 차이는 나타나지 않았으나 위약 집단보다 크레아티닌 농도가 많다고 한 연구와 동일한 결과를 보여주었으며, 조현철(2000)의 연구에서 1.5g의 크레아틴을 섭취한 집단보다 3g의 크레아틴을 섭취한 집단이 크레아티닌의 농도가 많았다고 보고한 연구 결과와 이한경 등(2001)이 보고한 단기간 크레아티닌 투여에 따른 요 크레아티닌 농도의 변화에서 섭취 후 농도가 증가하였다는 연구 결과와 부분적으로 일치하는 결과를 보여주었으나, 조현철(2000)과 이한경 등(2001)의 연구에서 섭취 전보다 섭취 후 요 크레아티닌 농도가 증가하였다고 하여 본 연구 결과와는 다른 결과를 보여주었다.

본 연구 결과가 제시하는 것은 24시간 요 샘플 분석을 통한 크레아티닌의 농도의 변화는 loading단계를 거치거나 그렇지 않거나 요 크레아티닌 농도에 커다란 효과를 보여주지 못했다.

필자가 2003년도에 발표한 논문 "항산화제 투여와 지구성 고강도 운동이 MDA 활성화에 미치는 영향", 한국체육과학회지, 12(2), pp. 559-566에서 예를 들면 다음과 같다.

예 3

논의

생체막에서 생성된 지질 과산화(lipid peroxide)의 활성산소는 막 성분들을 비특이적으로 공격(지질 단백질, 효소 등)하여 변경시키고 공간 배열을 변화시킴으로써 생체막의 생물학적 기능을 상실하고 과산화의 최종산물인 lipofuscin 축적, 세포 구성에 손상을 가져오게 되며, 결국은 세포를 죽게 만든다(Tappel, 1973). 따라서 운동 중에 에너지 요구량의 증가, 특히 유산소성 에너지의 증가는 활동에 수십 배의 산소 공급을 요구하게 되며, 증가된 산소 소비율은 미토콘드리아에서의 대사를 비례적으로 증가시키게 된다. 증가된 활성산소와 ROS의 생성 또한 증가시킨다. 증가된 활성산소와 ROS는 생체 내 여러 가지 분자를 산화시키지만, 이 중에 세포막 지방질에 가장 예민하게 영향을 미치는 것으로 알려지고 있으며, 지질 과산화의 과정을 메틸기(CH^2)의 수소원자 1개를 추출할 만큼 충분한 에너지를 갖는 ROS가 PUFA와 반응할 때 시작된다. 이렇게 형성된 유리기(peroxylradical)는 그들이 다음 단계의 연쇄 반응으로 발전하여 산화적 손상을 증폭시킬 수 있기 때문에 특히 위험한 것이다(Holley et al., 1993).

유리기 생성과 이에 따른 지질 과산화는 운동 중 산소 섭취의 상승에 비례하여 증가하고, 골격근 손상에 정적 상관관계가 있다고 한 연구 결과(Kanter et al., 1993; Maxwell et al., 1993; Viguie et al., 1993)에 볼 때, 본 연구에서는 장기간의 고강도 지구성 운동이 지질 과산화 정도의 변화 정도나 항산화제 투여에 따른 변화 정도를 규명하여 항산화 비타민 C투여를 통하여 실질적으로 지질 과산화물을 억제할 수 있는지를 연구하였다.

지질 과산화는 운동을 함으로써 필수적으로 생성되고 골격근에 손상을 주며(Kanter et al., 1993; Maxwell et al., 1993; Viguie et al., 1993), 운동에 의해 지질 과산화 물질인 MDA가 탈진적 운동 후 증가한다는 연구 결과(Davis et al., 1982; Kumar et al., 1992)를 보고하였으나, 본 연구에서는 이와 다른 운동 전과 운동 후의 MDA 변화에 차이가 없다는 연구 결과(Ji, 1993; Salminen et al., 1984; Duthie et al., 1990; Viinikka et al., 1984)와 일치하였다. 이러한 결과는 AT 80%의 수준에서는 MDA의 변화를 관찰할 수 없었다는 Ji(1993), Salminen 등(1984), Duthie 등(1990), Vii-nikka 등(1984), 임인수(1998) 그리고 정덕조와 정성태(1999)의 연구에서 볼 때, 본 연구에서 AT 80% - AT 110% 수준의 운동 강도를 유지하면서 운동을 실시함으로써 지속적인 AT 110%의 고강도 운동을 실시하지 않은 결과로 판단된다. 그러나 이러한 연구들은 운동 방법과 운동 형태, 운동 강도, 실험 대상자 등 여러 가지 원인에 따라 차이가 나타날 수 있으므로 본 연구에서 나타난 MDA가 감소함에 따라 항산화 물질의 공급이 지질 과산화를 감소시키고 유리기를 제거할 수 있는 가능성이 있다고 보고한 Duthie 등(1990), Viinkka 등(1984) 그리고 정덕조와 정성태(1990)의 연구 결과와 일치하였다. 그러나 운동 후 체내 항산화 효소의 활성화에 영향을 준다는 연구 결과(Ji, 1993; Criswell et al., 1993; Cao, & Chen, 1991)에서 보면 본 연구에서는 항산화 비타민 섭취 집단에서 유의한 차이를 보이지 않은 것을 볼 때, 항산화 물질 섭취가 체내 MDA의 생성을 감소한 것은 사실이지만, 항산화 물질을 섭취하지 않은 집단에서 운동 전, 후의 차이가 나타나지 않은 것은 지질 과산화가 운동을 함으로써 필수적으로 생성이 되고 골격근에 손상을 주며(Kanter et al., 1993; Maxwell et al., 1993; Viguie et al., 1993), 운동에 의해 지질 과산화 물질인 MDA가 탈진적 운동 후 증가한다는 연구 결과(Davis et al., 1982; Kumar et al., 1992)에 비추어보면, 8주간의 고강도 지구성 운동을 통해 체내 항산화 효소의 활성화에 어느 정도 영향을 미친 것으로 여겨진다.

본 연구에서는 8주간의 운동 후에 항산화 물질을 섭취한 집단의 경우 위약 집단에 비해 지질과 산화 정도가 감소한 것을 주목할 필요가 있으며, 운동 전 후와 항산화 물질 섭취에 따른 상호 작용 효과가 나타남에 따라 훈련 기간 동안 트레이닝 정도가 산화스트레스를 가중시키는 것으로 생각된다. 또한 항산화 물질의 섭취는 지질 과산화 물질인 MDA의 생성을 감소시킨 것으로 보아 체내 지질 과산화 물질 MDA의 생성은 항산화 비타민 C 섭취를 통해 그 생성을 억제하거나 감소시킬 수 있을 것으로 사료된다. 즉, 항산화제는 지질 과산화물 제거 기전에 작용하여 촉매나 효소의 속도(Kinetics)를 증가시킴으로써 적정 수준 이상으로 체내 축적을 방지하거나, 제거율을 높여서 체내에 축적되는 양을 감소시키는 기전을 통해서 운동으로 인해 생성되는 지질 과산화물에 의한 손상을 줄인 것으로 보인다(정덕조와 정성태, 1999).

향후 연구에서 유리기와 ROS를 항산화 물질의 보충 없이 체내 자체 항산화 효소의 활성화를 일으킬 수 있는 운동 강도와 운동 기간이 어느 정도 되는지를 명확히 할 필요가 있으며, 운동 강도와 기간에 대한 항산화제 효소와 관계를 지속적으로 연구하여 운동을 통해 건강을 추구하는 모든 이들에 대한 운동 건강 지표로 활용될 수 있는 연구가 필요하다.

2007년도에 필자가 발표한 논문 "복싱 선수들의 근력 트레이닝 프로그램이 전문체력 향상에 미치는 영향", 한국체육과학회지, 16(3), pp. 641-653에서 예를 들어보면 다음과 같다.

예 4

논의

복싱은 시합 중 심박수가 190b/min에 이르고 강도 운동(김창근, 최용어, 양정수, 1984)이며, 주 에너지 시스템이 ATP - PC 시스템을 포함한 무산소 해당과정이 거의 대부분을 차지하지만, 유산소 대사능력을 요구하는 특성을 지니고 있다. 즉, 복싱은 아주 강한 무산소 파워와 유산소 지구력을 동시에 요구하는 종목으로, 지구력 측면에서는 단기지구력(30초에서 120초 이내의 운동) 훈련이 필요한 종목이다. 따라서 높은 젖산 축적을 견뎌내는 방향으로 훈련함으로써 선수의 피로내성을 향상시켜야 한다. 왜냐하면, 젖산 시스템에 의한 에너지 공급이 경기력에 주가 되거나 주요 요소가 되기 때문이다. 이러한 무산소 대사 과정에 의한 젖산의 축적은 근육의 수소 이온(H^+)의 증가, pH의 감소, 세포의 산성도를 증가시켜 효소 활동의 억제를 유방하며, 근수축 작용의 저하를 가져와 운동 능력의 장애 요인이 되지만(Wassenman, Whipp, Koyal & Breaver, 1973), 이러한 단기 지구력 트레이닝을 통한 반복적 무산소 대사 환경에 노출되는 것은 인체의 항상성을 자극하여 무산소 대사 과정의 향상을 가져오기 때문이다.

본 연구에서 가장 흥미로운 발견은 최대 근력 Sit - Up, Power Clean 항목 등을 측정하였고, 이들 모두에서 유의한 증가가 나타났음에도 인체계측 항목인 대퇴와 상완위, 흉곽 전·후폭, 체중 및 체지방률에서 모두 감소 경향을 보였다. 특히 체중(72.55kg ± 14.66, 71.27 ± 14.23, ↓1.8%, p<.05)과 대퇴위(55.82 ± 5.38cm, 53.95 ± 5.58cm, ↓3.5%, p<.01) 항목에서는 통계적으로도 유의하게 감소하였다는 것이다. 최대 근력을 결정짓는 요인으로는 근육 직경, FT섬유의 동원 능력, 근 활동에 관계되는 모든 근육을 동시에 수축시키는 근육의 협응력 등이 포함되며, 웨이트 트레이닝을 통한 근비대와 이로 인한 체중 증가가 일반적인 것이기 때문이다. 그러나 본 연구에서는 오히려 대퇴위(대퇴 둘레)와 체중에서 유의한 감소가 관찰되었다. 이러한 결과는 최대 근력 향상을 위한 전형적인 보디빌더식의 저항 훈련이 아닌 복싱 종목으로 특이성을 고려한 최대 근력 훈련을 실시함으로써 근비대가 아닌 FT섬유의 동원 능력 향상에 초점을 맞추었기 때문일 것이다. 즉, 근 비대의 주요 원인은 근 피로의 유발로부터 기인한다(Bompa, 1996).

등장성 최대 근력(1 - RM)의 측정 항목은 복싱의 특이성에 맞는 항목을 고려하여 선정되었다. 복싱에서의 파워는 허리의 빠른 회전을 통해서 유발되는데 이때의 회전은 단순한 허리의 회전 동작이 아닌 앞쪽으로 뻗어 있는 다리의 피벗(pivot)을 통한 회전이다. 이러한 동작을 통한 빠른 회전은 다리에서부터 파워를 발생시켜 엉덩이, 허리로 전달된다(Fizmaurice, 1982). 이러한 동작과 관련된 저항 훈련으로는 Bench Press와 Squat, Sit Up, Power Clean이 선정되어 측정되었다. 측정 결과 각 항목에서 모두 훈련 후 최대 근력이 향상된 것으로 나타났다(p<.01).

파워라는 개념은 힘과 속도의 곱으로 표현되는데 신경 - 근육계의 능력과 관계가 있다(Bompa, 1996). 최대 근력(1 - RM)은 가장 무거운 중량으로 사람이 발휘할 수 있는 최대의 힘이다. 이것은 파워를 구성하는 한 요소이며 상대방에게 충격을 주는 펀치를 발휘해야 하는 복싱 경기만의 필수 요인이라고 할 수 있다.

곽현, 김상범(2002)은 코어(Core) 근육은 등, 복부, 엉덩이, 골반, 근육이 모여 있는 곳으로 인체의 모든 힘과 운동성이 발생하며, 우리가 몸을 움직일 때마다 중심을 잡아주고 근 골격계 구조를 적절히 유지시켜주는 역할을 한다고 보고하였다.

민첩성을 측정하는 방법 중 하나인 반응 시간은 자극이 감각 기관, 대뇌, 신경, 근육에 전도되는 모든 시간을 포함하는 것이다(박대홍, 2000). 본 연구에서 반응 시간은 빛과 소리에 대한 반응 시간을 측정하였고, 그 외에 민첩성 측정항목으로는 지그재그 달리기를 측정하였다. 연구 결과 빛과 소리에 대한 반응 시간이 빨라지지는 않았지만 사이드 스텝과 지그재그 달리기에 유의하게 기록이 향상되었다($p < .01$). 이러한 결과는 낙하 - 이완 탄성을 이용한 플라이오메트릭 트레이닝이 태권도 선수의 반응 시간, 민첩성에 미치는 영향을 연구한 결과 플라이오메트릭 트레이닝이 순발력과 민첩성 향상에 매우 효과가 있다는 보고(한설 등, 2002)와 남자 고등학교 학생을 대상으로 30, 50, 70cm 높이의 박스를 이용하여 10주간 플라이오메트릭 트레이닝을 한 결과 50cm 박스 집단에서 가장 높은 민첩성의 향상을 가져왔다는 보고와 유사한 결과이다.

윤주식, "피드백 학습 효과가 골프 퍼팅 시 정확성과 운동학적 변인에 미치는 영향", 미간행 석사 학위 논문, 상지대학교 대학원, 2007에서 예를 들어보면 다음과 같다.

예 5

논의

본 연구는 피드백 학습 효과가 골프 퍼팅 시 정확성과 운동학적 변인에 미치는 영향을 비교 분석함으로써 골프 퍼팅 원리를 설명하고 퍼팅 수행 향상에 도움을 주고자 하는 데 그 목적이 있다. 골프에 대한 경험이 전혀 없는 W시 S대학교 체육학부에 재학 중인 20~21세의 남학생 10명을 대상으로 피드백 전 집단과 4주간 피드백 후 집단 간에 학습 효과를 규명하기 위하여 정확성 변인과 운동학적 변인을 비교 분석하였다. 그 결과에 따른 논의할 점은 다음과 같다.

첫째, 피드백 전과 4주간 피드백 후의 정확성은 첫 번째 퍼팅과 두 번째 퍼팅에서는 유의한 차이를 보였고, 세 번째 퍼팅에서는 유의한 차이가 나타나지 않았지만 피드백 후에 더 정확성이 나타났다. 이러한 연구 결과는 초보자를 대상으로 4주간의 피드백을 제공했을 경우, 피드백 전보다 4주간 피드백 후가 학습 효과로 인해 정확성이 나타난 것으로 보여진다.

둘째, 피드백 전과 4주간 피드백 후 두 정점의 위치 변화는, 골프 퍼팅 시 두 정점의 위치는 어드레스부터 임팩트 직후까지 고정을 시켜야 하며 팔로우스로우가 시작되면서 볼의 진행 방향으로 회전이 자연스럽게 이루어져야 한다. 피드백 전과 후의 위치 변화는 Event 4를 제외한 Event 1, Event 2, Event 3에서 모두 유의한 차이가 나타났다. 이러한 연구 결과는 이경일, 박장진(2004)의 골프 스윙 동작의 운동학적 분석의 비우수 집단과 우수 집단의 국면별 머리의 위치 변화에서 비우수 집단이 우수 집단보다 더 우측으로 이동한다는 연구 결과와 유사하게 나타났으며, 이는 정상적인 스윙 동작 시 머리의 좌우 이동은 움직이지 않아야 된다는 기본 원리와 일치되며, 김무영(1998)의 연구와도 일치되는 것으로 나타나 본 연구 결과의 피드백 학습 효과가 제대로 이루어진 것으로 보여진다.

셋째, 피드백 전과 4주간 피드백 후의 클럽 헤드 속도는 Event 4가 가장 빠르고, Event 1, Event 3, Event 2의 순서의 빠르기로 나타났고, Event 1과 Event 3에서 유의한 차이를 나타냈다. 이러한 결과는 신성휴, 고석곤(2003)의 골프 스윙 동작의 운동학적 분석에서 노련한 골퍼일수록 클럽 헤드의 속도가 증가한다고 한 것은 본 연구와 상반된 연구 보고로서, 풀스윙보다 퍼팅의 경우의 클럽 헤드 속도는 피드백 후에 느려지는 학습 효과가 보여진 것이라고 사료된다. 그리고 이경일, 박장진(2004)의 골프 스윙 동작의 운동학적 분석에서 다운스윙 구간, 팔로우스로우, 백스윙 순서로 나타났다고 연구 보고하고 있으며, 김성은(2004)의 골프 퍼팅 스트로크 동작의 운동학적 비교 분석에서 각 구간별 퍼터의 속도 요인 결과는 모든 구간에서 유의한 차이가 나타나지 않아 본 연구와 일치하지 않았다.

이러한 연구 결과는 골프 퍼팅 시, 퍼팅을 하는 방향이 변한다 해도 언제나 시계추와 같이 부드러운 리듬을 확보하지 않으면 안 된다는 이제홍(1994)의 연구 결과와 일치하지 않으며, 본 연구 결과에서는 Event 4에서 골프 퍼팅 시 팔로우스로우가 가장 빠르게 나타나 불안정한 스윙을 하는 것으로 나타났다. 골프 퍼팅에서 퍼팅 스트로크의 중요한 면은 정적인 안정과 동적인 안정을 동시에 추구해야 하기 때문에 심리적인 요인을 간과해서는 안 된다.

넷째, 피드백 전과 4주간 피드백 후의 동작 수행 시간은 국면 1, 국면 3, 국면 2의 순서로 나타났고, 국면 1, 국면 2, 국면 3에서 모두 유의한 차이가 나타나지 않았다. 이러한 결과는 김성은(2004)의 골프 퍼팅 스트로크 동작의 운동학적 비교 분석에서 백스윙 구간이 가장 많이 시간을 소요한 것으로 나타났으며, 다음으로 팔로우스로우 구간, 다운스윙 구간의 순으로 나타나 본 연구와 일치하였다. 그리고 김의환, 박정현, 백광형(2001)의 골프 퍼팅 동작 시 프로 선수와 아마추어간의 3차원 운동학적 변인 비교 분석에서 다운스윙, 백스윙, 팔로우스로우 순으로 나타나서 본 연구 결과와는 일치하지 않았다. 따라서 이러한 연구 결과들은 퍼팅의 경우 두 집단 간 퍼터의 스피드 차이가 크지 않기 때문인 것으로 보이며, 동작 분석의 연구 특성상 연구 대상의 크기가 작기 때문에 동작 수행 시간의 피드백은 유의한 차이가 나타나지 않은 것으로 보이며, 피드백 후보다 피드백 전이 빠르게 나타나 피드백 후가 백스윙을 길게 함으로써 보다 다운스윙을 안정적으로 수행하려는 반면 피드백 전의 경우 다운스윙을 빨리 하여 볼을 세게 때리려고 하는 경향이 있기 때문인 것으로 여겨진다.

다섯째, 피드백 전과 4주간 피드백 후의 신체 중심 이동은 Event 1, Event 2, Event 3, Event 4에서 4구간 모두 Y축에서 유의한 차이를 나타냈고, X · Z축에서는 유의한 차이를 나타내지 않았다. 이러한 결과는 김무영(1995)의 골프 스윙 시 단순화를 위한 3차원 영상 분석에서 좋은 스윙을 하기 위해서는 임팩트 시 자세의 변화가 적어야 한다는 이론(Williams, 1967)에 근거해보면 각 국면별로 중심의 변화가 크지 않으며 다운스윙 시 임팩트 지점에서 볼의 운동 방향으로 중심 이동이 일어났다고 하여 본 연구에서 Y축으로 신체 중심이 이동한 결과와 유사하게 나타났다. 또한 안완식(2001)의 골프 드라이버 스윙 동작에 대한 근력의 기여도 분석에서 신체 중심의 위치 변화는 미들다운 스윙 시 무게 중심을 우측에서 좌측으로 서서히 이동시킨다고 하여, 본 연구와 유사한 차이를 나타냈다. 그러나 퍼팅 스트로크와 드라이버 동작은 다르기 때문에 더 많은 연구가 필요하다고 사료된다.

이상 연구 결과에 의하면 골프 퍼팅은 골프 경기에 있어서 승부를 결정짓는 매우 중요하고 정교한 동작으로서, 심리적이나 환경적인 요인 등 다양한 변인들에 의해 영향을 받으므로 피드백에 의한 학습 효과만으로는 골프 퍼팅의 정확성을 수행하기가 어려운 실정이다. 따라서 본 연구에서는 골프 퍼팅에 정확성 수행 능력을 향상시키기 위해서는 심리적 요인에 운동학적 요인을 연구 방법에 추가적으로 첨부함으로써 보다 나은 골프 퍼팅에 의한 정확성을 논리적으로 규명할 수 있을 것이라고 본다. 또한 실험 실내에서 연구가 아니라 실제 필드에서의 실험을 통하여 현장 적응에 필요한 자료를 획득하고, 골프를 배우는 초보자나 프로 선수, 지도자에게 효과적인 퍼팅 동작 수행을 위한 피드백 제시를 함으로써 골프 퍼팅 수행 동작을 향상시켜 효과적인 학습이 이루어지게 한다고 볼 수 있다.

최만호, "태권도 겨루기 선수들의 반달차기 동작의 운동학적 분석". 미간행 석사 학위 논문, 상지대학교대학원, 2007에서 예를 들어본다.

논의

태권도 겨루기 선수들의 반달차기 동작 소요 시간에서는 국면 1, 2, 3과 소요 시간에서 모두 우수 선수 집단이 비우수 선수 집단에 비해 빠른 것으로 나타났다. 이러한 결과는 이종갑(2004)이 실시한 태권도 우수 선수의 안면돌려차기 동작의 운동학적 분석과 양창수(2001)의 돌려차기 동작에 관한 운동학적 비교 분석에서 태권도 우수 선수들은 총 소요 시간을 단축시킨다고 하여 본 연구의 태권도 반달차기 동작이 각 국면별 연결 동작에서 우수 선수 집단이 비우수 선수 집단에 비해 빠른 것으로 나타나 본 연구 결과와 일치되었다. 이것은 발차기 자세도 중요하지만 발이 지면에서 떨어지는 순간에서 최대 굴곡되는 순간까지 가속도가 발차기 동작 소요 시간인 속도에 가장 큰 영향을 줄 수 있는 요인으로 태권도 발차기 경기력 향상에 영향을 준다는 것을 알 수 있다.

족관절 각 변위에서 우수 집단이 비우수 선수 집단에 비해 차는 다리와 지지하는 다리에서 모두 통계적으로 의미 없는 차이가 나타났다. 이러한 결과는 하철수(2006)의 태권도 앞돌려차기 운동학적 분석에서 족관절 각 변위의 유의한 차이가 나타났다는 연구 결과와 상반된 결과가 나타났으나, 구희성(2002), 강성철(1998)의 발차기에 대한 운동역학적인 연구에서 족관절이 임팩트 전에 빠르게 신전하는 것이 효과적인 자세라고 한 것과 관련하여 우수 선수 집단은 족관절의 작은 신전으로 빠른 반달차기를 하는 것으로 사료된다.

슬관절 각 변위에서 두 집단 간에 매우 유의한 차이가 나타나는 결과는 이영림(2007)의 태권도 뛰어 앞차기의 역학적 분석에서 슬관절의 각 변위에서 두 다리가 모두 최대 굴곡되는 시점에서 임팩트되는 경우에 비해 비우수 선수 집단의 임팩트 시 최대 신전 동작에 대한 슬관절의 각 변위가 변화가 필요하다고 연구 보고하였으며, 본 연구에서 태권도 반달차기 동작 동작에서 슬관절 각 변위가 우수 선수 집단이 비우수 선수 집단에 비해 큰 것으로 나타나 본 연구 결과와 일치하는 결과가 나타났다. 이것은 태권도 경기 시 받아차기의 일종인 반달차기 수행에 있어서 임팩트 시 무릎 각의 크기는 높은 타격점과 강한 타격력을 좌우하므로 운동학적 변인들 중에서 발을 차는 다리의 슬관절 각 변위 변화가 경기력 향상에 대단히 중요하다는 것을 알 수 있다.

고관절 각 변위에서 두 집단 간에 유의한 차이가 나타나는 결과는 김창국(1991)의 태권도 돌려차기 동작의 운동역학적 분석에서 일반 수련자와 우수 선수의 고관절 각 변위에 의한 유의한 차이가 난다고 하여 본 연구와 일치하게 나타났다. 이것은 태권도 겨루기에 있어서 반달차기 동작 수행 시 고관절 각 변위에서 발을 차는 다리와 지지하는 다리가 동시에 교차되는 시점 최대 굴곡에 대한 고관절 각 변위 변화가 반달차기 동작 수행에 있어서 매우 중요한 변인이 될 수 있음을 알수 있다.

신체 중심 이동에서 두 집단 간에 유의한 차이가 나타나지 않는 결과는 하철수(2006)의 태권도 앞돌려차기 운동학적 분석에서 차는 발이 이지되는 순간 신체 중심 이동에 유의한 차이가 나타난 것과 상반된 연구 결과가 나타났으나, 이동진 등(2006)의 태권도 숙련자와 미숙련자 간에 통계적으로 유의한 차이가 나타나지 않았다고 하여 본 연구와 일치하였다. 이는 상대방 선수를 적극적으로 공격하기 위한 앞돌려차기와 반달차기인 반달차기의 동작의 차이라 사료되며, 또한 반달차기 동작 수행 시 신체 중심 이동이 먼저 일어난 것으로 보인다.

상체 젖히기에서 두 집단 간에 유의한 차이가 나타난 결과는 박성순등(2005)의 연구에서 상체 젖히기 동작은 우수 선수 집단이 비우수 선수 집단에 비해 반달차기 동작 시에 상체를 과신전한다고 하여 본 연구와 일치하는 결과를 나타냈고 이것은 비우수 선수 집단은 태권도 겨루기 시에 반달차기에 대한 경기력 향상을 위해서 반드시 상체 젖히기에 대한 훈련이 필요하다는 것을 나타낸다. 상체 젖히기는 척추 굴곡과 신전 운동으로 이루어지는데 최희수 등(2005)은 운동축에서 손의 위치가 멀어질수록 자세를 유지하고자 척추 굴곡에 관여하는 복부 쪽의 근육들이 많이 적응한다고 하였고, 한제희(2008)는 윤축을 적용한 체간 회전 운동의 변화라는 연구 논문에서는 백스윙과 스윙 시 모두 체간만을 이용하여 회전 운동을 할 시에는 척추기립근의 활동이 다른 근육에 비해 높은 근 활동을 나타낸다고 하였으며, 정구영(1997)은 체간의 회전 동작 시 근육의 동원 능력과 전지적 자극의 방출이 가장 활발하다고 하였다. 따라서 태권도 겨루기 경기 시 받아차기의 일동인 반달차기 동작이 제대로 수행되기 위해서는 발을 차는 다리와 지지하는 다리가 동시에 교차되는 시점에서 최대굴곡이 이루어지는 고관절 각 변위 변화가 매우 효과적이며, 상체 젖히기 동작 시 척추 운동을 윤축에 적용한 효율적인 체간 동작을 하면서 반달차기 동작은 반드시 상체를 과신전으로 수행해야 한다. 태권도 겨루기 선수들의 반달차기 동작에서 중요한 변인이 되는 상체 젖히기에 관련된 몸통 유연성 검사 및 척추의 유연성을 측정하는 검사는 윗몸 뒤로 젖히기(고흥환, 2000), 체전굴 측정 방법(조근종, 2003)이 있으며, 태권도 겨루기 선수들의 반달차기 수행 능력을 향상시키기 위해서는 상체 젖히기에 관계된 몸통 및 척추 유연성을 위한 훈련이 필요하다고 할 수 있다. 태권도 겨루기 경기 시 선수들은 반달차기 동작을 효과적으로 경기에 적용하기 위해서는 신체 분절과 슬관절, 고관절의 활용도 및 상체 젖히기 수행 능력 향상을 위한 훈련을 통해 자세를 보완해 나갈 수 있도록 해야 할 것이다.

8. 결론 작성 방법

제목(논제)
연구 대상자
측정 방법
연구 목적으로
분석한 결과
다음과 같은 결론을 얻었다
이어지는 내용은 연구 결과를 일목요연하게 정리한다
위에서 제시된 결론을 보아
어떻게
어떤 방법으로

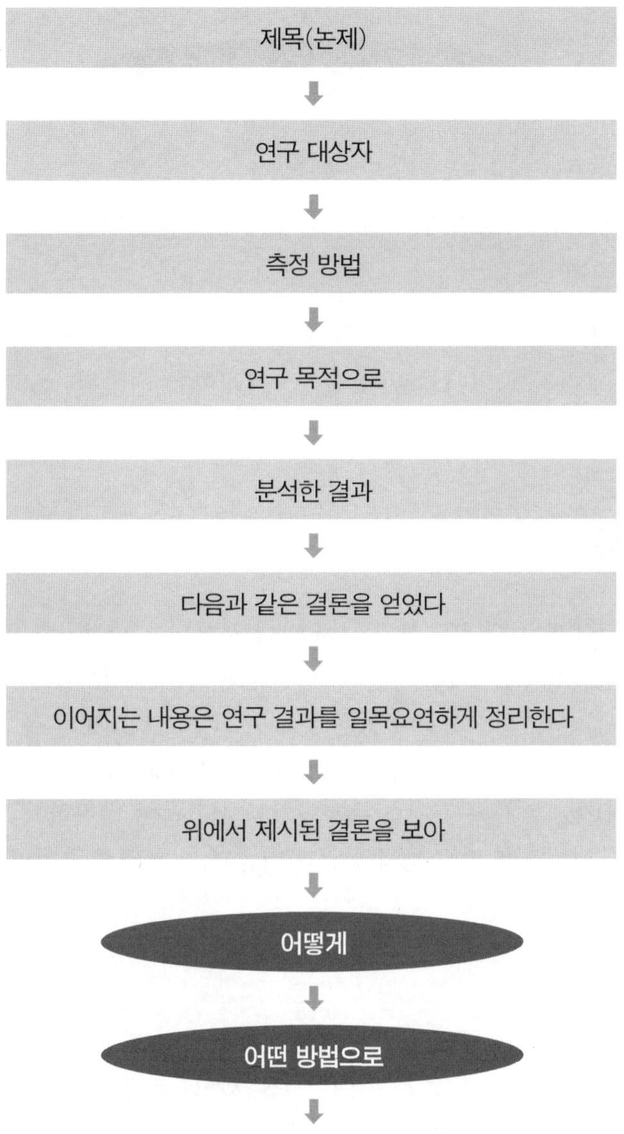

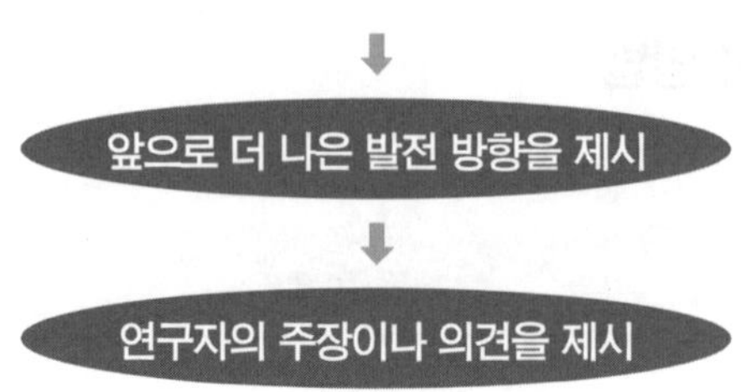

앞에서 언급한 방법대로 결론을 순서대로 작성하면 되는데, 예를 들어 보면 다음과 같다.

먼저 최만호, "태권도 겨루기 선수들의 반달차기 동작의 운동학적 분석", 미간행 석사 학위 논문, 상지대학교 대학원, 2007을 살펴보자.

예 1

결론

본 연구에서는 태권도 경기 시에 많이 사용되는 받아차기 중에서 반달차기 동작을 10년 이상 경력의 전국 대회 입상 경력이 있는 4명의 우수 선수 집단과 입상 경력이 없는 비우수 선수 집단 4명의 총 8명이 같은 체급인 웰터급 선수를 대상으로 Vicon Motion System MX 13 카메라(300Hz, 7대)와 근전도 측정기기를 사용하여 운동학적 변인들과 근전도적 변인들을 비교 분석한 결과 다음과 같은 결론을 얻었다.

1. 운동학적 변인

운동학적 변인들 중에서 소요 시간, 족관절 각 변위와 신체 중심 이동은 통계적으로 의미 없는 차이가 나타났고, 슬관절 각 변위는 차는 다리에 이벤트 4에서 매우 유의한 차이가 나타났으며, 고관절 각 변위

는 차는 다리 이벤트 3과 지지하는 다리 이벤트 3에서 통계적으로 유의
한 차이가 나타났다.

상체 젖히기는 x축에서 이벤트 3과 이벤트 4는 통계적으로 유의한
차이가 나타났고, y축에서 이벤트 3과 이벤트 4는 통계적으로 유의한
차이가 나타났으며, z축에서 이벤트 1, 2, 3, 4에서는 통계적으로 유의
한 차이가 나타났다.

2. 근전도 변인

근전도 변인들 중에서 대퇴직근, 대퇴직근 peak값, 척추기립근 오른
쪽과 외쪽, 척추기립근 peak값 오른쪽 그리고 복근 peak값 등은 통계
적으로 의미 없는 차이가 나타났고, 척추기립근 peak값 왼쪽과 복근
오른쪽은 통계적으로 유의한 차이가 나타났다.

이상의 결론에서 보아 태권도 경기 시 받아치기의 일종인 반달차기
의 수행에 있어 운동학적 변인들 중에서 차는 다리의 슬관절 각 변위
변화가 임팩트 동작에서 대단히 중요하며, 고관절 각 변위에서는 발을
차는 다리와 고관절 각 변위 변화가 매우 중요하다고 볼 수 있다.

태권도 경기에서 반달차기 동작 수행 시에 차는 발의 반대쪽에 위치
한 척추기립근 왼쪽 부분의 근육들이 고정되면서 반달차기 동작 수행
을 제대로 하기 위해서는 척추기립근 왼쪽 부분 근육의 강화 훈련이 필
요하며, 체간 최전 운동에 따른 오른발 반달차기 동작 시 오른쪽 복근
이 높은 근 활동에 기여함으로써 가장 효과적인 반달차기 수행능력을
발휘할 수 있을 것이다.

다음은 윤주식, "피드백 학습 효과가 골프 퍼팅 시 정확성과 운동
학적 변인에 미치는 영향", 미간행 석사 학위 논문, 상지대학교 대학
원, 2007의 일부이다.

예 2

본 연구는 피드백 학습 효과가 골프 퍼팅 시 정확성과 운동학적 변인에 미치는 영향을 비교 분석하고자 골프에 대한 경험이 없는 남자 대학생 10명을 대상으로 피드백 전과 4주간 피드백 후의 집단으로 나누었다. 정확성 변인과 헤드업에 관련된 두 정점의 위치 변화, 골프 퍼터의 클럽 헤드 속도, 동작 수행 시간, 신체 중심 이동의 운동학적 변인에 대해서 비교 분석하기 위하여 인조 퍼팅 매트 위에서 초고속 카메라(ProReflex MCU) 7대를 사용하여 실험한 결과 다음과 같은 결론을 얻었다.

첫째, 정확성의 첫 번째 퍼팅 피드백 전과 4주간 피드백 후는 $p<.05$로 유의한 차이가 나타났고 두 번째 퍼팅에서는 피드백 전과 4주간 피드백 후는 $p<.01$로 유의한 차이가 나타나지 않았다.

둘째, 두 정점의 위치 변화는 Event 1에서 피드백 전과 4주간 피드백 후는 $p<.001$ 유의수준에서 현저한 차이를 나타냈다. Event 4에서 피드백 전과 4주간 피드백 후는 $p>.05$의 유의한 차이가 나타나지 않았다.

셋째, 피드백 전과 4주간 피드백 학습 효과 후의 퍼터 클럽 헤드 속도는 Event 4가 가장 빠르고, Event 1, Event 3, Event 2의 순서대로 빠르게 나타났다. 그리고 Event 1에서 피드백 전과 4주간 피드백 학습 효과 후는 $p<.001$의 유의수준으로 현저한 차이가 나타났고, Event 2에서 피드백 전과 4주간 피드백 학습 효과 후는 $p>.05$로 유의한 차이가 나타나지 않았으며, Event 3에서는 피드백 전과 4주간 피드백 학습 효과 후는 $p<.01$ 유의수준에서 매우 유의한 차이가 나타났다. Event 4에서는 피드백 전과 4주간 피드백 학습 효과 후는 $p>.05$를 나타내며 유의한 차이가 나타나지 않았다.

넷째, 피드백 전과 4주간 피드백 후의 동작 수행 시간은 국면 1, 국면 3, 국면 2의 순서로 나타났다. 그리고 국면 1에서 피드백 전과 4주간 피드백 후는 $p>.05$로 유의한 차이가 나타나지 않았고 국면 2에서는 피드백 전과 4주간 피드백 후는 $p>.05$로 유의한 차이가 나타나지 않았다.

다섯째, 신체 중심 이동은 Event 1(Y1)에서 피드백 전과 4주간 피드백 후는 $p < .001$로 현저한 차이가 나타났고, Event 2(Y2)에서 피드백 전과 4주간 피드백 후는 $p < .01$로 매우 유의한 차이가 나타났으며, Event 3(Y3)에서 피드백 전과 4주간 피드백 후는 $p < .01$로 매우 유의한 차이가 나타났다. Event 4(Y4)에서 피드백 전과 4주간 피드백 후는 $p < .05$로 유의한 차이가 나타났다. 그러나 Event 1(Y1), Event 2(Y2), Event 3(Y3), Event 4(Y4)를 제외한 나머지 구간에서는 유의한 차이가 나타나지 않았다.

이상 결론에서 나타난 바와 같이 골프 퍼팅은 골프 결기에 있어서 승부를 결정짓는 매우 중요하고 정교한 동작으로서, 심리적이나 환경적인 요인 등 다양한 변인들에 의해 영향을 받으므로 피드백에 의한 학습 효과만으로는 골프 퍼팅의 정확성을 수행하기가 어려운 실정이다. 따라서 본 연구는 골프 퍼팅에 정확한 수행 능력을 향상시키기 위해서는 심리적 요인에 운동역학적 요인을 연구 방법에 추가적으로 첨부함으로써 보다 나은 골프 퍼팅에 의한 정확성을 논리적으로 규명할 수 있을 것이라고 본다. 또한 실험실 내에서 연구가 아니라 실제 필드에서의 실험을 통하여 현장 적응에 필요한 자료를 획득하고, 골프를 배우는 초보자나 프로 선수, 지도자에게 효과적인 퍼팅 동작 수행을 위한 피드백 제시를 함으로써 골프 퍼팅 수행 동작을 향상시켜 효과적인 학습이 이루어지게 한다고 볼 수 있다.

다음은 "복싱 선수들의 근력 트레이닝 프로그램이 전문 체력 향상에 미치는 영향", 한국체육과학회지, 16(3), pp. 641-653에 게재된 내용이다.

결론

복싱 선수들의 근력 트레이닝 프로그램이 전문 체력 향상에 미치는 영향을 규명하기 위하여 국가 대표 복싱 선수들을 대상으로 근력 및 전문 체력 향상 프로그램을 12주 동안 실시한 후 비교 분석한 결과 다음과 같은 결론을 얻었다.

1. 근력 변인 중 배근력, 악력 좌, 악력 우, 완신근력 좌에서는 통계적으로 유의한 차이가 나타나지 않았고, 완신근력 우에서 유의한 차이가 나타났다.

2. 등장성 최대근력 변인 중 벤치프레스, 스쿼트, 싯업, 파워크린에서 통계적으로 매우 유의한 차이가 나타났다.

3. 근지구력 변인 중 싯업에서 통계적으로 매우 유의한 차이가 나타났고, 하프 스쿼트 점프는 통계적으로 매우 유의한 차이가 나타났으며, 턱걸이, 팔굽혀펴기, 반복 점프에서는 유의한 차이가 나타나지 않았다.

4. 근파워 변인 중 20m 달리기는 통계적으로 매우 유의한 차이가 나타났고, 서전트 점프는 통계적으로 유의한 차이가 나타나지 않았다.

5. 민첩성 변인 중 사이드 스텝, 30초간 발바꿔 뛰기, 지그재그 달리기는 통계적으로 매우 유의한 차이가 나타났고, 빛과 소리에 반응하는 시간은 통계적으로 유의한 차이가 나타나지 않았다.

6. 유연성 변인 중 체후굴과 장좌체전굴은 통계적으로 유의한 차이가 나타나지 않았고, 하지 전후개각은 통계적으로 유의한 차이가 나타났다.

이상의 결론을 종합해볼 때 주기화 원리에 입각한 최대 근력 트레이닝, 파워서킷 트레이닝을 적용한 본 프로그램은 최대 근력을 향상시킬 뿐만 아니라 무산소성 파워 능력, 유연성, 민첩성, 근지구력, 그리고 요근의 굴근과 신근의 균형적 근력 발달에 긍정적인 영향을 미치는 것으로 나타났다.

즉 본 프로그램의 적용은 기초 체력 항목 뿐만 아니라 복싱의 경기력을 진단하는 전문 체력 측정 항목에서도 유의한 개선 효과가 있는 것으로 나타났다. 또한 본 연구에서 흥미로운 발견은 최대 근력이 모두 향상되었음에도 체중과 대퇴위에서 유의한 감소가 나타났다는 것이다. 이는 힘과 속도를 강조한 폭발적인 파워 위주의 최대 근력 훈련은 최대 근력을 향상시키며, 이러한 최대 근력의 향상은 근비대가 아닌 FT섬유의 동원 능력 또는 근 활동과 관련된 모든 근육들의 통합적 수축 즉 근협응력의 개선을 통해서도 이루어질 수 있음을 시사하는 것이며, 특히 체중 증가에 민감한 체급 종목에도 이러한 최대 근력 훈련이 유효하게 적용될 수 있음을 의미하는 것이다.

따라서 향후 본 프로그램에서처럼 각 종목의 특이성과 주기화 원리에 입각한 근력 운동 프로그램이 각 스포츠 종목별로 만들어지고 적용된다면 선수들의 전문 체력이 향상될 것이라 판단된다.

"태권도 나래차기 운동학적 분석", 한국체육과학회지, 16(2), pp. 655-665를 예로 들어본다.

예 4

결론

본 연구에서는 전국대학 태권도 선수권 대회에서 입상한 경력이 있는 태권도 우수 선수 집단과 입상하지 못한 비우수 선수 집단을 대상으로 태권도 시합 시에 많이 사용되는 발차기 기술 중 나래차기 동작에 대한 변인들을 규명하기 위하여 S시에 소재한 H대학교 기능학 실험실에서 3차원 영상 촬영을 통하여 동작 수행 시간, 신체 중심 이동, 하지 분절의 각도 변화를 운동학적으로 비교 분석한 결과 다음과 같은 결론을 얻었다.

1. 우수 선수 집단과 비우수 선수 집단 간에 나래차기 시 동작 수행 시간은 이벤트 1, 2, 4구간에서 통계적으로 매우 의미 있는 차이가 나타났고, 이벤트 3, 5, 6구간에서 현저하게 의미 있는 차이가 나타나서 비우수 선수들은 이벤트 3, 5, 6구간에서 나래차기 동작 수행 시간에 대한 변화가 필요하다.

2. 우수 선수 집단과 비우수 선수 집단 간에 나래차기 시 신체 중심 이동은 이벤트 3, 4구간에서 통계적으로 의미 있는 차이가 나타났고, 이벤트 5, 6구간에서 통계적으로 매우 의미 있는 차이가 나타나서 이벤트 3, 4, 5, 6구간에서 비우수 선수들은 나래차기 시에 신체 중심 이동에 대한 변화가 필요하다.

3. 우수 선수 집단과 비우수 선수 집단에 나래차기 시 족관절 각 변위에서 오른발과 왼발 각 변위가 모든 이벤트에서 의미 없는 차이가 나타나서 비우수 선수들은 나래차기 시에 족관절 각 변위에 대한 변화가 필요 없다고 볼 수 있다.

4. 우수 선수 집단과 비우수 선수 집단 간에 나래차기 시 슬관절 각 변위에서 오른발은 통계적으로 의미 없는 차이가 나타났고, 왼발은 이벤트 1구간에서 통계적으로 의미 있는 차이가 나타나서 비우수 선수들은 왼발 슬관절 각 변위에 대한 변화가 필요하다.

5. 우수 선수 집단과 비우수 선수 집단 간에 나래차기 시 고관절 각 변위에서 오른발 각 변위는 의미 없는 차이가 나타났고, 왼발 각 변위는 이벤트 1, 4구간에서 통계적으로 의미 있는 차이가 나타나서 비우수 선수들은 왼발 각 변위에 대한 변화가 필요하다.

이상의 결론에서 보아 태권도 선수들이 시합에서 주로 사용되고 있는 발차기 기술이 우수 선수들과 비우수 선수들 간에 많은 차이를 보이고 있어 앞으로 태권도 발차기 기술에 대한 과학적이고 체계적인 심층 연구가 계속 이루어져 태권도 선수들과 지도자들에게 경기력을 향상시킬 수 있는 정보를 제공하여야 할 것이다.

"크레아틴 loading과 크레아틴 소량 섭취가 근력, 요 크레아티닌 및 신체 구성에 미치는 영향", 한국체육학회지, 41(5), pp. 813-824의 결론을 인용해본다.

예 5

결론

본 연구에서는 축구 선수들의 강도 높은 훈련을 통해 크레아틴 구강 투여가 축구 선수들의 근력 향상 및 체내 크레아티닌의 변화를 비교 분석하여 경기력 향상을 위한 영양 보조물로서의 역할을 규명하고, 축구 선수들의 근력 향상을 위한 기초 자료를 제시하며, creatine loading 투여와 소량 투여의 비교를 통해 효과적인 투여 방법을 밝히기 위하여 연구한 결과 다음과 같은 결론을 얻었다.

본 연구에서는 제지방량과 체지방률에서는 유의한 차이가 나타나지 않았으나, 요 크레이티닌 함량에서는 loading 집단과 유약 집단에서 유의한 차이를 보여 크레아틴 섭취가 근육 내 크레아틴 저장량을 어느 정도 증가시킨다는 결과를 보여주었으며, 1RM 근력에서는 섭취 후에 근력의 변화를 가져왔으나 모든 집단에서 동일한 결과가 나타나 크레아틴 섭취에 의한 근력의 향상이라기보다는 주기화된 근력 프로그램에 의한 근력 향상으로 사료된다.

다음은 "비타민 C, E 복합 섭취가 최대하운동 후 지질 과산화물 및 SOD활성도와 혈중 피로 물질에 미치는 영향", 한국체육과학회지, 15(4), pp. 805-815의 일부이다.

Ⅴ. 결론

본 연구는 VO2max 80%의 고강도 운동에서 항산화제로서 비타민 C, E 섭취를 했을 때 지질 과산화 물질 생성이 어떻게 변화하는지와 SOD효소를 평가하여 산화적 스트레스를 어느 정도 억제하는지 규명하고 피로 요인을 효과적으로 억제하는지 분석하고자 하였다. 이를 위해 남자 대학생 20명을 대상으로 8주간 트레이닝 처치와 비타민 C, E 섭취와 위약 처치군으로 구분하여 연구하였다. 운동 전후에 따라 지질 과산화 물질인 MDA의 활성화 및 항산화 물질인 SOD는 위약 집단에 있어서 유의한 차이를 보이지 않았으나, 비타민 C, E 섭취에 따라 긍정적인 영향을 받는 것으로 나타났다. 특히 MDA는 비타민 C, E 섭취에 따라 커다란 차이를 보임으로써 항산화제 섭취의 긍정적 효과를 보여주었으며, SOD효소의 활성화 또한 지속적 운동으로 통해 활성화되는 것을 보여주었다. 특히 비타민 C, E 섭취군에서 보다 많은 활성화를 보여줌으로써 항산화제 섭취가 인체 내 지질 과산화 물질의 감소에 영향을 줄 수 있는 것으로 나타났다. 혈중 피로 물질에 대한 결과 암모니아와 젖산염에서 긍정적 효과를 보여 항산화제 섭취가 운동 지속 능력에도 영향을 줄 수 있는 것으로 나타났다. 이상의 결과를 종합해보면, 산화 스트레스에 의한 결과 산물인 지질 과산화물은 고강도 운동에 의해 야기되고 운동량에 의해서 영향을 받을 수 있으며, 항산화제를 투여함에 따라 체내에 생성되는 MDA를 감소시킬 수 있었고 SOD효소를 활성화시킬 수 있었으며, 혈중 피로 물질을 효과적으로 통제할 수 있었다.

9. 참고 문헌 작성 요령

참고 문헌은 학술진흥재단에 등재된 등재지나 등재후보지의 원고 투고 규정을 기본으로 하여 작성하면 된다. 그러나 체육 관련 학회지의 원고 투고 규정이 다르기 때문에 대학원의 석·박사 학위 논문 작성 요령을 연구자가 지도 교수와 상의한 후에 작성하는 것이 좋다.

예를 들어, 자연과학 분야에서 발행되는 '한국체육학회지, 한국운동역학회지, 체육과학연구, 운동과학, 한국특수체육학회지, 한국발육발달학회지, 한국체육측정평가학회지, 운동영양학회지, 한국체육과학회지' 등의 원고 투고 규정이 조금씩 다르기 때문에 연구자가 소속한 대학원의 석·박사 학위 논문 작성 요령에 맞추토록 한다.

지금부터 제시하는 참고 문헌은 본 필자가 학술진흥재단에 등재된 학회지에 게재된 내용을 주관적 견해에 따라 예로 든 것이므로, 석·박사 학위 논문을 쓰는 연구자들은 자신의 연구를 제대로 파악한 다음 참고하기 바란다.

참고 문헌 작성을 위해서는 한글 저자명은 가나다 순서대로 하여야 한다. 책, 석·박사 학위 논문 그리고 학회지에 실릴 논문은 작성 내용이 많이 다르다.

영문 참고 문헌이 있으면 한글 참고 문헌을 먼저 기재한 후에 저자명을 알파벳순으로 정리하면 되는데 필자가 게재한 연구 논문에서 몇 가지 예를 제시하고자 한다.

예 1

석 · 박사 학위 논문에 사용한 참고 문헌

1. 오인석 (1996). 복싱 선수들의 무산소성 파워, 심박수 및 최대 젖산 농도에 관한 연구. 한국체육학회지, 35(2), 249-256.
2. 이석인, 오대성, 강희성 (1993). 웨이트 트레이닝 이론과 실제. 서울 : 21세기 교육사.
3. 이종각, 정동식, 박동호, 고병구, 윤석원 (2004). 단시간 및 장기간의 세라젬 처치가 우수 선수의 충추 피로 및 대사 변인에 미치는 영향. 체육과학연구원. 14(3), 25-37.
4. 최경택 (2006). 복싱 선수들의 경기력 향상을 위한 근력 트레이닝 프로그램 개발 및 적용. 미간행 박사 학위 논문. 상지대학교대학원.
5. Barany, M. (1967) ATPase activity of myosin correlated with speed of muscle shortening. J. Gem. physiol, 50(2), 197-218.
6. Dengel, D. R., George, T. W., Bainbridge, C., Fleck, S. J., Van Handel, P. L. and Kearney, J. T. (1987). Training response in national team boxers. Medicine and Science in Sports and Exercise, 19(2), 277.
7. Ebben, W. P. and Blackard, D. O. (1997). Dbveloping a Strength-power program for amateur boxing. Strength and Conditioning, 19(1), 42-51.
8. Estwanik, J. J., Boitano, M. and Necip, A. (1984). Amateur boxing njuries at the 1981 and 1982 USA/ABF national champioships. Physician and Sportsmedicine, 12(10), 123-28.
9. Fleck S. J and W. J. Kraemer (1988). Resistance training:

basic principle (part 1 of 4). Physician and sportsmedicine, 16(3), 160-171.

10. Fox. E. L. Bowers. R. W, and M. L. Foss (1988). The Physiological Basis of Physical Education and Athletics. 4th ed. Dubuque. IA: Wiliam C. Brown.

11. Getke. L. P. and L. P. Digtyarev (1989). Fundamental means of strenth training for boxers of different ages and qualifications. Soviet Sports Review, 24(4), 192-194.

12. Hakkinen K. (1986) Training and Detraining Adaptations in Electromyography. Muscle Fibre and Force Production characteristicsof Human Leg Extensor Muscle with Special Referance to Prolonged Heavy Recistance and Explosive Type Strength Training. Studies in Sport. Physical Education and Health No. 20.

13. Kelly. C. (1991). Reasons to strength train for amateur boxing, National strength and Conditioning Association Journal, 13(5), 18-21.

14. Koryak, Y. A. (1995). Assessing neuromuscular speed and speed-strength in boxers. Soviet Sport Rev, 26(4), 195-198.

15. Sale, D. (1986). Neural adaptation in strength and power training,. In L. Jones, N. McCartney & A. McComas(eds.) Human Muscle Power. Human Kinetics, Champaign, Illinois.

16. Taunton, J. E., H. Maron, and J. G. Wilkinson (1981). Anaerobic performances in middle and long distance runners. Can. 1, Appl. Sports Sci., 6: 19-113.

예 2

석·박사 학위 논문에 사용한 참고 문헌

1. 고기채(1955). 양궁 선수의 슈팅 시 근전도 및 압력 중심 동요에 관한 연구. 미간행 박사 학위 논문. 동아대학교대학원.
2. 김병현, 김정호, 박경래, 서거원, 석동은, 진성태(1990). 양궁훈련 지도서. 서울: 한국체육과학연구원.
3. 김진호(1986). Clicker음의 리듬 인지가 경기기록에 미치는 영향. 미간행 석사 학위 논문. 한국체육대학교대학원.
4. 대한양궁협회(1993). 심판 및 지도자 강습회. 서울: 대한양궁협회.
5. 박경래(1990). 양궁 슈팅 시 각근과 안정성의 관계. 미간행 석사 학위 논문. 중앙대학교대학원.
6. 박영숙(1998). 양궁 Shooting 시 압력 중심 이동에 관한 연구. 양궁 1급 경기 지도자 현장적용연구보고서. 서울: 한국체육과학 연구원.
7. 윤종찬(1998). 스트레스와 대처 및 긴장이 양궁 선수들의 운동 수행에 미치는 영향. 미간행 박사 학위 논문. 전남대학교대학원.
8. 윤희중, 류지선, 김기찬(1933). 양궁 선수들의 신체 중심 변화가 활의 변동에 미치는 영향. 한국체육대학교 체육과학연구소논문집, 12(1), 13-19.
9. 이기식(1984). EMG를 이용한 양궁의 Shooting 동작분석. 미간행 석사 학위 논문. 동아대학교 교육대학원.
10. 이구형(1985). 양궁의 슈팅 동작에 대한 신체적 심리학적 및 생리학적 안정성 분석. 대한체육회 스포츠과학연구보고서, 22(1), 12-26.
11. 하철수(2002). 운동역학. 서울: 형설출판사.

12. Dillman, J, C.(1983). Body stability and Performance in archery. Unpublished report. USOC.

13. Martin, p. E, Mungiole, M(1987). Body abilitydiferences between skilled and less skilled archers, presented at AAHPERD AnnualMeeting.

14. Manson, B. R., Pelgrim, P. P.(1986). Body stabillty and Performance in archery Exercise, 3(2), 88-101.

예 3

한국체육과학회지에 게재한 참고 문헌

1. 강진욱(1998). 태권도 경기시 체급별 사용기술에 관한 득점분석. 미간행석사학위논문, 조선대학교대학원.

2. 구희성(2002). 태권도 나래차기 동작의 운동학적 분석. 한국체육학회지, 제41권 4호, 601-613.

3. 국기원(2000). 국기 태권도 교본. 서울:국기원.

4. 김상복(2000). 태권도 옆차기시 관절력에 따른 3차원적 동작분석. 한국체육학회지, 제39호 2호, 466-479.

5. 김승재(1993). 태권도 차기기술의 운동학적 동삭형태 분류. 미간행박사학위논문, 연세대학교대학원.

6. 김용건(1996). 태권도경기의 체급별 득점 내용 분석. 미간행석사학위논문, 단국대학교교육대학원.

7. 김은수(2002). 태권도 경기의 공격기술과 공격형태에 관한 성공률 분석. 미간행석사학위논문, 한국교원대학교대학원.

8. 김창국(1992). 태권도 돌려차기 동작의 운동역학석 분석. 한국운동역학회지, 제2권 1호, 24-36.

9. 박춘길(2001). 학습수준에 따른 태권도 돌려차기의 운동학적 분석. 미간행석사학위 논문, 경원대학교대학원.

10. 안완식(2004). 앞돌려 차고 나래차기 동작에 대한 운동학적 분석. 한국체육학지, 제18권 2호, 57-67.

11. 양창수(2001). 태권도와 합기도의 돌려차기 동작에 관한 운동학적 비교. 한국운동역학회지, 제10권 제2호, 157-164.

12. 윤동섭(1996). 태권도 앞돌려 차고 돌개차기의 연속동작에 대한 운동역학적 분석. 미간행박사학위논문, 성균관대학교대학원.

13. 이재봉(2001). 태권도 돌려차기동작의 운동학적 분석. 한국체육학회지, 제11권 1호, 71-78.

14. 이종갑(2004). 태권도 우수선수의 안면돌려차기 동작의 운동학적 분석. 한국체육교육학회지, 제9권 제2호, 285-298.

15. 현우영(1974). 태권도 서기 자세에 변화에 따른 발차기 기술 분석. 대한체육회지 통권 90호 1호, 11-18.

16. 황인승, 이성철(1999). 태권도 돌려차기시 근활동 모양에 관한 3차원적 분석. 한국체육회지, 제38권 제1호, 460-476.

17. Walton, J.S.(1981).Close-Range-Photogrammetry : A generalized technique for qualifying gross human motion. Pennsylvania University.

한국체육학회지에 실린 참고 문헌

강봉해(2002). **인터넷쇼핑에 관한 소비자의 만족도가 구매행동에 미치는 영향.** 미간행 석사학위 논문. 목원대학교 대학원.

강효민(2002). 스포츠정보 이용자의 스포츠 웹사이트 접속행동에 관한 연구, **한국스포츠사회학회지, 15**(1), 145-161.

김성태(2004). **온라인 쇼핑몰에서 구매의도에 영향을 미치는 요인에 관한 연구.** 미간행 석사학위 논문. 한양대학교 대학원.

박홍수, 하영원, 이유재, 김동훈(1999). SK 텔레콤의 마케팅 전략. **마케팅연구, 14**(1), 176-196.

심지미(2001). **인터넷 쇼핑몰에서의 상호작용성이 관계몰입과 구매의도에 미치는 영향에 관한 연구.** 미간행 석사학위논문. 이화여자대학교 대학원.

유영진, 이용기(2001). 관계의질에 영향을 미치는 관계마케팅요인 : 이용경험에 따른 차이에 대한 탐색적 분석. **호텔경영학연구, 10**(3), 89-111.

이수진(2004). **인터넷쇼핑몰에서의 효율적인 상품검색과 가시화에 관한연구.** 미간행 석사학위 논문. 경원대대학원.

이성수(2003). 고객-소비자 판매원 관계 몰입 향상의 영향 요인, **한국심리학회지 소비자 · 광고, 4**(1), 59-78.

한은경(2002). **스포츠 사이트의 e-마케팅 전략에 관한 연구.** 서울 : 성균관대학교 연구소.

한진수(1998). 호텔기업의 관계마케팅활동과 성과의 구조적 관계연구. **호텔경영학연구, 7**(2), 117-137.

Chang, Chun-Ju (2002). An examination of online relationship building of sports league through their Web sites. The Florida State University.

Cronin. M. J. (1994). Doing business on the Internet: How the electronic highway is transforming American Companies. NY : Van Nostrand Reinhold.

Dupont Randal (1998), Relationship Marketing A Strategy for Consumer- Owned Utilities in a Restructured Industry. *Management Quarterly, 39(4),* 11-16.

Dwyer, Schurr, and Oh (1987). Developing Buyer-Seller Relationships. *Journal of Marketing, 51(2),* 11-27.

Garbrino. E. & Johnson, M. S. (1999). The Difference Roles of Satisfaction, Trust, and Commitment in Customer Relationship. *Journal of Marketing, 63(4),* 70-87.

Jackson B. B. (1985). Building customer relationships that last. *Harvard Business Review, 63(November -December),* 120-128.

Macintosh, G. & Lockshinm, L. S. (1997). Retail relationships and store loyalty: a multi-level perspective. *International Journal of Research in Marketing, 14,* 487-497.

Morgan, R. A & Hunt, S. D. (1994). The commitment- Trust theory of relationship marketing. *Jorunal of Marketing, 58(7),* 20-38.

Novak, T. & Hoffman, D. L. (1997). Measuring the Flow Experience among Web Users, Working Paper. Vanderbilt University.

Reichheld, F. F. (1996). Learning from customer defections. *Harvard Busissness Review, 74(March -April),* 56-69.

Reynolds, K. E. & Beatty, S. E. (1999). Commercial Friendships Service Provider-Client Relationships in Context. *Journal of Marketing, 63,* 38-56.

예 5

운동역학회지에 게재한 참고 문헌

강성철(1998). **태권도 차기동작의 분류에 따른 운동역학적 특성분석.** 미간행박사학위논문. 성균관대학교 대학원.

강성철(2000). 태권도 뒤차기 기술의 운동역학적 특성분석. **한국운동역학회지,** 9(2), 327-348.

국기원(2007). **태권도 교본.** 서울. 오성출판사.

김상수, 박래준, 박윤기, 박홍기, 서태수, 이용덕(1987). **도해기능해부학.** 대구:학문사.

김영환(2006). **태권도 발차기시 선수와 일반 수련자간 근동원 양상.** 미간행석사학위논문. 경희대학교 대학원.

김원섭(2001). **태권도 앞돌려차기의 운동역학적 특성이 차기발에 미치는 효과.** 미간행박사학위논문. 성균관대학교대학원.

김재범(2007). **태권도 앞차기시 EMG 분석.** 미간행석사학위논문. 용인대학교 대학원.

노민희, 용춘환, 이용덕, 박미영(2001). **인체해부학,** 서울:청담출판사.

문건필(2005). **태권도 뒤후려차기의 운동역학적 분석.** 미간행박사학위논문. 연세대학교 대학원.

신성휴, 박기자, 권문석, 김태완(2004). 태권도 발차기 분류에 따른 Muscle Activity 분석. **한국체육학회지,** 43(4), 497-507.

안왕식(2004). 앞돌려차고 나래차기 동작에 대한 운동학적 분석. **한국여성체육학회지,** 18(2), 57-67.

양성이(2005). **태권도 뒤후려차기시 디딤발에 대한 숙련자와 비숙련자간의 운동역학적비교분석.** 미간행석사학위논문. 연세대학교 대학원.

양창수(2001). 태권도와 합기도의 돌려차기 동작에 관한 운동학적비교. **한국운동역학회지,** 10(2), 157-164.

이동진, 박찬호, 김헌수(2006). 태권도 숙련자와 미숙련자의 공격뒤차기 동작에 대한 운동학적 분석. **한국운동역학회지,** 16(3), 43-51.

이영림(2007). **태권도 뛰어 앞차기의 역학적 분석.** 미간행석사학위논문. 상지대학교 대학원.

이재봉(2001). 태권도 돌려차기 동작의 운동학적 분석. **한국학교체육학회지,** 11(1), 71-78.

이종갑(2004). 태권도 우수선수의 안면돌려차기 동작의 운동학적분석. **한국체육교육학회지,** 9(2), 285-298.

정구영(1997). **골프 드라이버 스윙 시 EMG를 이용한 각 각근육의 기여도 분석.** 미간행석사학위논문. 수원대학교 교육대학원.

최희수, 권오윤, 이충휘, 전혜선, 오재섭(2005). 요부 안전화 운동방법에 따른 몸통근육들의 근활성도 비교. **한국전문물리치료학회지,** 12(1), 1-10.

하철수(2002). **운동역학.** 서울:형설출판사.

하철수(2006). 태권도 앞돌려차기 운동역학적분석. **한국체육과학회지,** 15(3), 663-673.

하철수(2007). 태권도 나래차기 운동학적 분석. **한국체육과학회지,** 16(2), 655-665.

한제희(2008). **윤축을 적용한 체간회전운동의 변화.** 미간행박사학위논문. 한양대학교 대학원.

현우영(1974). 태권도의 서기자세 변화에 따른 발차기 기술의 분석. **월간체육,** 90(1), 11-18.

Daniels and Worthingham(1995). *muscle testing.* W. B. Saunders Company.

Winter. D. A.(1990). *Biomechanics and Motor Control of Hunman Movement.* 2rd. ed. John wiley & sons, Inc.

예 6

국민체육진흥공단 체육과학연구원의 체육과학연구지에 실린 참고 문헌

상창효(2002). 태권도 경기의 기술과 득점력에 관한 분석 연구. 미간행석사학위논문. 제주대학교대학원.

고흥환(2000). 체육측정평가. 서울: 연세대학교출판부.

국기원(2007). 태권도 교본. 서울: 오성.

심복영(1991). 다리자세에 따른 돌려차기의 효과. 미간행 석사학위논문. 서울대학교대학원.

심승재(1993). 태권도 차기 기술의 운동학적 형태 분류. 미간행박사학위논문. 연세대학교대학원.

김용건(1996). 태권도 경기의 체급별 득점내용분석. 미간행 석사학위논문. 단국대학교대학원.

김장국(1991). 태권도 돌려차기 동작의 운동역학적분석. 미간행박사학위논문. 고려대학교대학원.

김현덕(1992). 태권도 찍어차기의 역학적분석. 미간행석사학위논문. 서울대학교대학원.

눈병용(2004). 알기 쉬운 운동역학. 서울: 대경북스출판사.

박성순, 이필근, 류재청, 오문균, 백승국, 장준원, 이경일, 우철호, 양창수, 윤정환, 송주호, 이석구, 허성규, 김주형, 김지태, 이지선(2005). 운동역학. 서울: 대경북스출판사.

성낙준(1986). 태권도 기본발차기의 역학적분석. 서울: 대한태권도협회.

안홍엽(2002). 태권도 앞차기 기술 협응 형태의 운동학적분석. 미간행석사학위논문. 용인대학교대학원.

양동영(1986). 태권도 차기 동작의 에너지변화에 관한 생체역학적분석. 미간행박사학위논문. 서울대학교대학원.

양성이(2005). 태권도 뒤후려차기 시 디딤발에 대한 숙련자와 비숙련자 간의 운동역학적비교분석. 미간행석사학위논문. 연세대학교대학원.

양창수(2001). 태권도와 합기도의 돌려차기 동작에 관한 운동학적비교. 한국운동역학회지, 10(2), 157-164.

이동진, 박찬호, 김헌수(2006). 태권도 숙련자와 비숙련자의 공격뒤차기 동작에 대한 운동학적분석. 한국운동역학지, 16(3), 43-51.

이승국(1998). 태권도 경기 중 선수의 발자세 형태별 역습 공격의 기술의 득점 비교분석. 한국체육대학교논문집, 21, 33-39.

이영림(2007). 태권도 뛰어 앞차기의 역학적분석. 미간행석사학위논문. 상지대학교대학원.

이종갑(2004). 태권도 우수선수의 안면 돌려차기 동작의 운동학적분석. 한국체육교육학회지, 9(2), 285-298.

이종열(2002). 태권도 체급유형 및 경기회전별 발차기 기술분석. 미간행석사학위논문. 울산대학교대학원.

정구영(1997). 골프 드라이버 스윙시 EMG를 이용한 각 근육의 기여도분석. 미간행석사학위논문. 수원대학교교육대학원.

조근종(2003). 체육측정법. 서울: 대한미디어출판사.

최회수, 권오윤, 이충휘, 전혜선, 오재섭(2005). 요부안전화 운동방법에 따른 몸통근육들의 근 활성도 비교. 한국전문물리치료학회지, 12(1), 1-10.

하철수(2006). 태권도 앞돌려차기 운동학적분석. 한국체육과학회지, 15(3), 663-673.

한제희(2008). 윤축을 적용한 체간회전운동의 변화. 미간행박사학위논문. 한양대학교대학원.

Putnam, C. A. (1991). A segment interaction analysis of proxmal to distal sequential segment motion patterns. *Medicine and Sports and Exercise*, **10(1)**, 130-142.

예 7

한국사회체육학회지에 실린 참고 문헌

김주영(2005). 스포츠센터의 관계마케팅 실행요인이 고객충성도에 미치는 영향, 미간행 석사학위논문, 이화여자대학교대학원.

박창열(2003). 스포츠센터 소비자의 라이프스타일과 서비스만족이 구매 후 행동에 미치는 영향, 미간행 석사학위논문, 원광대학교대학원.

석영근(2007). 스포츠센터 관계마케팅 실행요인이 관계품질, 구매행동에 미치는 영향, 미간행 석사학위논문, 용인대학교대학원.

안영민(2000). 호텔 관계마케팅의 영향요인이 호텔 충성도에 미치는 영향에 관한 연구, 관광·레저연구, 12(2), 167-184.

오센진, 위성식, 김차용(1999). 스포츠센터 유형에 따른 이용만족도 비교분석, 한국사회체육학회지, 11, 467-486.

오현환, 노동연(2005). 스포츠센터 관계마케팅 실행요인이 고객신뢰 및 고객몰입에 미치는 영향, 한국체육학회지, 44(2), 443-451.

유영진, 이용기(2001). 관계의질에 영향을 미치는 관계마케팅요인: 이용경험에 따른 차이에 대한 탐색적 분석, 호텔경영학연구, 10(3), 89-111.

윤태기(2006). 태권도장 경영의 성공사례 요인분석, 미간행 석사학위논문, 영남대학교대학원.

이성수, 성영신(2001). 구매자-판매자 관계에서 소비자 몰입, 한국심리학회지, 4(1), 59-78.

이용기, 최병호, 문형남(2002). 관계혜택이 고객의 종업원과 식음료업장에 대한 만족, 그리고 고객충성도에 미치는 영향, 경영학연구, 31(2), 373-404.

이흔정(2006). 스포츠센터 이용자의 소비자만족 향상을 위한 관계마케팅에 관한 연구, 미간행 석사학위논문, 경희대학교대학원.

원석희(1998). 서비스 운영관리-고객만족을 통한 가치 창출, 서울 : 형성출판사.

정기영(1996). 대고객 관계마케팅의 영향요인에 관한 연구, 한국기업경영학회, 11, 135-170.

정용헌, 한우진(2005). 스포츠센터의 관계마케팅 전략이 고객관계관리(CRM) 성과에 미치는 영향, 한국체육학회지, 44(4), 495-505.

정경일, 곽의택(2005). 스포츠센터 관계마케팅 기법이 고객만족에 미치는 영향에 관한 연구, 한국스포츠리서치, 6(6), 577-586.

정해정(2006). 상업스포츠센터 관계마케팅이 고객지향성과 고객만족에 미치는 영향, 미간행 석사학위논문, 목포대학교대학원.

조만태(2001). 상업스포츠 센터의 고객 관계마케팅 전략방안에 관한 연구, 한국스포츠리서치, 12(4), 165-174.

조재기, 김경두(1997). 상업스포츠시설 이용자의 시설만족도에 미치는 영향, 한국사회체육학회지, 7, 187-196.

최성철(2004). 호텔의 고객관계마케팅요인이 관계의질과 성과에 관한 연구, 미간행 박사학위논문, 계명대학교대학원.

최지호, 김문태, 전성일(2005). 고객관계관리 실행의 선행요인과 성과, 중소기업연구, 27(2), 259-283.

현계담(2005). 고객의 호텔종사원과의 상호작용인식이 관계마케팅 결과에 미치는 영향: 제주지역 특급호텔을 중심으로, 미간행 석사학위논문, 제주대학교대학원.

Achrol, R. S., & Stern, L. W.(1989). Environmental determinants of decision making uncertainty in marketing channels, *Journal of Marketing Research*, 25, 36-50.

Anderson, J. C., & Narus, J. A.(1990). A model of distributor firm and manufacturer firm working partnerships, *Journal of Marketing*, 54(1), 42-58.

Anderson, E. F., & Sullivan, M. W.(1993). The antecedents and consequences of customer satisfaction for firms, *Marketing Science*, 12(2), 125-143.

Bitner, M. J., Booms, B. M., & Tetrault, M. S.(1990). The service encounter: diagnosing favorable and unfavorable incidents, *Journal of Marketing*, 54, 71-84.

Carvens, W. D., & Piercy, F. N.(1994). Relationship marketing and collaborative networks in service organizations, *International Journal of Service Industry Management*, 5(5), 39-53.

Challagalla, G. N., & Shervani, T.A.(1996). Dimension and types of supervisory control: effects on salesperson performance and satisfaction, *Journal of Marketing*, 60(1), 89-105.

Jackson, B. B.(1985). Building customer relationships that last, *Harvard Business Review*, 63, 120-128.

10. 영문 초록 작성 요령

석 · 박사 학위 논문에서 영문 초록은 'ABSTRACT'와 같이 대문자로 쓰든지 'Abstract'와 같이 맨 첫 글자만 대문자, 나머지는 소문자로 쓰는 방법이 있는데 각 대학교 대학원마다 원고 작성 규정이 다르기 때문에 대학원에서 요구하는 대로 작성하면 되고, 영문 초록은 영어로만 작성하기 때문에 외국 사람들에게 읽혀질 기회가 많다.

따라서 영문 초록은 영문법에 맞게 신중하고, 정확하게 작성해야 하며, 전체 논문을 일목요연하게 정리하여 읽는 사람으로 하여금 이해하기 쉽게 해야 한다. 따라서 영문 초록은 연구 방법 → 연구 결과 → 결론 부분의 순서대로 요약하여 정리한다. 영문 초록에 대한 예를 들어보면 다음과 같다.

예 1

상지대학교 대학원 석 · 박사 학위 논문 영문 초록

ABSTRACT

Analysis of Kinematical element and Electromyograph element
for the Bandal Chagi in Taekwondo

Choi, Man Ho
Department of Physical Education
Graduate School
Sangji University

In this study one of the most common techniques used in Taekwondo competition is called the Bandal Chagi which was investigated by comparing the kinematics (Vicon motion system, 7 MX13 cameras at 300Hz) and EMG (Noraxon, USA) of 4 skilled and 4 unskilled Taekwondo players. The skilled participants were players that had over ten years experience winning in national competition at welter weight and the unskilled were fighters who had won at national level. Here are the following results and conclusions.

1. Kinematic Variables

Statistically there was no significant difference between the time taken, ankle's angle range of motion (ROM) and the body's center of mass's movement.

There was a significant difference for the knee's angle ROM at the event 4 and likewise there was a significant difference for the hip's angle ROM for both the kickingand supporting leg at event 3. For the upper bodies trunk angle (x and y) there was a statistically significant difference at events 3 and 4. For the trunk angle (z) there was a statistically significant angle at events 1,2,3 and 4.

2. EMG

For the rectus femoris mean and peak EMG, the left and right erector spinae mean and peak EMG and for the abdominal muscles peak EMG signal there was no statisticaldifference recorded. There was a significant difference between the skilled and unskilled for the left erector spinae peak EMG and the right abdominal muscle's EMG.

상지대학교 대학원 석 · 박사 학위 논문 영문 초록

ABSTRACT

Effect of golf putting accuracy and kinematics elemant by the
feedback learning.

Yoon, Ju Sik
Department of Physical Education.
Graduate School
Sangji University

The purpose in this study was to compare and analyze the
influence on the accuracy and kinematical variables according to
feedback intervention while golf-putting.

Subjects in this study were involved in 10 young males, who
have no experience in the golf activity. They have been taken a
feedback individualized by coaching during four weeks. After that,
in order to compare and analyze the accuracy and kinematical
variables affected on the swing of the center of body, action
movement time, velocity of putter's club head, and positional
change of the vertex associated in the head-up it high speed
camera installed at 7 spots (ProReflex MCU).

The results are as fellow.

The first, on the accuracy in the first putting there was a
significant difference($p<.05$) between before and after feedback

during four weeks.

Also, in the case of the second putting it appeared significantly higher after than that of the before feedback during the 4 weeks(p<.01). However, the third putting had no significant difference between before and after feedback.

The second, a positional change in the vertex showed significantly different(p<.001) at the Event 1 before and after feedback during four weeks. At the Event 2, there was significant difference(p<.01) between before and after feedback during four weeks.

The third, the velocity of the putter's club head after feedback was the faster at the Event 4 than those of the Event 1, Event 3, Event 2 in order. At the Event 1 and 3 the velocity changed significantly and abruptly before and after feedback during four weeks(p<.001). But at the Event 2 and 4 there was not significant before and after feedback(p>.05).

The fifth, all of the Event(Y1, Y2, and Y3) in the body center movement had significant difference between before and after feedback during four weeks(p<.05), respectively. But the other Event except the three Event above were not significantly before and after feedback at all.

In conclusion,
The golf putting is one of very important and elaborate movement to be a winner or not, and critical point. In general, it takes some influences on the various variables such as

psychological and surroundings conditions. Therefore, to increasw the accuracy on the putting it should add kinematical variables to psychologocal variables as a feedback interventions.

예 3

한국체육과학회지 영문 초록

비타민 C, E 복합 섭취가 최대하운동 후 지질 과산화물 및 SOD활성도와 혈중 피로 물질에 미치는 영향

하 철 수

The effect of vitamin C, E supplementation on the lipid peroxide and SOD activity, and blood fatigue factors after submaximal exercise

Ha, chul-soo

Abstract

The purpose of this study was to investigate the effect of atioxidants supplementation and Vo2max 80% exercise intensity on the activities of lipid peroxidation, superoxide dismutase, and blood fatigue elements(specifically lactate, and ammonia). Twenty collegiate were participated in the maximal exorcise test before and 8weeks actioxidants vitamin supplementation. The Subjects were divided into two groups; vitamin C,E supplementation group(n=10), placebo group(n=10). The results of the study can be summarized as follows;MDA and SOD levels of vitamin C,E supplementation group in Sweets Vo2max 80% exorcise intensity was significantly different but those of placebo group in 8weeks Vo2max 80% exercise intensity was very alike. The change of lipid peroxidation caused by 8weeks Vo2max 80% exercise intensity was significantly different according to vitamin C,E supplementation. The concentration of MDA reduced by vitamin C,2 supplementation. The effect of vitamin C,E supplementation was beneficial to reduce the concentration of MDA caused by high intensity exercise. These data suggest that higher intensity can results in a significantly increase as indicated but in can results in a signigicant improvement on SOD activity as anti-oxdant defense system. Also, controled blood fatigue elements effectively.

Key words : vitamine C,E, MD4 SOD, blood fatigue elements

예 4

한국체육학회지 영문 초록

태권도 뛰어 앞차기의 역학적 분석

이영림* 상지대학교

Biomechanical Analysis of Twio ap chagi in Taekwondo.

Lee, Young-Rim Sang-Ji Univ.

요약

이 연구는 선수들의 점프 발차기에 대한 올바른 방법과 훈련법을 찾는 데 목적이 있다. 발차기의 동작을 분석하기 위해서 전국대회 수상 경력이 있는 국가 대표 우수 선수 4명과 수상 경력이 없는 비우수 선수

4명을 임의추출하였으며, 역학적 분석을 위해 3차원 영상분석과 지면
반력기를 이용하여 실험하였다.

Abstract

The purpose of the study is to examine correct Taekwondo
movements and the efficiency of the movements and to find out
correct way of training and improving athletic capacity for
Taekwondo players and coaches, by analyzing comparatively and
dynamically the Twio ap chagi(forward kicking with a jump) of
Taekwondo kicking techniques of the excellent player group which
has award experience in National University Players Tournament
and the non-excellent player group which has no award
experience in the National University Players Tournament.

For the study, four excellent players(who has award experience
in national tournaments hold by the Taekwondo association) and
four non-excellent players of the 'S' university of 'W' city were
selected at random, and the Twio ap chagi movements were
analyzed comparatively by analyzing the movements and using
force-platform. The SPSS 12.0 for Windows program was used
for dealing the data of the study. The items of measurement were
the averages of the highest flexion values of displacement results
on vertical jump power(Fz), body's vertical height(Fz), ankle,
knee joint, high joint. In examining the measurement items,
significance examination was produced with using t-test
examination on the average differences between the excellent
player group and the non-excellent player group which are
divided.

1. In Twio ap chagi, the distance from the ground to the highest
height of the body's center in a jump was measured, and the

result from the measurement is that significant difference was produced for the kicking leg and the supporting leg and statistically great difference came up in the body's vertical height of the two groups.

2. Each displacement of the ankle presented significant difference when the legs are crossed. Each displacement of the two groups gave great difference in impact period. The supporting leg gave statistically very significant difference more than the kicking leg.

3. For each displacement of the knee joint, both of the two legs gave great difference when the knees were bended maximumly. In impact, the maximum bending of the non-excellent player group was greater than that of the excellent player group.

4. For each displacement, great difference came up in the maximum bending of the high joint of the supporting leg. All of the two legs gave significant difference in the maximum bending of the knee of the kicking leg.

5. In vertical ground jump, excellent player group averaged 1529.29N and non-excellent player group averaged 1555.81N, which gave no statistical difference.

These examination results are thought to be good materials for presenting the ways of executing and training the Twio ap chagi movement. As kinematics analysis to the excellent player group and the non-excellent player group told in this study, the time which needs greatly each change of the ankle, and each change of the knee joint affected the cross of the two legs greatly with higher jump and greater power maintained until impact. And it is thought that the non-excellent player group can execute better kicking by using each change of the ankle and the maximum bending of the high joint, and needs each displacement change as training for higher ability to react and push forward and the way of training for best play result. besity.

Key words: Taekwondo, Twio ap chagi
* dudfla22@sangji.ac.kr

예 5

한국체육과학회지 영문 초록

태권도 앞돌려 차기 운동학적 분석

하 철 수

Kinematical Analysis of Apdollyeo Chagi in Tae Kwon Do

Ha, Chul-Soo

Abstract

The purpose of this study was to analyze the relationship between the national game winning a prize University Tae Kwon Do man player group and none winning a prize University TaeKwon Do man player group.

Motion analysis on Apdollyeo Chagi in Tae Kwon Do has been made through three-dimension Cinemato graphy using DLT method.

Kinematical analysis of Apdollyeo Chagi in Tae Kwon Do in case of the performance time, move the center of gravity, ankle joint angle, knee joint argle and Hip joint angle.

the conclusion of the principal factor analysis of Kinematic parameters and the Apdollyeo Chagi were as follow:

1. Difference of mean was performance time between winning a prize player group and non winning a prize player group was event two as 5% difference statistically, event three as 0.1% wide difference statistically and event tour as 1% very difference statistically.

2. Difference of mean was move the center of gravity on Apdollyeo Chagi in Tae Kwon Do between winning a prize player group and non winning a prize player group was event one as 5% difference statistically.

3. Difference of mean was ankle joint angle on Apdollyeo Chagi between winning a prize player group and non winning a prize player group was event 4 as 1% very differene statictically.

4. Difference of mean was kenn joint angle on apdollyeo Chagi between winning a prize player group and non winning a prize player group was event 1, 2 as 5% difference statistically event 4 as 1% very difference statistcally.

Key words : Apdollyeo Chagi, three-dimension cinemato graphy, DTL method, performance time, center of gravity, ankle joint, hip joint angle

학술진흥재단에 등재된 등재지 및 등재후보지에 관련된 학회지 논문 작성 방법

등재지 및 등재후보지와 관련된 학회지 원고 투고 규정이나 투고 지침은 각 학회지마다 다르다. 그러므로 연구자가 게재하고자 원하는 학회지를 선택하여 반드시 원고 투고 규정에 맞게 연구 논문을 작성하여야 한다.

한국학술진흥재단에 등재된 등재지 및 등재후보지만이 각 대학교마다 연구 실적을 인정하기 때문에 등재지 및 등재후보지에 대한 정보가 있어야 할 것이다.

각 대학교의 연구 실적 인정 규정에 따라 다르겠지만 본 저자의 대학교는 등재지는 120%(120점), 등재후보지는 100%(100점)을 인정하고 있어 전임 교수 임용 시나 교수 진급 심사 시에 엄격하게 적용하는 현실이다.

따라서 2008년 12월 학술진흥재단에 등재된 체육 관련 등재지나 등재후보지에 관한 내용을 제시하면 다음과 같다.

등재 및 등재후보 학회지 총괄 현황

구분	인문	사회	자연	공학	의약학	농수해	예술체육	복합	계
등재	272	331	78	136	104	62	43	26	1,052
등재후보	138	178	22	64	62	13	35	18	530
계	410	509	100	200	166	75	78	44	1,582

등재 및 등재후보 학회지 총괄 현황(연도 분야별)

구분	인문	사회	자연	공학	의약학	농수해	예술체육	복합	계
1998년	9	16	11	13	4	1	3	0	57
1999년	40	54	24	35	21	18	6	0	198
2000년	30	38	14	18	18	11	4	1	134
2001년	42	48	7	22	11	4	11	0	145
2002년	33	45	4	18	19	11	5	2	137
2003년	99	107	20	30	26	18	16	14	330
2004년	38	54	2	15	16	6	9	10	150
2005년	38	42	4	24	21	1	11	9	150
2006년	36	44	8	13	10	3	5	6	125
2007년	45	61	5	12	20	2	8	2	154
2008년	0	0	1	0	0	0	0	0	1
계	410	509	100	200	166	75	78	44	1.582

(최종 업데이트 : 2008. 5. 9)

한국학술진흥재단 체육 관련 등재지

등재후보 선정년도	학술지명	발행기관명	등재년도
2001	체육과학연구	체육과학연구원	2003년 등재
2001	한국사회체육학회지	한국사회체육학회	2006년 등재
2000	한국스포츠교육학회지	한국스포츠교육학회	2004년 등재
1999	한국스포츠사회학회지	한국스포츠사회학회	2003년 등재
2003	한국스포츠산업경영학회지	한국스포츠산업경영학회	2005년 등재
1999	한국스포츠심리학회지	한국스포츠심리학회	2002년 등재
2003	한국여성체육학회지	한국여성체육학회	2005년 등재
2001	운동과학	한국운동생리학회	2003년 등재
2002	한국운동역학회지	한국운동역학회	2004년 등재
2001	운동영양학회지(The Korean Journal of Exercise Nutrition)	한국운동영양학회	2003년 등재
2003	움직임의철학 : 한국체육철학회지	한국체육철학회	2006년 등재
2001	한국체육학회지	한국체육학회	2003년 등재
1998	한국특수체육학회지	한국특수체육학회	2001년 등재

한국학술진흥재단 체육 관련 등재후보지

등재후보 선정년도	학술지명	발행기관명
2005	한국무용과학회지	한국무용과학회
2003	한국무용교육학회지	한국무용교육학회
2005	한국무용기록학회지	한국무용기록학회
2003	한국발육발달학회지	한국발육발달학회
2004	한국여가레크에이션학회지	한국여가레크에이션학회
2003	한국체육과학회지	한국체육과학회
2005	한국체육사학회지	한국체육사학회
2005	한국체육측정평가학회지	한국체육측정평가학회
2007	한국초등체육학회지	한국초등체육학회

앞에서 언급된 한국학술진흥재단에 등재된 등재지나 등재후보지에 게재하려는 연구자는 선택적으로 본인의 연구 논문에 맞는 학회지에 관한 논문 투고 규정을 철저히 준수하여야 한다.

기본적으로 각 학회지가 요구하는 원고 투고 규정에 맞지 않으면 1차 심사에서 게재 불가 판정을 받아 논문을 게재할 수 없기 때문이다. 따라서 각 학회지가 요구하는 원고 투고 규정 및 논문 체재를 제대로 파악하여 게재될 수 있도록 하여야 하겠으며, 체육 관련 학회지의 논문 체제에 관한 예를 들어보면 다음과 같다.

예 1

체육과학 연구

논문 체제

논문 작성은 다음 체제에 준한다.

- 실험 연구 논문의 경우 '논제, 저자(소속), 국문 초록, 서론, 연구 방법, 결과, 결론, 참고 문헌, 부록(선택 사항), 영문 초록' 순으로 기술해야 하며, 이론 연구 논문의 경우에는 이에 준하는 형식을 취할 수 있다.

- 이론적 배경(혹은 관련 연구)은 간결하게 분석, 요약하여 서론 부분에 포함시킨다.

- 결과는 결과 및 논의로, 결론은 결론 및 제언 등으로 쓸 수 있다.

예 2

한국운동과학회의 운동과학

〔 체제 및 사용 언어 〕
1. 한글 또는 영어를 원칙으로 한다.
2. 논문의 체제는 제목, 저자, 영문 및 국문 초록, 서론, 연구 방법 및 내용, 연구 결과, 논의, (결론), 참고 문헌, (부록)의 순으로 기재한다.

예 3

한국운동역학회지

논문의 작성은 다음 체제에 준한다.
1) 논문 표지, 논문 표제, 영문 초록, 본문, 참고 문헌 순으로 구성한다.
2) 논문의 주저자는 첫 번째로 표기하고, 교신저자는 *표시와 하단에 e-mail을 표기한다.

연구자 소속 및 교신저자 표기의 예

- 단독 연구 : 홍길동*(운동역학대학교)

- 공동 연구 : 홍길동, 김철수*(운동역학대학교), 이순신(한국대학교)

3) 원고 첫 페이지인 논문 표지 부분은 논문 제목, 연구자 성명, 소속, 제출일, 제출자 연락처의 순으로 기재한다.

4) 논문 주제는 순차적인 일련 번호에 따라 표기한다.

일련번호 표기 예 : Ⅰ→ 1. → 1)→ (1) → ① …

5) 이론적 배경(혹은 관련 연구)은 간결하게 분석 요약하여 서론 부분에 포함시킨다.

6) 결과는 결과(분석) 및 논의로 결론은 결론 및 제언 등으로 쓸 수 있다.

● 논문 체제

연구 논문의 원고 작성 체제 범례

논문 표지(국문)

논제(국문)

저자(소속)(국문)

ABSTRACT

논제(영문), 저자(영문)

영문 초록 본문

Ⅰ. 서론

Ⅱ. 연구 방법

Ⅲ. 결과 및 논의

Ⅳ. 결론

참고 문헌

한국체육과학회지

논문의 체제

1) 원고 작성은 국문을 원칙으로 하며 외국어로도 할 수 있다.

2) 원고는 표제, 영문 초록, 본문, 참고 문헌의 순서로 구성한다.

3) 원고의 표제에는 논문 제목, 연구자 성명, 소속을 기재한다.

4) 영문 초록은 600단어 이내로 작성하고 연구의 목적, 방법, 결과, 결론을 요약하여 게재한다.

5) 본문은 서론, 연구 방법, 결과, 결론의 순서로 작성하며 본문의 순차적인 일련 번호는 I, 1., 1), (1), ① 로 표기한다.

6) 원고는 단수 2, 단 간격 8mm의 편집 양식을 원칙으로 한다.

● 논문의 원고 작성 체제

논제(국문)

저자(국문)

논제(영문)

저자(영문)

Abstract

Key words

소속(국문)

주소(국문)

소속(영문)

주소(영문)

I. 서론

II. 연구 방법

III. 결과 및 고찰

IV. 결론

참고 문헌

한국체육학회지

원고 작성 규정

1. 논문 작성은 다음 체제에 준한다.

1) 논문 표제, 국문 요약(요약), 영문 요약(Abstract), key words, 본문, 참고 문헌 순으로 구성한다.

– 연구자 소속 기관 표시

① 단독 연구 : 홍길동(동해대학교)

② 공동 연구 : 홍길동(동해대학교)·임꺽정(서해대학교)

2) 논문의 부제는 순차적인 일련번호에 따라 표기한다.

〔일련번호〕

Ⅰ → 1. → 1) → (1) → ① …

3) 이론적 배경(혹은 관련 연구)은 간결하게 분석 요약하여 서론 부분에 포함시킨다.

4) 결과는 결과(분석) 및 논의로 결론은 결론 및 제언 등으로 쓸 수 있다.

2. 원고의 서식은 횡서로 하여 국문으로 작성하는 것을 원칙으로 하되 부득이하게 외국어를 사용할 경우에는 ( )을 이용하여 표기한다.

3. 원고 편집과 분량은 한국체육학회지 편집 양식에 준하여 10매 이내를 원칙으로 한다.

4. 원고는 반드시 한글 2004 버전으로만 작성하여 제출한다. 제출된 원고는 반환하지 않는다.

5. 원고에는 국문·영문 요약을 첨부하여야 하며, 국문·영문 요약에는 문단을 구성하지 않는다. 국문·영문 요약의 분량은 편집 양식 기준으로 첫 페이지에 여백 없이 구성하며 국문 요약은 9줄, 영문 요약은

10줄을 기준으로 한다.

6. 본문에서는 가급적 외래어 표기를 피하고, 원어를 사용할 경우에는 우리말 의미를 덧붙이도록 한다.

7. key words는 소문자로 표기하되 고유 명칭은 첫 글자를 대문자로 쓸 수 있다.

8. 교신저자 e-mail를 표기한다.

● 연구 논문(양적, 질적 연구)의 원고 작성 체제 범례

논제(국문)

저자와 소속(국문)

논제(영문)

저자(영문)

국문 요약

영문 요약(ABSTRACT)

Key words

교신저자 e-mail

서론

1. 제목

1) 제목

연구 방법

1.제목

1) 제목

결과(결과 및 논의)

1. 제목

1) 제목

논의

결론 및 제언

참고 문헌

　단, 문헌 연구 형식의 논문일 경우 서론과 결론 및 제언 부분의 형식
은 갖추고 나머지 부분 체제는 논문 주제와 방법의 특성에 적절하게 선
택할 수 있다.

　앞에서 언급한 체육 관련 학회지들 외에 많은 학회지들이 있으
나, 전체를 기술할 수 없어서 5가지만 예를 든 것을 이해하기 바란
다. 학회지에 게재하려는 논문은 석·박사 학위 논문 작성 방법과
는 전혀 다르므로 학회에서 제시한 원고 투고 규정을 숙지하고 이
해하여 그것에 철저히 맞추어서 게재하지 않는다면 학회지 심사자
들에게 게재 불가 판정을 받을 것이다. 그러므로 연구자는 게재하
고자 하는 학회지 원고 작성 규정과 논문 체제 및 심사 지침까지 숙
지하여 학회에서 요구하는 사항을 충실히 따라 연구 논문을 작성하
여야 한다.

기타 연구 논문 작성 방법

1. 본문 내용 작성 요령

● 서론 부분, 이론적 배경 부분, 연구 방법, 논의(고찰) 부분은 가능한 한 많은 인용 문헌을 기록하며 작성한다. 연구 결과와 결론 부분은 인용 문헌과 선행 연구가 전혀 들어갈 수 없다.

● 본문 내용에 인용한 책이나 학술지 및 석·박사 학위 논문의 이름과 연도는 반드시 참고 문헌에 있어야 한다.

● 하나의 부호도 한 글자로 쓴다. 예) → , · : " " ÷ % x

● 마침표(.)를 찍으면 반드시 다음 줄로 넘어간다.

● 서식은 횡서로 하고, 문자는 명조체로 한다.

● 요지는 국문으로 작성하되 표, 그림, 인용 문헌은 절대 쓰지 않는다.

● 사진을 기재할 경우 선명도가 높아야 한다.

● 논문 본문에 사용하는 영문자는 소문자로 작성하며, 논문 제목의 영문자는 첫 글자만 대문자로 하고, 나머지는 소문자로 작성한다. 단, 고유명사일 때는 전체를 대문자로 쓴다.

〈예 1〉 Sport participation across the life cycle

〈예 2〉 HITACH, HAN IL, T. K. K.

● 연도를 표기할 때 20-07(×), 2007(○)

2. 표 작성 방법

● 논문의 원고 제출 시 원고 파일에 표(Table)가 원고 내에 포함되어야 한다.

● 표의 제목은 제일 상단에 작성한다.

● 표에 기입되는 내용은 아라비아 숫자, 국·한문 혼용, 선, 부호만을 사용하여 작성한다.

● 표 제목은 가급적 국문으로 하고, 한자를 혼용하기도 한다.

● 표의 번호는 본문에서 〈표 1〉로 괄호를 사용하여 표기하고, 실제 표 제목은 '표 1.', 'Table 1.'과 같이 괄호 없이 표기한다.

● 모든 표는 아래 예시와 같이 반드시 가로 선으로만 작성한다. 단, 특별한 의미가 있을 때는 세로선을 사용할 수 있다.

● 표가 인용된 자료일 때는 표의 하단 부분에 참고 문헌 형식으로 표기한다.

● 표에 필요한 단위는 반드시 상단 오른쪽 끝에 원어로 표기한다.

예 1

체력 향상을 위한 축구 선수들의 훈련에 따른 혈액 변화를 규명하기 위하여 많은 혈액학 검사 항목이 있었으나 선행 연구나 관련된 자료 분석을 통하여 본 연구에 적절하고 효과적이라고 생각되는 검사 항목으로 적혈구수, 헤모글로빈, 헤마토크리트, 혈소판수를 선정하였다. 축구 선수들의 12주간 훈련에 따른 혈액 변화에 관한 혈액학 검사를 한 연구 결과는 〈표 5〉와 같다.

표 5. 체력 향상을 위한 축구 선수들의 훈련에 따른 혈액의 혈액학 검사에 관한 유의성 검정 결과

검사 항목	훈련 전과 평균 훈련 후		표준 편차	평균의 차이	표준오차 평균	차이의 95% 신뢰 구간 하한	상한	t값	유의 확률
적혈구수 (×106/uL)	훈련 전 훈련 후	4.97 6.70	0.28	1.73	2.14	-6.21	2.75	-0.80	.016*
헤모글로빈 (gm/dL)	훈련 전 훈련 후	15.27 14.45	0.94 1.06	-0.81	0.17	0.44	1.19	4.55	.001***
헤마토크리트 (%)	훈련 전 훈련 후	45.10 43.01	2.57 2.95	-2.09	0.56	0.91	3.27	3.70	.006*
혈소판수 (×103/uL)	훈련 전 훈련 후	197.65 236.95	11.79 22.91	39.30	5.25	-50.30	28.29	7.47	.386
백혈구수 (×103/uL)	훈련 전 훈련 후	6.47 5.49	1.76 1.48	-0.98	0.49	-0.05	2.02	1.97	.779

*p<.05, **p<.01, ***p<.001

표 3. 수련 기간과 골밀도와의 관계에 대한 단수회귀 분석

독립변인	회귀식			
	b	β	t	Sig
		-1.183		
Spine BMD	-175.405	2.749	-0.399	.710
Spine total-T	46.925	-9.588	0.199	.852
Spine T(%)	-14.435	2.744	-0.808	.465
Spine total-Z	67.441	3.979	2.399	.074
Spine Z(%)	6.768	10.513	1.156	.312
Hip total-T	235.395	-0.060	1.944	.124
Hip total-Z	-4.147E-02	-12.921	-0.195	.855
Hip Z(%)	-22.910	2.420	-1.525	.202
Neck total-T	51.331	-0.674	0.208	.845
Neck T(%)	-1.075	6.184	-0.062	.953
Neck total-Z	160.048	-8.124	0.796	.470
Neck Z(%)	-14.400	-16.324	-0.882	.428
Troch T(%)	-24.589	-9.842	-1.144	.316
Troch total-Z	-247.885	26.689	-1.057	.350
Troch Z(%)	42.054	5.759	2.635	.058
Inter T(%)	9.579	-2.977	1.050	.353
Inter Z(%)	-5.188	5.482	-0.389	.717
Ward T(%)	5.740		1.078	.342
Ward total-Z	75.448	3.550	1.379	.240
Ward Z(%)	-9.829	-8	-2.054	.109
		.468		
설명 비율	$R^2 = 0.912$			

b : 비표준화 회귀계수, β : 표준화 회귀계수

3. 그림 작성 요령

● 그림은 선명하게 작성해서 첨부한다.

● 그림의 제목은 반드시 국문 또는 영문 혼용으로 작성한다.

● 그림 제목 번호는 본문에서 설명할 경우 〈그림 1〉과 같이 하고, 실제 그림에는 '그림 1.'과 같이 괄호 없이 표기한다.

● 그림의 제목은 맨밑 하단 중앙 부분에 표기한다.

● 그림이 인용될 자료일 때는 그림 제목 부분의 하단에 참고 문헌 형식으로 제시한다.

● 그림에 필요한 단위는 반드시 원어로 표기한다.

● 서론 부분, 결론 부분은 표나 그림이 전혀 표기하지 않는다. 단, 인문사회 분야에는 표기할 수 있다.

예 1

3개의 국면으로 구분하여 분석하였으며 이벤트 설정은 〈그림 3〉과 같다.

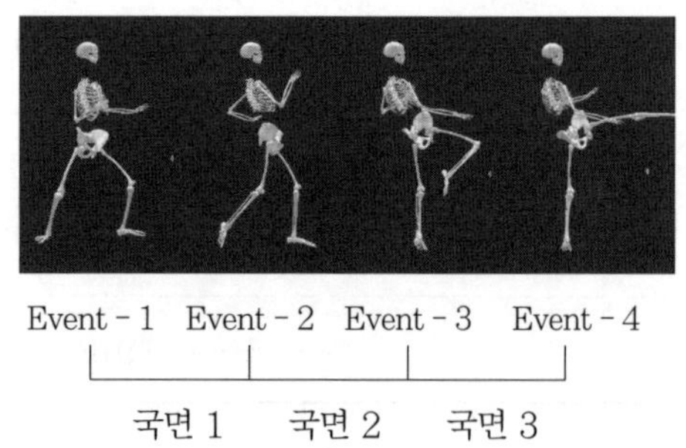

그림 3. 반달차기 동작 시 이벤트 구간 및 국면

국면 1. 준비 자세에서 차는 발 족관절이 최대 신전되는 순간

국면 2. 차는 발 족관절의 최대 신전부터 슬관절이 최대 굴곡되는 순간

국면 3. 차는 발 슬관절의 최대 굴곡부터 임팩트되는 순간

Event - 1 : 준비 자세

Event - 2 : 차는 발 족관절이 최대 신전되는 순간

Event - 3 : 차는 발 슬관절이 최대 굴곡되는 순간

Event - 4: 차는 발이 목표물에 임팩트되는 순간

【예2】

우수 선수 집단과 비우수 선수 집단 간의 족관절 각 변위에 관한 유의성 검정 결과는 〈그림 6〉과 같다.

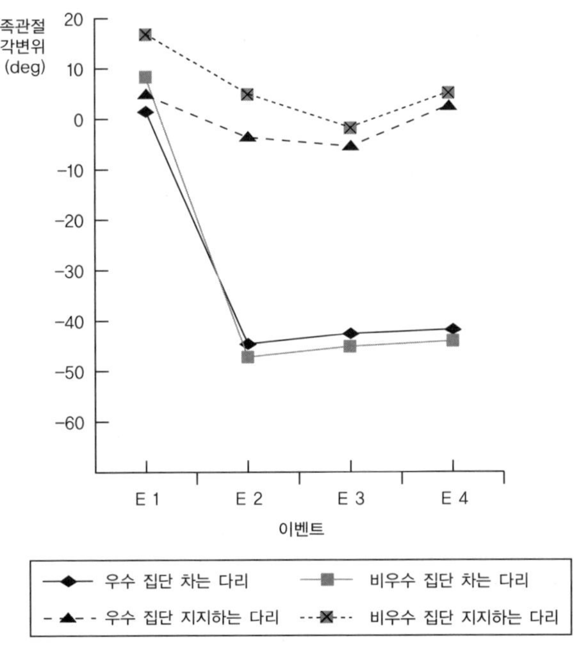

그림 6. 반달차기 동작 시 족관절 각 변위

4. 연구 논문 원고 교정 부호 및 작성 요령

교정부호	기능	교정 전	교정 후
	사이띄기	원주시우산동	원주시 우산동
	사이 붙이기	상지 대학교	상지대학교
	삭제	상지지대학교	상지대학교
	수정	대구特別시 광역	대구광역시
	삽입	대구시 광역	대구광역시
	자리 바꾸기	8반 3학년	3학년 8반
	줄(행) 바꾸기	광주광역시 북구	광주광역시 북구
	줄(행) 붙이기	광주광역시 북구 용봉동	광주광역시 북구 용봉동
	줄(행) 삽입	광주광역시 북구 용봉	광주광역시 북구 용봉
	줄(행) 간격 붙이기	광주광역시 북구 용봉	광주 광역시 북구 용봉
	들여쓰기	광주 광역시 북구 용봉동	광주광역시 북구 용봉동
	내어쓰기	광주광역시 북구 용봉동	광주광역시 북구 용봉동
	끌어올리기	광주　용봉동 북구	광주 북구 용봉동
	끌어내리기	북구 광주　용봉동	광주 북구 용봉동
生	교정취소 (원래대로 두기)	광주광역시 生	광주광역시
	글자 바로 하기	KOREA	KOREA

발표

발표(presentation)는 개인의 생각이나 지식을 전달하거나 소개할 때 필요하다. 특히 직장인들에게 발표는 개인의 능력과 직결된다. 연설도 일종의 발표에 속한다. 발표를 위해서 다음과 같은 것을 준비하면 효과적이다.

- 브리핑 차트
- 투영기(Over Head projector) : OHP
- 35밀리 슬라이드
- 액정 패널(LCD panel)
- 비디오 프로젝션(Vedio projection)
- 파워포인트(Power point) 자료

1. 파워포인트 자료 작성 방법

직장에서 발표를 위한 도구로 가장 많이 활용하는 것은 파워포인트 자료이다. 파워포인트 자료는 시각적 효과를 우선으로 해야 하며, 단일성, 단순성, 가독성을 가져야 한다.

● 단일성 - 한 장에 하나의 아이디어만을 전달한다.

● 단순성 - 지나치게 정교하거나 복잡한 내용을 배제한다.

● 가독성 - 청중이 이해하기 쉽게 만든다.

2. 파워포인트 자료의 전체적인 구성

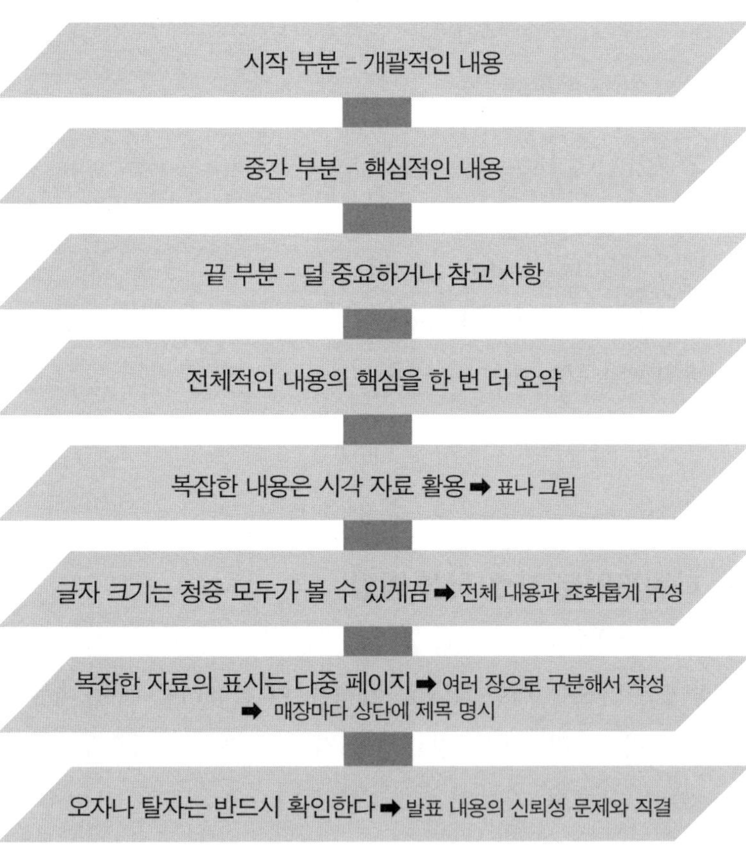

3. 파워포인트 자료 발표 자세

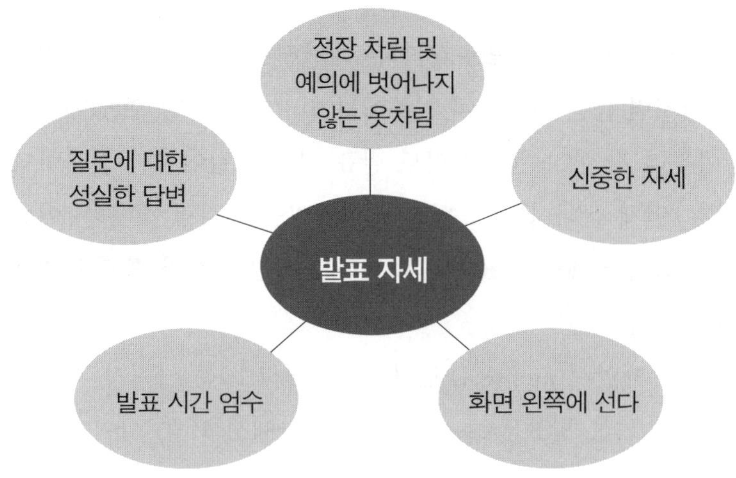

4. 석 · 박사 학위 논문 발표 내용

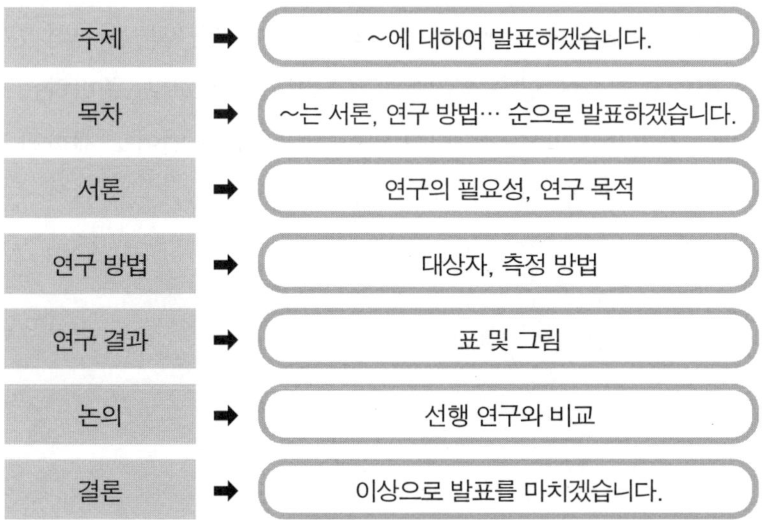

5. 석 · 박사 학위 논문 발표 시간

석 · 박사 학위 논문 발표 시간은 대단히 중요하다. 왜냐하면 시간이 길어지면 듣는 사람들이 지루해하거나 짜증을 낼 수 있기 때문이다. 아무리 잘 쓴 논문일지라도 발표 시간이 길어지면 집중력도 떨어지고, 언제 끝나나 하고 빨리 끝나기만을 기다릴 것이다. 이런 것을 방지하기 위해서 발표자는 발표하는 시간을 정한 후 충분히 연습하여야 한다.

● 논문 제안서(proposal) 발표는 7분에서 10분 사이가 적당하다.

● 전체 논문 발표(presentation)는 10분에서 15분 사이가 적당하다.

필자는 논문을 훌륭히 써놓고도 발표를 잘 못하여 빛을 발하지 못하는 경우도 가끔 보았고, 논문은 그럭저럭한데 발표를 제대로 하여 훨씬 돋보이는 경우도 가끔씩 경험하였다. 논문을 쓰는 데 그치는 것이 아니라 발표력도 대단히 중요하므로 자신의 논문을 자신 있게 발표하도록 연습에 연습을 거듭하는 노력이 필요하다. 준비하는 사람만이 자신감이 있고 군더더기 없이 간단명료한 언어로 제한된 발표 시간 안에 제대로 된 발표를 할 수 있다.

연구 계획서 작성 요령

　석·박사 논문 연구 계획서에는 서론 부분에 연구의 필요성과 연구 목적 그리고 연구 방법인 연구 대상, 측정(실험) 방법, 측정 도구 및 자료 처리(결과 및 통계 처리)를 순서대로 기술하고, 끝으로 참고 문헌을 게재하는 것이 좋다. 전국에 있는 체육 관련 대학원은 많겠지만, 필자가 재직 중인 S대학교 대학원에 제출하는 서류 양식에 따라 논문 계획서 작성 방법을 간단하게 예를 들어 설명하고자 한다.

예 1

(석사) 학위 논문 계획서

(4) 학기생	2006학년도　전기(○) 후기(　) 입학		
학　　과	체육　　전공	성명	최 만 호
논 문 제 목	(국문)태권도 반달차기 시 운동 역학적 변인과 근 전도적 변인 분석		
	(영문)The Analysis of Biomechanical element and Electromyograph element for the Bandal Chagi in Taekwondo.		

　1. 연구의 필요성
　본 연구의 필요성은 반달차기에 대한 효율적인 동작 형태를 파악하고 선수들의 올바른 자세 습득이 필요하며 발차기 수행 시 근 수축 여부와 상관하여 규명하며, 감정 요소를 줄이고 득점률을 높여 경기력 향상과 질적 향상을 높이는 데 필요성을 두고자 한다.

2. 연구의 목적

본 연구의 목적은 반달차기 시 운동역학적 분석으로 동작과 정확한 근수축의 메커니즘을 이해하여 동작의 지도와 훈련에 유용한 기초 자료를 제공하고 경의 질적 향상 및 선수들의 부상 예방에 도움을 주고자 하는 데 있다.

3. 연구 방법

1) 연구 대상

본 연구의 대상자들은 태권도 경력이 10년 이상으로 전국 대회 입상 경력을 가진 W시 S대학교 태권도부 우수 선수 4명과 입상 경력이 없는 비우수 선수 4명으로 총 8명을 선발할 것이다.

2) 실험 방법

동작 분석을 위해 신체 각 분절에 랜드마크를 부착하고, EMG 자료를 얻기 위해 대퇴직근, 외측광근, 내측광근, 비복근, 전경골근에 EMG를 부착하여 지면 반력기 위에서 반달차기 동작을 5회 실시한다. 그리고 가장 정확하게 수행한 동작을 선정하여 분석할 것이다.

3) 자료 처리

본 연구의 반달차기 동작 기술은 운동학적 특성 분석을 위해 Vicon Motion System의 MX 13 카메라(300Hz, 7대)를 통하여 영상을 수집하고, 간단한 언어로 프로그램 할 것이다. 최종적으로 Polygon Viwer에서 각 변인의 평균과 표준 편차를 구하여 개인별 동작의 이벤트로 비교할 것이다. raw data의 EMG data는 전파 정류(full wave rectification) 할 것이다. 정류된 자료의 노이즈를 제거하기 위해 전자필터(FIR filter, 10~500Hz band pass)를 이용하여 필터링할 것이다.

4) 결과 처리

두 집단의 차이를 비교 분석하기 위하여 t-검증(t-test)을 이용할 것이며, 모든 자료는 통계 프로그램 SPSS 12.01 프로그램을 이용할 것이다. 모든 통계치의 유의성은 5% 수준으로 할 것이다.

4. 참고 문헌

강창효(2002). 태권도 경기의 기술과 득점력에 관한 분석 연구. 미간행 석사 학위 논문, 제주대학교대학원.

국기원(2006). 태권도 교본, 서울 : 오성.

김규완, 서정석(2001). 태권도 앞차기의 운동역학적분석. 한국체육학회지, 40(2), 803-811.

Putnam, C. A.(1991). A segment interaction analysis of proxmal to distalsequential segment motion patterns. Medicine and Sports and Exercise, 10, 1, 130-142.

Winter, D. A.(1990). Biomechanics and motor control of human movement. 2nd.ed. N. Y. : John Wiley & Sons, Inc.

2007년   10월   30일

논문 지도교수   하 철 수   (인)
주임(지도)교수   고 낙 원   (인)

(5) 학기생	2006학년도　전기(○) 후기(　) 입학		
학　　　과	체육교육학　전공	성명	김 효 영
논 문 제 목	(국문)프로 축구의 관중 유인 요인이 만족과 관람 태도 및 재관람 의도에 미치는 영향		
	(영문)Effect of Spectator Attraction Factor on Satisfaction and Attitude, Revisit Intention of Professional Soccer		

I. 서론

1. 연구의 필요성

프로 축구 관중을 경기장에 유인하기 위한 요인을 파악하는 것은 구단 관계자에게 중요한 관심사 중의 하나이다.

관중에 추구하는 요인은 관중 성향의 핵심적인 내용으로 만족과 관람에 대한 태도 및 재관람 의도를 결정짓는 요소이기 때문이다.

관중의 관심이 무엇이고 그들이 필요로 하는 것이 무엇인가를 이해하는 것이 중요하다. 즉, 어떤 요인을 얻고자 하는가에 대한 연구가 필요하다.

2. 목적

프로 축구 관중 유인을 위한 요인이 만족과 관람 태도 및 재관람 의도에 어떠한 구조적 관계를 형성하고 있는지 구조 모형을 분석한다.

3. 연구의 제한점

관람 요인을 설명하기 위한 이론적 근거는 미약하다는 한계가 있으며 본 연구를 통해서 도출해낸 모형이 만족과 관람 태도, 재관람 태도에 영향을 미치는 요인을 분석하는 접근 방법 중 최적이라고 할 수는 없고 한정된 조사 대상으로 인하여 연구 결과를 다른 분야에 일반화시킬 수 없다는 한계가 있다.

Ⅱ. 연구 방법

1.연구 대상

본 연구의 대상은 2008년 4월 제주도의 서귀포 월드컵구장에서 실시한 K-리그, FA컵의 관중을 모집단으로 선정하였다. 설문조사는 편의추출 방법을 사용하였으며 자기평가 기입법으로 총 400부의 설문을 실시하였다.

2. 측정 도구

1) 설문지 구성은 5단계 Likert 척도로 구성하였다.

(1) 관중 유인 요인은 34문항

(2) 만족 요인은 4문항

(3) 재관람 의도는 5문항

2) 설문지의 타당도 및 신뢰도 검증

(1) 관중 유인 요인에 대한 총 34문항을 탐색적 요인 분석 및 SPSS 13.0을 이용한 신뢰도 분석

(2) 만족과 재관람 의도의 탐색적 요인 분석 및 신뢰도 분석은 SPSS 13.0을 이용한 신뢰도 계수를 계산한다.

3. 자료 처리

수집된 데이터의 빈도 분석, 탐색적 요인 분석은 SPSS V. 12.0을 사용하고, 확증적 요인 분석과 가설의 검증을 위한 연구 모형의 공분산구조 분석 프로그램인 AMOS 4.0을 사용하여 분석할 것이다.

참고 문헌

공태규(2007). 농구 동호인의 프로 농구 경기 관람 결정 요인. 미간행 석사 학위 논문. 연세대학교대학원.

권영일(2003). 골프 스폰서십이 기업 이미지에 미치는 효과 분석. 미간행 석사 학위 논문. 연세대학교대학원.

김률희, 신재영(2001). 프로 스포츠 관중의 관여도 수준간의 경기 관람 결정 요인의 차이 분석. 한국스포츠경영학회지, 6(2), 253-264.

김용만(1997). 프로 스포츠 경기장 시설과 스포츠 소비자의 반복 구매와의 관계. 한국체육학회지, 36(1), 1359-1367.

한왕택(1996). 스포츠 산업학 개론. 서울 : 태근.

Allen, C., Kania, D., & Yaeckel, B.(1993). Internet world guide to one-to-one web marketing. New York : Wiley Publications.

Anderson, J. C., & Narus, J. A.(1994). A model of distributor firm and manufacturer firm working partnerships. Journal of Marketing, 54(1), 42-58.

2008년　5월　20일

논문 지도교수　하 철 수　(인)

주임(지도)교수　고 낙 원　(인)

박사 학위 논문 계획서

(3) 학기생	2007학년도 전기(○) 후기( )입학		
학 과	체육 전공	성명	이 재 환
논 문 제 목	(국문)유도 지도자의 리더십 유형에 따른 선수 만족과 훈련 몰입 및 경기력의 관계		
	(영문)The relationship between on athlete's satisfaction, devotion to training and performance according to leadership styles in judo instructors		

2008년   5월   20일

논문지도 교수   하 철 수   (인)
주임(지도)교수   고 낙 원   (인)

1. 연구의 필요성

오늘날 스포츠 현장뿐 아니라 스포츠 지도자들은 선수를 운동시키고 평가하는 것뿐만 아니라, 매일 일어나는 연습 상황이나 실제 경기에서 팀 운영을 성공적으로 이끌어 나가기 위해서 자신의 지도 행동에 많은 관심과 노력을 기울여야 하며, 이러한 지도자의 행동은 선수를 관리하는 데 직간접적으로 영향을 주게 된다. 이러한 측면에서 볼 때 효율적인 지도행동 유형은 지도자와 선수 그리고 스포츠 관계자들 사이에서 중요한 문제로 인식되어야 한다(이훈재, 2007).

2002년 한 · 일 월드컵은 대한민국 국가 대표 팀을 이끌었던

거스 히딩크 감독을 영웅으로 만들어주었다. '히딩크의 용병술과 지도력은 국민적 찬사를 받아야 마땅하다.', '총명하고 재능 있고 지도자다운 축구 감독'이라고(조선일보, 2002. 6. 30) 칭송하며 히딩크 경영학, 히딩크 용병술이란 신조어까지 탄생시켰을 만큼 히딩크 감독의 리더십은 대단한 것이었다.

이렇듯 히딩크가 보여주었던 리더십에 대한 정의를 보면 리더십은 '설정된 목표를 달성하도록 개인과 집단에게 영향력을 행사하는 행동 과정'이라고(류정무, 이강헌, 1990) 정의되고 있다. 즉, 지도자의 능력에 따라 구성원의 역량은 달라질 수도 있다는 것이다.

오늘날 조직 관리 활동은 인간의 노력을 통하여 목표를 달성하는 과정으로 이해되고 있으며, 조직은 지도자로 하여금 조직 구성원을 통합하고 조정하는 리더십 관리 과정이 크게 부각되고 있다. 스포츠 지도자의 리더십은 경기력에 영향을 미치는 가장 중요한 요소 중 하나일 뿐만 아니라 지도자에게 있어서 조직의 목적이나 목표를 달성하는 활동의 핵심인 것이다. 스포츠 조직의 경우 지도자가 어떠한 형태의 리더십을 어떠한 방식으로 행사하느냐에 따라 그 결과가 달라질 수 있다는 것이다. 따라서 스포츠 분야에서 최근까지 연구된 리더십에 대한 기존의 이론들을 매우 다양하고 이것들이 실제 스포츠 분야에서 적용되고 검증되어 왔으나 이러한 연구 결과들을 일관성을 가지고 있지 못할 뿐만 아니라 심지어 상반된 연구 결과가 도출되기도 하였다(하형주, 1996). 결국 리더십은 이제 학문적 관심의 대상이 되어 온 인간 활동 가운데 가장 광범위하고 일상적인 현상으로서 오늘날 배려의 각 분야에서 매우 중요한 역할을 차지하고 있다. 경영학, 행정학, 심리학, 배려학, 군사학 등의 각 분야에서 리더십의 연구가 활발히 이루어지고 있다. 우리나라에서도 예외는 아니어서 리더십에 관한 연구의 의욕은 대단히 높으나 우리 실정에 적합한 현실 적응력이 있는 리더십 이론이 거의 제시되지 않는 실정이다(김창호, 1996).

최근 지도자의 리더십 유형에 따른 연구들이 이루어졌다. 이명국(2001)은 중·고등학교 축구 지도자의 리더십 유형이 팀 효과성에 미치는 영향에서 선수들의 일반적 특성에 따라 인식되는 정도가 다르다는 사실이 인정되었고, 이봉건(2001)은 유도 지도자의 리더십 유형이 팀 성과에 미치는 영향에서 모든 유형들이 리더십 행동 불일치에서 낮은 집단이 선수 만족도가 높게 나타난 것을 알 수 있다. 안재학(1993), 이광재(1994), 이기철(1998), 이봉춘(2002) 등의 연구에서 지도자의 리더십이 팀 효과성과 구성원 만족도에 영향이 있다고 보고하고 있다. 앞서 언급한 것과 같이 실제 엘리트 스포츠 팀과 운동 선수들은 우수한 경기력 향상 차원에서 지도자 자질이나 역할의 중요성은 매우 비중 있게 다루어지고 있고 크게 부각되고 있다.

또한 경기력을 극대화하기 위해서는 팀도 사회적 조직체의 하나이므로 구성원 상호 간의 상호작용과 상하 간의 상호작용이 효과적으로 가능하여야 한다. 따라서 선수들이 팀을 사랑하고 만족하며 팀의 훈련에 집중할 수 있는 환경이 마련되어야 한다. 이와 같은 집단 구성원 간의 사회적, 심리적 기능을 원활하게 조절하는 것은 집단 지도자의 역할인 것이다(구본칠, 1994; 김우성, 1995).

박철용(2001)은 중·고등학교 구기 선수들을 대상으로 한 연구에서 리더십 유형 중 카리스마 리더십이 선수들의 운동 몰입에 영향을 미친다고 보고를 하였으며, 카리스마적 리더십을 높게 지각할수록 운동 몰입도가 높게 나타났다는 보고를 하고 있다.

이상과 같은 선행 연구 결과들을 살펴보면 스포츠 지도자의 리더십과 선수 만족 및 훈련 몰입 및 경기력은 밀접한 관계를 가지고 있다. 그러므로 스포츠 경기 상황에서 선수들의 경기력을 최대한 발휘하여 긍정적인 결과를 도출하기 위해서는 지도자의 훌륭한 리더십이 요구된다.

　따라서 본 연구는 중·고등학교 및 대학 유도 선수들을 대상
으로 유도 지도자의 리더십 행동 유형에 따른 선수 만족과 훈련
몰입과 경기력에 어떠한 영향을 미치는지를 실질적으로 규명하
여 보다 효과적인 스포츠 집단의 운영에 도움을 주고, 더 나아가
우리나라 엘리트 스포츠 지도 영역에서 운동 지도 관리를 위한
적절한 이론적 자료와 효율적인 교수 모델을 설정하는 데 그 의
의가 있다.

2. 연구의 목적

　본 연구는 유도 지도자의 리더십 유형에 따른 선수 만족과 훈
련 몰입 및 경기력의 관계를 규명하는 데 그 목적이 있다. 이러
한 목적을 달성하기 위하여 본 연구에서 구체적으로 해결하고자
하는 문제는 다음과 같다.
　첫째, 유도 선수들의 인구통계학적 특성에 따른 유도 지도자
의 리더십 유형은 어떠한 차이가 있는가?
　둘째, 유도 지도자의 리더십 유형에 따라 선수들의 선수 만족
은 어떠한 영향을 미치는가?
　셋째, 유도 지도자의 리더십 유형에 따라 선수들의 훈련 몰입
은 어떠한 영향을 미치는가?
　넷째, 유도 지도자의 리더십 행동 유형에 따라 선수 만족과 훈
련 몰입 및 경기력에는 어떠한 관계가 있는가?

3. 연구 방법

　본 연구는 유도 지도자의 리더십 행동 유형에 따른 선수 만족
및 훈련 몰입 및 경기력의 관계를 규명하는 데 그 목적이 있다.
이러한 목적을 달성하기 위하여 본 연구에서 사용한 연구 대상과
조사 도구, 조사 절차, 자료 처리 및 분석 방법은 다음과 같다.

1) 연구 대상

본 연구의 대상은 2008년 4월 현재 서울과 경기도에 소재하고 있는 중학교, 고등학교, 대학교에 소속된 유도 선수 각각 200명씩, 총 600명을 모집단으로 설정한 다음 유층집락무선표집법(stratkfied cluster random sampling)을 이용하여 표본을 추출할 예정이다.

2) 조사 도구

본 연구는 유도 지도자의 리더십 유형에 따른 선수 만족과 훈련 몰입 및 경기력에 미치는 영향을 규명하기 위하여 자료 수집 도구로 설문지를 이용하고자 한다.

3) 조사 절차

본 연구에서는 설문지를 연구 대상자에게 배표한 후 자기평가 기입법(self-administation)으로 설문 내용에 대하여 응답하도록 지시하고 완성된 설문지를 회수할 것이다. 설문지 조사는 본 연구자를 포함하여 사전에 설문 조사 지침에 관하여 표집 대상자에게 본 연구의 목적을 충분히 설명하여 동기를 부여한 후 실시할 것이며 응답이 완료된 직후에 회수할 것이다.

4) 자료 처리 및 분석 방법

본 연구의 자료 분석은 수집된 자료 600매 중 자료로서 가치가 있는 것을 선정할 것이며, SPSS 12.0 통계 프로그램을 이용할 것이다. 측정 대상의 특성별로 평균을 산출하고, 리더십 유형에 따른 선수 만족과 훈련 몰입 및 경기력은 Pearson 상관관계로 나타낼 것이고, 그 영향 변인 및 영향력을 알아보기 위해서는 중다회귀 분석을 실시할 것이며, 측정된 자료의 가설 검증을 위한 유의수준은 p<.05로 설정할 것이다.

참고 문헌

김의영(2001). 무도수련이 청소년의 가치관 형성에 미치는 영향. 미간행 박사학위 논문. 명지대학교대학원.

박인환(2000). 도시 근로자의 스포츠 참여와 사회적 태도 및 직무 만족에 관한 연구. 미간행 박사 학위 논문. 원광대학교대학원.

홍선옥(1996). 운동 참여가 신체적 자기효능감과 성역할 유형 변화에 미치는 영향. 미간행 박사 학위 논문. 부산대학교대학원.

Challagalla, G. N., & Shervani, T. A.(1996). Dimension and types of supervisory control : effects on salesperson performance and satisfaction. Journal of Marketing, 60(1), 89-105.

Ryckman, R. M., Robbins, M. A., Thornton, B., & Cantrell, P. (1982). Development and validation of a physical self-efficacy scale. Journal of Personality and Social Psychology, 42, 891-900.

석 · 박사 학위 청구논문 계획서 발표를 위한 파워포인트 자료 목차 내용

상지대학교 대학원과 H대학교 대학원의 논문 계획서는 목차 내용이 차이를 보이고 있는데, 상지대학교 대학원 논문은 목차 중에 '기대되는 효과' 라는 항목이 가설 설정을 위한 것이고, H대학교 대학원 논문 목차 중에서는 '연구 문제' 가 가설 설정을 위한 내용이라고 해석할 수 있다. 이와 같이 목차에 표현의 차이가 약간 있으나 같은 내용이라고 풀이할 수 있다.

상지대학교 대학원 석사 학위 청구 논문 중에서 2007년에 연구 발표한 이영림 "태권도 뛰어 앞차기의 역학적 분석"이라는 논문을 인용하여 논문 계획 발표를 위한 파워포인트 자료 작성 예를 들어보면 다음과 같다.

논문 계획(proposal)을 위한 파워포인트 자료 목차 내용

상지대학교 대학원 자연과학 분야의 체육학 석 · 박사 학위 논문 계획서 발표를 위한 목차 내용은 다음과 같다.

논문 제목

목차

Ⅰ. 서 론

　1. 논제에 대한 정의

　2. 연구의 필요성

　3. 문제 제기

　4. 선행 연구

　5. 연구 목적

Ⅱ. 연구 방법

　1. 연구 대상

　2. 연구 기간 및 절차

　3. 실험(측정 도구)

　4. 실험 설계

　5. 측정 방법

　6. 자료 처리

Ⅲ. 기대되는 효과

참고 문헌

　서울시 H대학교 대학원 자연과학 분야 체육학 석 · 박사 학위 논문 발표 목차는 다음과 같다.

석·박사 학위 청구논문 계획서를 위한 파워포인트 자료 작성 요령

파워포인트 자료도 유행이 있다. 각 논문의 내용을 잘 살릴 수 있도록 구성하는 것이 제일 중요하지만, 디자인 면에서 활용도가 떨어진다면 구성 자체도 제대로 전달되지 않을 것이다. 파워포인트 자료 작성 시 소홀하기 쉬운 부분과 다음 유의사항을 생각하며 만들어보자.

1. 논문 계획서 발표를 위한 파워포인트 자료 작성 시 유의사항

① 한 화면에 너무 많은 것을 넣지 않는다.

모두가 볼 수 있도록 충분히 커야 하며, 자세한 내용보다는 요점(요약)을 넣는다(한 화면당 6-7줄 정도가 기본이다). 표나 그림도 너무 작아 볼 수 없는 경우에는 효과가 반감된다. 특히 이미지는 선명한 것으로 해야 한다.

② 숫자·통계 자료를 적극적으로 활용한다.

숫자를 사용하면 신뢰감, 명확함이 더해진다. 단, 너무 많고 복잡한 숫자 나열은 피한다.

③ 그림을 활용한다.

하나의 그림은 열 마디 말과 같다. 그림으로 시각을 집중시키고, 내용을 요약하고, 쉽게 설득시킨다.

④ 시각적인 일관성을 유지한다.

⑤ 왼쪽 맞추기로 정렬한다.

특별한 경우가 아니면 왼쪽 맞추기로 정렬하는 것이 좋다.

⑥ 중요한 곳, 강조하고 싶은 내용은 별도 표시를 한다.

내용 구별 시 다른 서체를 구분하는 것이 좋다.

⑦ 슬라이드 구성 시(이를 테면 제목 텍스트, 소제목 테스트, 본문용 텍스트) 너무 다양한 크기의 활자를 사용하지 않는다.

⑧ 색, 글꼴이나 특수 효과(애니메이션)를 너무 많이 사용하지 않는다.

가독성 및 비례감이 높은 서체를 주로 사용한다.

현란하고 불안정한 느낌이 드는 색과 많은 글꼴은 사용을 자제한다.

정신없는 움직임, 시끄러운 사운드 등으로 너무 요란한 특수 효과는 피한다.

⑨ 영문은 대문자와 소문자를 혼용한다.

대문자만으로 영문을 표기하면 익숙하지 않는 단점이 있으므로 소문자와 혼용한다.

⑩ 단락 구분을 명확히 한다.

본문의 시각적 일관성과 전체적 조화를 방해해서는 안 된다.

⑪ 각종 멀티미디어 자료(동영상, 음향 등) 활용을 검토한다.

⑫ 오자, 탈자가 있으면 성의가 없고 신뢰성이 떨어지게 하므로 잘 확인한다.

⑬ 바탕과 활자들이 대비되도록 한다.

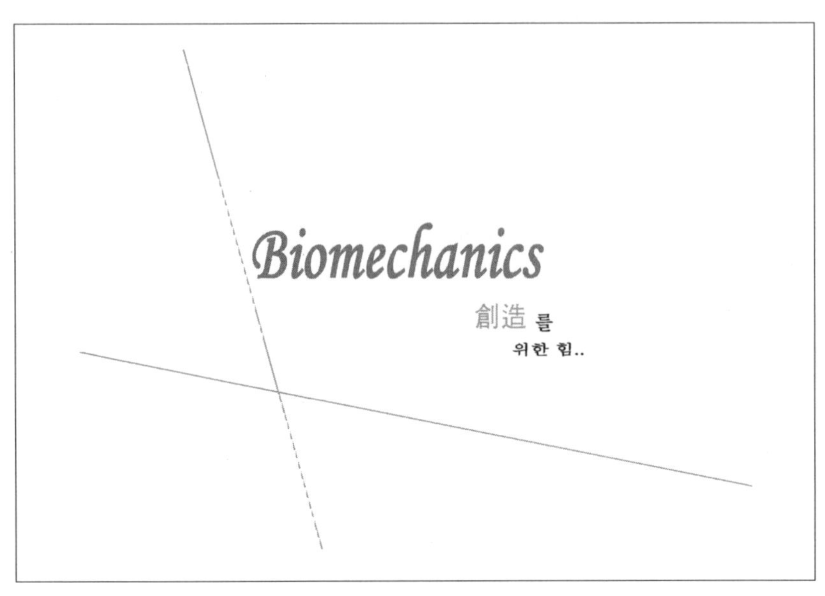
Biomechanics
創造 를
위한 힘..

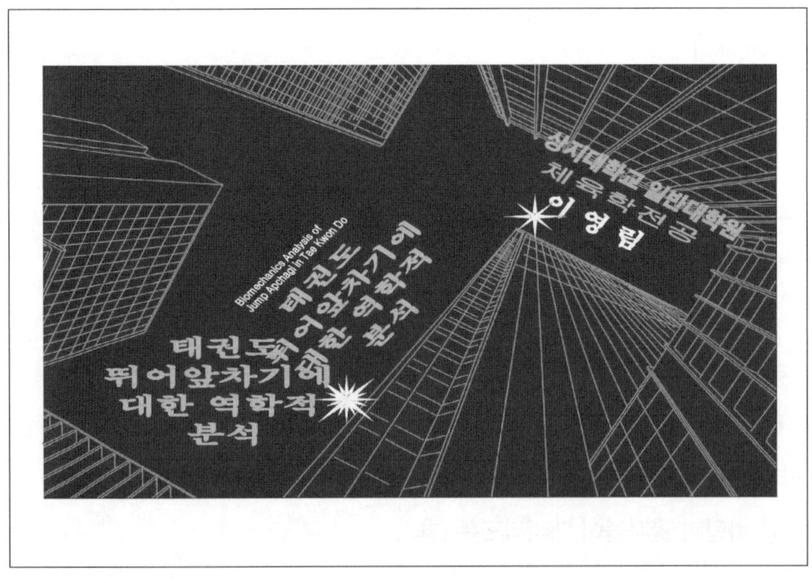
상지대학교 일반대학원
체 육 학 전 공
이 영 립
Biomechanics Analysis of
Jump Apchagi in Tae Kwon Do
태권도
뛰어앞차기에
대한 역학적
분석
태권도
뛰어앞차기에
대한 역학적
분석

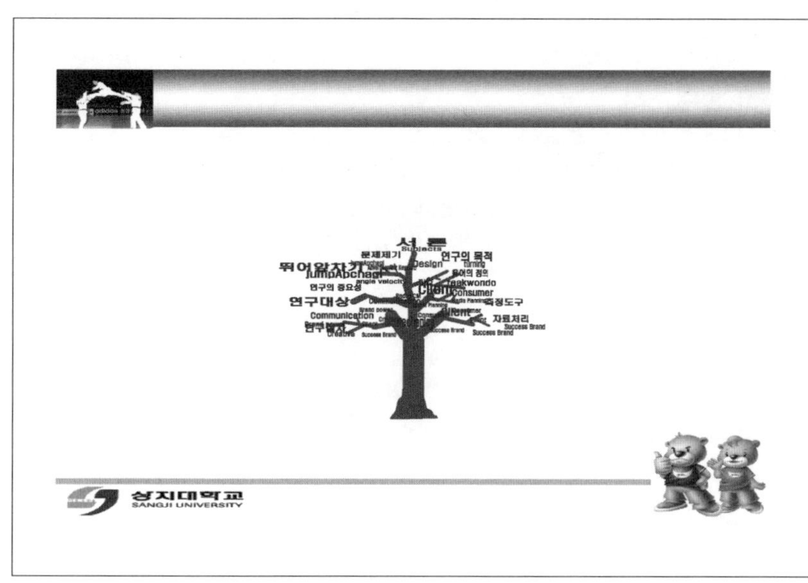

서 론
Subjects
문제제기
연구의 목적
뛰어앞차기
JumpAbchagi
연구의 중요성
태권도Taekwondo
연구대상
Consumer
측정도구
Communication
자료처리
상지대학교
SANGJI UNIVERSITY

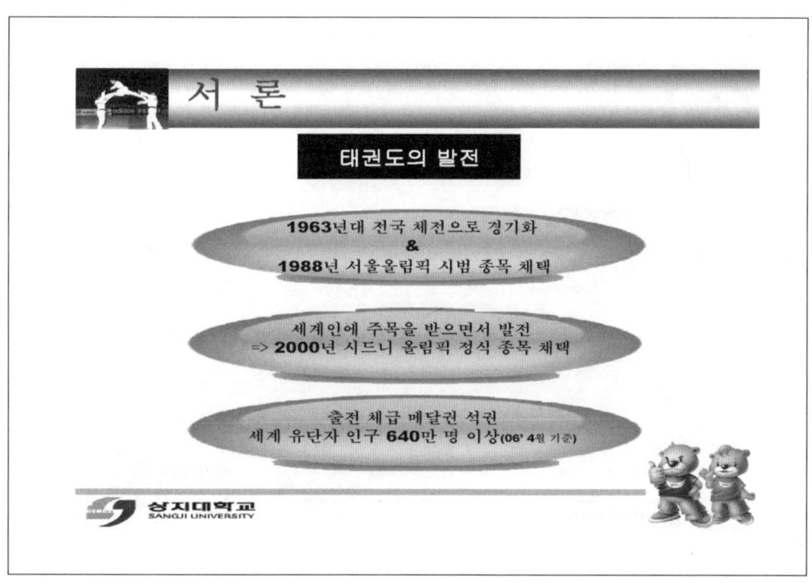

서 론
태권도의 발전
1963년대 전국 체전으로 경기화
&
1988년 서울올림픽 시범 종목 채택
세계인에 주목을 받으면서 발전
=> 2000년 시드니 올림픽 정식 종목 채택
출전 체급 매달권 석권
세계 유단자 인구 640만 명 이상(06' 4월 기준)
상지대학교
SANGJI UNIVERSITY

서 론
뛰어 앞차기란?
차는 발을 지면에 닿아 추진력을 이용해
공중에 떠서 차는 발차기를 말함.
상지대학교
SANGJI UNIVERSITY

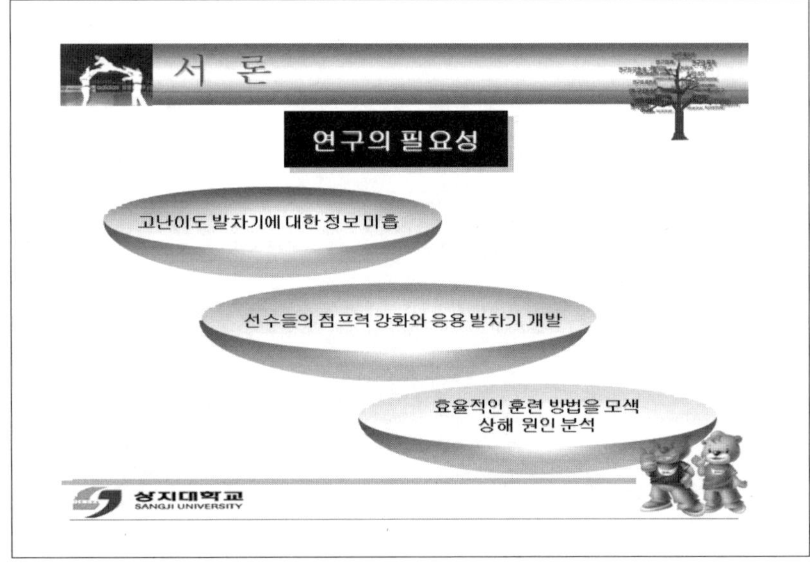

서 론
연구의 필요성
고난이도 발차기에 대한 정보미흡
선수들의 점프력 강화와 응용 발차기 개발
효율적인 훈련 방법을 모색
상해 원인 분석
상지대학교
SANGJI UNIVERSITY

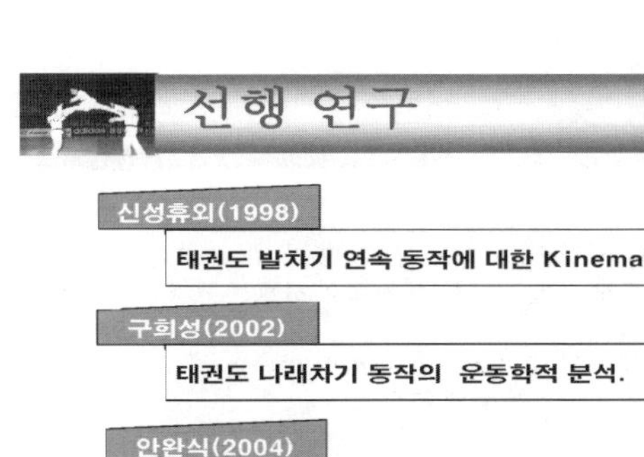

선행 연구
신성휴외(1998)
태권도 발차기 연속 동작에 대한 Kinematic적 요인 연구 분석.
구희성(2002)
태권도 나래차기 동작의 운동학적 분석.
안완식(2004)
앞돌려차고 나래차기 동작에 대한 운동역학적 분석.
양성이(2005)
태권도 뒤후려차기 시 디딤발에 대한 운동역학적 비교 분석.
상지대학교
SANGJI UNIVERSITY

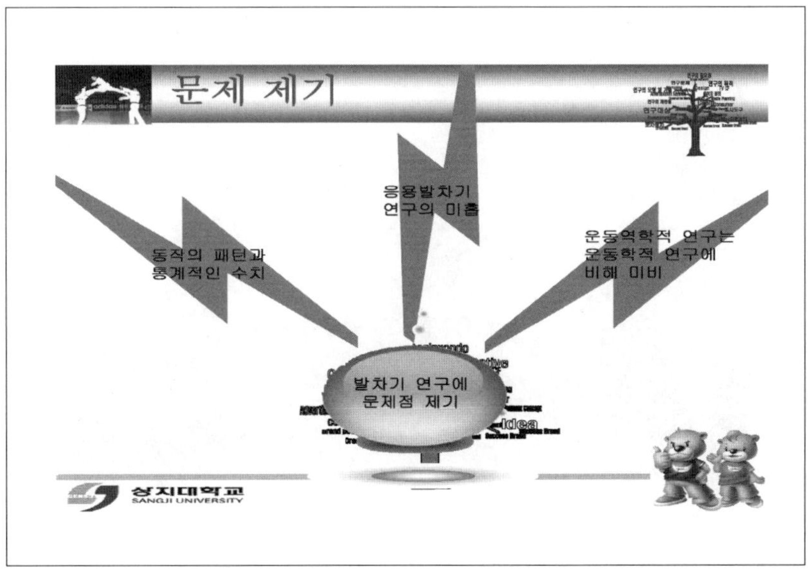

문제 제기
응용발차기
연구의 미흡
동작의 패턴과
통계적인 수치
운동역학적 연구는
운동학적 연구에
비해 미비
발차기 연구에
문제점 제기
상지대학교
SANGJI UNIVERSITY

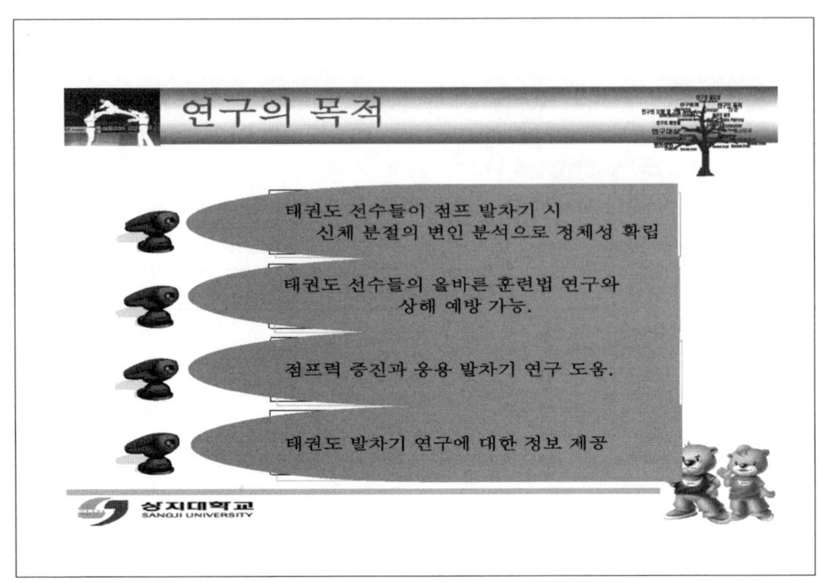
연구의 목적
태권도 선수들이 점프 발차기 시
신체 분절의 변인 분석으로 정체성 확립
태권도 선수들의 올바른 훈련법 연구와
상해 예방 가능.
점프력 증진과 응용 발차기 연구 도움.
태권도 발차기 연구에 대한 정보 제공
상지대학교
SANGJI UNIVERSITY

연구 방법

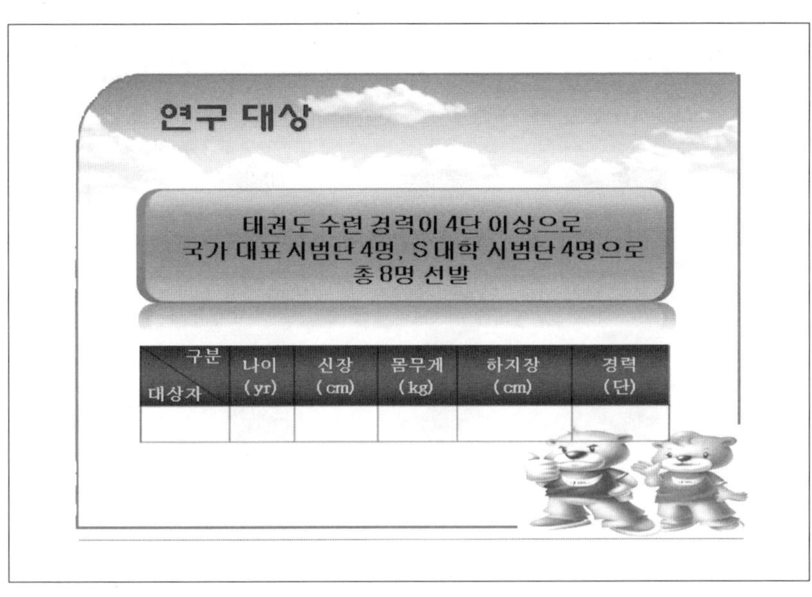

구분 대상자	나이 (yr)	신장 (cm)	몸무게 (kg)	하지장 (cm)	경력 (단)

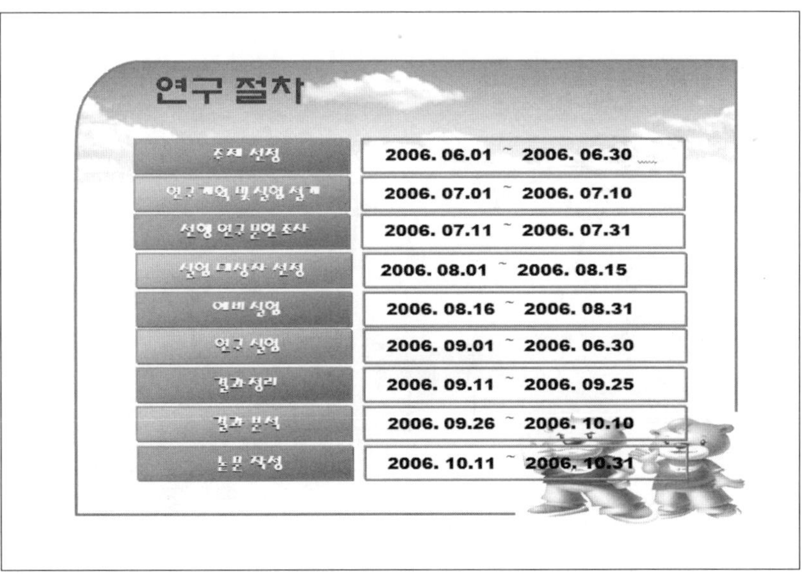

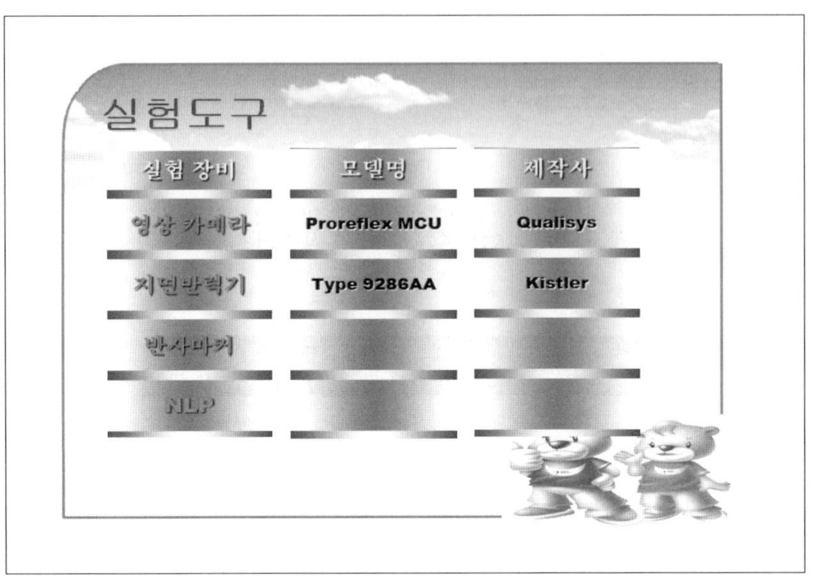

실험도구
실험 장비
모델명
제작사
영상 카메라
Proreflex MCU
Qualisys
지면반력기
Type 9286AA
Kistler
반사마커
NLP

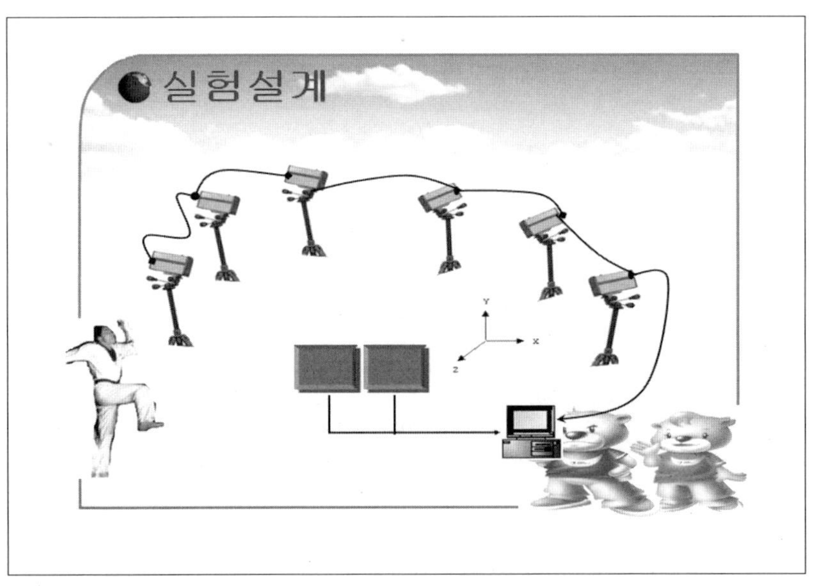

실험설계
Y
X
Z

마커부착

측정방법

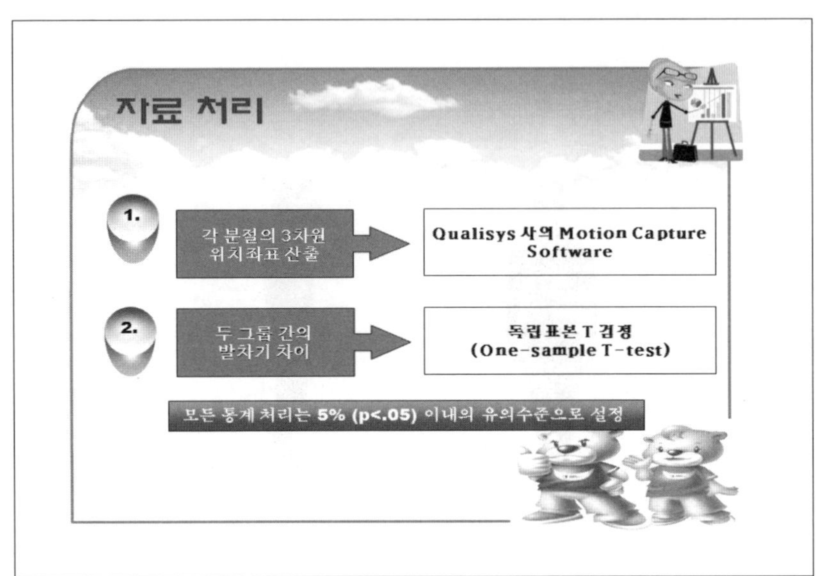

자료 처리
1.
각 분절의 3차원 위치좌표 산출
Qualisys 사의 Motion Capture Software
2.
두 그룹 간의 발차기 차이
독립표본 T 검정 (One-sample T-test)
모든 통계 처리는 5% (p<.05) 이내의 유의수준으로 설정

기대 효과
• 우수 선수 그룹과 비우수 선수 그룹을 역학적 분석을 통하여 그에 따른 움직임이나 지면반력을 통하여 차이점을 찾고 그 원인을 규명하여 훈련 방법 제시에 도움이 될 것입니다.

참고 문헌

1. 국기원(2006). 태권도 교본. 서울: 오성.
2. 양동영(1986). 태권도 차기 동작의 역학적 에너지 변화에 관한 생체 역학적 분석. 미간행 박사 학위 논문. 서울 대학교 대학원.
3. 이정흔, 오정환(1995). 투스텝 수직점프와 제자리 수직점프 시 각 신체 분절의 기여도에 관한 연구. 체육과학 연구지,13(1), 124-134.
4. Wilson, G. J. (1991). Stretch-shorten cycle: nature and implications for human muscle performance. Journal of Human Muscle Performance, 1, 11-31.

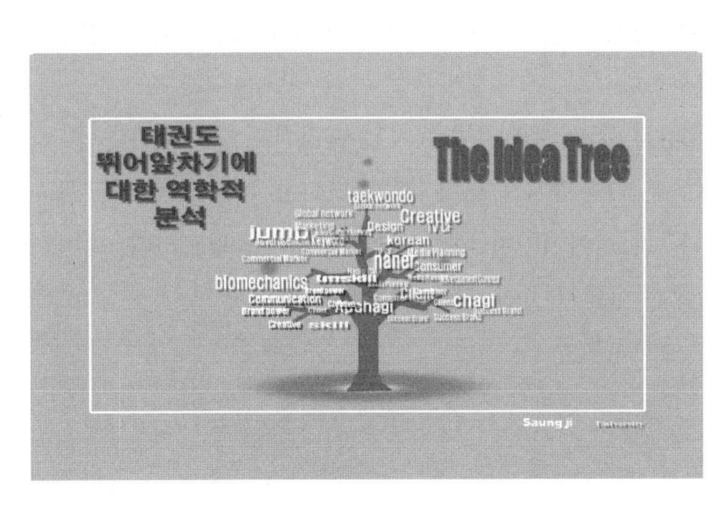

2. 석 · 박사 학위 논문 계획 발표 방법

석 · 박사 학위 논문 계획 발표 방법을 예로 들면 다음과 같다.

● 논문 제목 부분 : 태권도 뛰어 앞차기에 대한 역학적 분석에 대하여 발표하겠습니다.

● 목차 부분 : 서론, 정의, 연구의 필요성 및 연구 목적, 연구 방법, 기대되는 효과 순으로 발표하겠습니다.

● 서론 부분 : 연구의 필요성과 연구 목적을 읽는다.

● 연구 방법 부분 : 연구 대상, 연구 기간 및 절차, 측정 도구, 실험 설계, 측정 방법 및 자료 처리 순서대로 읽는다. 이때 주의할 점은 논문 계획서 발표이기 때문에 끝부분에는 "할 것이다."라고 기술하는 것이다. 왜냐하면 앞으로 진행할 내용들을 발표하는 것이기 때문이다.

● 연구 문제 부분 : 발표자의 연구 목적에 맞는 가설 설정을 명학하게 제시한다.

● 발표를 마치는 방법 : 발표자는 슬라이드를 제시하면서 "참고 문헌 내용은 다음과 같습니다."라고 말하고 "이상으로 발표를 마치겠습니다."라고 이야기한 뒤 기다리는 자세가 필요하다. 왜냐하면 발표 시에는 사회자가 진행을 하기 때문이다.

2부

사회과학 분야 석·박사 학위 논문 작성 요령

김봉경

석 · 박사 학위 논문 작성 요령

1. 주제 선정과 접근 방법

앞의 자연과학 분야에서 논문 주제 선정에 대하여 언급한 바와 같이 사회과학의 논문 제목은 간결하고 함축적이며 참신한 아이디어를 포함해야 한다. 논문을 어느 정도 써본 경험이 있는 사람들은 제목만 보아도 논문의 설계와 자료 처리를 위한 통계 방법을 알 수 있다. 따라서 논문의 얼굴이라 할 수 있는 제목과 논문 내용과의 일치성은 무엇보다 중요하다고 할 수 있다.

예를 들어, '~이 ~에 미치는 영향', 이라는 제목은 통계기법에서 회귀 분석과 공분산구조 분석을 사용할 수 있고 '~의 구조 분석', '~의 관계'는 내생변수와 외생변수와의 관계를 이용한 공분산구조 분석을 많이 사용하며 '~의 분석'은 t검증과 분산 분석, 교차 분석 등의 적합한 방법을 해야 한다.

위와 같이 통계적 방법을 동원하여 주로 수치, 측정, 실험, 수량적 관계와 진술에 초점을 두고 연역적 방법을 사용하는 방법을 양적 연구(quantitative research)라고 하고, 논문의 내용이 거시적 측면에서 귀납적으로 이론을 개발하거나 참여자의 관점을 이해하는 데 초점을 두면 질적 연구(qualitative research)라고 하는데, 인간의 의도를 중시하여 소수를 대상으로 면접과 참여 관찰을 통해 자료를 수집, 분석하고 결과를 해석하여 이야기체로 보고하는 방식을 사용한다.

여기에서는 주로 객관적 입장에서 검사, 설문지 등의 측정 도구를 활용하는 양적 연구에 대하여 언급하도록 하겠다.

양적 연구의 통계적 접근은 먼저 연구 제목과 목적에 부합되는 자료를 도서관이나 인터넷, 국책연구기관을 통하여 수집하고 선행 연구의 이론적 근거에 의해서 설문지를 구성한다. 설문지는 향후 자료 처리와 결과 분석을 고려하여 문항을 전문가와의 회의나 지도 교수의 가르침을 받아 신중히 만들어야 하고, 설문 조사는 표본 집단이 빠진 문항 없이 충실히 답할 수 있도록 조사원의 설명과 꼼꼼함이 필요하다. 회수된 설문지는 코딩으로 자료를 입력하고 통계 처리를 통하여 연구 가설에 대한 검증을 실시한다. 결과 분석을 한 후 논의에서 통계 결과가 다른 선행 연구와 일치하는 점과 다른 점을 들어 시사하는 의미와 연구자의 개인적인 의견을 제시한다.

2. 서론 작성 요령

서론은 논문의 논리를 전개하기 위한 실마리를 제공하는 부분으로 논문의 얼굴이라고도 할 수 있다. 따라서 서론에는 논문을 쓰는 동기와 문제 제기, 문제의 성질, 연구 의의와 중요성 또는 필요성을 서술하고, 제기된 문제와 관련된 연구사를 연대순으로 참고 문헌을 인용하면서 현재까지의 연구 상황을 구체적으로 기술하고, 아울러 현시점에서 취하게 될 연구 방향 또는 목적, 연구 대상과 범위, 서술 방법 등을 명료하게 기술해야 한다(논문작성법편찬위원회, 2003).

그러나 논문을 작성할 때 경험이 적은 학생들은 무엇을 쓰고 무슨 내용이 먼저 와야 하며 나중에 와야 하는지를 몰라 필요 없는 내용과 순서가 엉망이 되기 십상이다. 그러므로 아래에 제시하는 방법과 순서를 알고 논문을 작성한다면 그만큼의 오차와 어려움을 줄일 수 있을 것이다.

1) 연구의 필요성

먼저 서론 부분 작성 시 포함해야 할 사항은 연구의 필요성이다. 수많은 연구 중에서 연구자가 하고자 하는 연구가 왜 중요하고 필요한지를 심사자나 독자에게 알리기 위해서는 최근의 국내·외적인 동향과 이슈적인 사실을 적어 독자의 관심을 끌고 현시점에서 논문 연구가 왜 필요한지에 대한 타당도를 명시해야 한다. 또한 연구의 필요성을 명시하기 위해서는 논문 제목에 제시되어 있는 연구 변인에 대한 구체적인 논제에 적합한 각각의 정의를 서술하고 그 정의를 제시한 선행 연구나 책들의 참고 문헌을 명시해야 한다. 선행 연구를 인용할 경우 연구 방법적 논제와 주요 결론들만을 강조하고 선행 연구들과 현재의 연구 사이에 논리적인 연속성을 증명하여야 한다.

아래에서 필자의 박사 학위 논문인 "인터넷 스포츠 쇼핑몰의 e-CRM 요인이 관계의 질과 효과에 미치는 영향"이라는 학위 논문의 연구의 필요성 중 논문의 주제를 잘 이해할 수 있도록 먼저 인터넷과 관련된 마케팅 상황 배경에 대하여 정보를 제공한 부분을 예를 들어보면 다음과 같다.

인터넷은 기업의 제품과 서비스를 판매, 마케팅, 구매하는 새로운 매체로서 주목받고 있을 뿐 아니라 디지털 혁명이란 이름과 함께 21세기를 이끌어갈 새로운 화두가 되고 있다. 인터넷의 등장은 마케팅 분야에도 새로운 영역을 구축하며 다양한 접근과 시도가 일어나고 있고, 기업이 고객을 접하는 방식에 도 새로운 관점을 필요로 하고 있다(Hanson, 2000).

다음으로 외국과 국내의 전자상거래에 관한 중요성을 설명한 예를 들면 다음과 같다.

미국을 비롯하여 EU, 일본 등 많은 국가들이 전자상거래의 주도권을 잡기 위해 인프라를 구축하는 등 치열한 경쟁을 벌이고 있고 국내에서도 전자상거래를 도입, 확산시키고자 하는 노력이 진행되고 있다(임춘성, 1997). 2005년 인터넷 쇼핑몰 시장 규모는 약 7조 548억 원으로 2001~2005년 연평균 성장률 201.8%의 고속 성장을 기록하고 있다(중앙일보, 2005년 9월).

연구 변인인 e-CRM에 대한 정의를 서술한 예를 들면 다음과 같다.

인터넷 쇼핑몰에서는 보다 차별적인 마케팅 전략을 구사할 수 있는데, 기존의 전통 마케팅은 신규 고객 확보가 중요하지만 신규 고객과 동시에 기존 고객들의 유지를 중요시하는 관계마케팅은 가입자 확보에 치열한 경쟁을 벌인 인터넷 서비스업체들에게 가입한 고객이 이탈하지 않도록 유인하는 e-CRM(electronic customer relationship management)을 적극 도입하여 성장에 디딤돌 역할을 하였다. e-CRM이란 IT기술을 활용하여 기업과 고객과의 체계적인 관계를 통해 고객에게 적합한 제품과 서비스를 제공하기 위한 것이다.

인터넷과 스포츠의 관련성에 대하여 서술한 예를 들어보면 다음과 같다.

예 4

이러한 인터넷이 불러온 변화는 스포츠에서도 예외일 수 없다. 국내의 Yahoo를 포함한 각종 포털 사이트들은 어김없이 스포츠에 관한 각종 흥미로운 정보들을 별도의 카테고리로 분류하여 제공하고 있고 여기에 개인 홈페이지까지 포함시킨다면 5천 개가 넘는 스포츠 관련 인터넷 사이트가 있다(웹비즈니스, 2000). 인터넷은 스포츠 비즈니스 특성을 매우 효과적으로 반영함으로써 다양한 형태의 경제적 가치와 비즈니스를 생성하고, 스포츠를 창의적이고 아이디어가 창출되는 지식, 대중문화, 산업 활동의 새로운 패러다임으로 발전시키고 있다(정영남, 2002). 이와 같이 인터넷은 스포츠의 다양한 가치를 창출하여 스포츠와 스포츠 마케팅을 혁신적으로 발전시키고 있다(Kahle & Meeske, 1999).

스포츠 쇼핑몰의 e-CRM의 필요성에 대하여 서술한 예를 들어보면 다음과 같다.

온라인 스포츠 쇼핑몰의 가장 큰 문제점은 회원 확보를 통한 시장 점유율만 중시하여 막대한 광고 선전 비용을 지출하고, 이윤 창출에 도움이 되는 고객만을 너무 많이 확보함과 동시에, 확보된 회원을 유지, 관리하는 데 드는 비용도 늘어나게 되어 기업의 수익 구조를 더욱 악화시킨다는 점이다. 전자상거래가 수익성을 개선하기 위해서는 e-CRM의 도입으로 고객과 기업의 쌍방향 커뮤니케이션 수단을 통해 연속적인 교류를 가지며, 기업의 이익에 기여하고 기업으로부터 고유한 혜택을 받는 관계가 형성되어야 한다.

선행 연구를 통한 현재까지 연구 상황의 연속성과 문제를 제기한 예를 들어보면 다음과 같다.

최근의 스포츠와 인터넷에 관한 연구로는 Chang(2002)의 웹사이트를 통한 온라인 관계마케팅 연구, 김학신(2003)의 인터넷 스포츠 사이트 광고의 정보 특성과 광고 효과에 미치는 영향에 대한 연구, Brown(2003)의 스포츠 산업에서의 웹사이트 사용자 행동의 특성과 경영인의 마케팅 커뮤니케이션 주요 목표, 그리고 스포츠 웹사이트 접속 행동에 관한 강효민(2002) 등의 연구가 있었지만, 전자상거래 스포츠 쇼핑몰이라는 특수한 상황에서 인터넷 사용자들의 특성을 고려하고 온라인을 매개로 하는 e-CRM에 대한 이론적 연구가 거의 없다. 이러한 시점에서 스포츠 마케팅 분야에서도, 뉴미디어 시대의 인터넷 마케팅에 대한 다양한 관심과 연구가 지속되어야 하며, 인터넷 스포츠 쇼핑몰 사이트에서 기업과 고객 간의 관계효과를 실증적으로 규명하는 e-CRM 연구의 필요성이 제기되고 있다.

2) 연구의 목적

연구의 필요성이 확정되면 연구를 통하여 밝혀보고자 하는 연구 목적을 제시한다. 연구의 목적은 실현 가능성이 있는 독창성과 참신성을 지닌 것으로 하여야 하고 조작하고자 했던 변인들의 기대 결과와 이유를 다음과 같이 예로 들어보면 다음과 같다.

예 1

인터넷 스포츠 쇼핑몰에서 기업과 고객의 효과적인 관계를 위한 연구를 위하여 살펴본 인터넷 쇼핑몰의 전자상거래, 관계마케팅, CRM, e-CRM 등의 선행 연구들은 인터넷 스포츠 쇼핑몰에서 기업이 고객과의 이익과 발전의 원동력으로 작용할 결정적인 영향을 주는 요인이 부족하다고 여겨진다. 따라서 본 연구에서는 선행 연구의 이론적인 근거를 바탕으로 인터넷 스포츠 쇼핑몰이기 때문에 추가되거나 삭제되어야 할 요인들을 조정하여 보다 정밀한 e-CRM의 요인들을 새롭게 개발하였다. e-CRM의 다섯 가지 하부 요인을 e-마케팅, e-서비스, e-세일즈, e-커뮤니케이션, e-시스템으로 구성하여 고객관계 관리에 영향을 미치는 변인으로 설정하였다. 이와 같이 설정된 변인으로 인터넷 스포츠 쇼핑몰 사이트에 적합한 e-CRM 요인을 도출하고 고객 관계에 미치는 영향을 연구하여 좀 더 구체적이고 차별화된 e-CRM 요인 분석을 통하여 인터넷 스포츠 쇼핑몰에서의 고객에 대한 관계마케팅을 알아봄으로써 기업이 고객 유지를 위한 마케팅 전략 수립의 근거를 제공하는 데 본 연구의 목적이 있다.

가설 하나하나에는 이론적 근거를 분명히 제시하여야 한다. 가설(hypothesis)이란 변수와 변수 간의 관계를 파악하기 위한 검증 전의 진술이다. 둘 또는 그 이상 변수 간의 관계성 여부를 파악하기 위하여 경험적으로 검증할 수 있는 진술(statement), 또는 명제(proposition)를 의미한다(홍종선, 박옥희, 최창현, 1996). 가설의 변수에 대한 정의와 함께 변수 간의 관계를 사용했던 선행 연구의 예를 들어 본 연구에서 가설 설정의 타당도를 제시한다.

다음은 필자의 "스포츠센터의 관계마케팅 실행 요인과 몰입 및 관계 유지 의도의 구조 모형 분석"이라는 논문 내용 중 관계마케팅 실행 요인과 몰입과의 관계에 대한 가설의 예이다.

예 2

우선 스포츠센터와 고객의 장기적인 관계를 유지하기 위하여 선행 연구에서 나타난 이론적인 근거를 바탕으로 추가되거나 삭제되어야 할 요인들을 조정하여 관계마케팅 실행 요인을 새롭게 추출하였다.

선행 연구로는 조만태(2001)가 스포츠 지도자와 센터 이용자와의 관계발전에 도움을 주는 요인을 고객 지향적 사고와 서비스, 커뮤니케이션, 지도자를 제시하였고 정경일 및 곽의택(2005)은 관계마케팅 기법으로 시설, 서비스, 환경을 나타냈으며, 정용헌 및 한우진(2005)은 고객 관계관리를 위한 관계마케팅 요인으로 가격, 서비스, 시설, A/S를 말하였다, 그리고 오현환 및 노동연(2004)은 스포츠센터의 관계마케팅 실행 요인을 상호작용수행, 서비스문화개발, 장기고객지향성으로 구성하였고, 김주영(2005)은 스포츠센터 관계마케팅의 성공요인이 서비스와 커뮤니케이션에 있다고 하였다. 본 연구에서는 이상의 선행 연구들을 참조하여 서비스, 시설, 가격, 커뮤니케이션의 총 4개 요인으로 구성하였다.

관계마케팅 실행 요인과 몰입의 인과적 관계는 김철한(2003)과 오현환 및 노동연(2004)이 스포츠센터 이용 고객을 애호 고객으로 몰입하기 위한 관계마케팅의 필요성을 설명하였고, 선동규(2001)는 호텔기업의 관계마케팅 실행 요인이 고객 몰입에 영향을 미친다고 하였다. 따라서 스포츠센터에서 관계마케팅 실행 요인과 몰입의 관계를 나타내는 가설을 다음과 같이 설정하였다.

가설 1. 스포츠센터와 고객의 관계마케팅 실행 요인 중 서비스는 몰입에 영향을 미칠 것이다.

가설 2. 스포츠센터와 고객의 관계마케팅 실행 요인 중 시설은 몰입에 영향을 미칠 것이다.

가설 3. 스포츠센터와 고객의 관계마케팅 실행 요인 중 가격은 몰입에 영향을 미칠 것이다.

가설 4. 스포츠센터와 고객의 관계마케팅 실행 요인 중 커뮤니케이션은 몰입에 영향을 미칠 것이다.

예 3

3) 몰입과 관계효과의 관계

스포츠센터와 고객의 지속적인 관계형성은 몰입 정도에 따라 달라질 수 있고 구매자와 판매자 간의 상호의존이 가장 발전된 단계는 몰입 단계이다(Dwyer et al., 1987). 즉, 관계몰입이란 일반적으로 쉽게 변하지 않고 사람들은 그들이 중요하게 여기지 않는 것에 잘 몰입하지 않는다. 뿐만 아니라 심지미(2001)는 관계몰입이 수익과 직결되는 구매 의도에 직접적인 영향을 미친다고 하였고, 김재욱, 최지호, 한계숙(2002)은 기업과 고객과의 장기적인 관계를 유지하기 위해 몰입이 필요하다고 하였으며, 관계마케팅에서 재구매 의도와 관계유지 의도는 주로 관계성과에 대한 척도로 사용된다(김용정, 1998). 따라서 스포츠센터에서 몰입과 관계효과의 관계를 나타내는 가설을 다음과 같이 설정하였다.

가설 5. 스포츠센터 고객의 몰입은 관계효과인 재구매 의도에 영향을 미칠 것이다.

가설 6. 스포츠센터 고객의 몰입은 관계효과인 관계 유지 의도에 영향을 미칠 것이다.

연구의 모형(research model)은 전체적인 설계도로서 정식화된 이론적 표현이다. 다시 말해 모형은 간단하고 대표성을 지니며 약도와 같은 것이다. 따라서 연구의 모형은 제목과 같이 한 연구의 얼굴과 같은 역할을 한다고 할 수 있다. 아래에서 모형에 대한 예를 들어보면 다음과 같다.

예 4

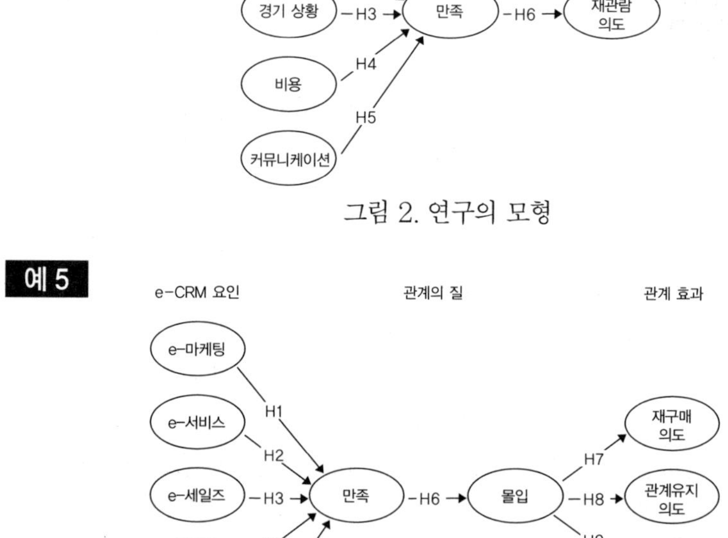

그림 2. 연구의 모형

예 5

그림 3. 연구의 모형

2. 이론적 배경 작성 요령

사회과학 분야에서 이론적 배경은 자연과학과는 달리 매우 중요하다. 왜냐하면 자료의 수집을 통하여 측정 도구가 되는 설문지를 만드는 기초이기 때문이다. 따라서 이론적 배경에서 얼마나 많고 탄탄하며 정확한 참고 자료를 배경으로 하였느냐에 따라 연구의 질이 처음부터 결정 난다고 해도 지나친 말이 아니다.

연구의 이론적 배경은 기존에 있는 모든 참고 자료를 정리한다는 뜻으로 문헌 연구라고도 한다. 문헌 조사는 문헌 조사의 개요, 문헌 또는 데이터베이스 조사와 그에 사용된 기법에 관한 논의, 문헌 조사 개요의 종합, 문헌 연구에서 발견된 것에 대한 요약이 있어야 한다.

먼저 연구 동향 또는 선행 연구에는 주제와 관련된 연구 활동이 외국이나 국내에서 어떻게 이루어지고 있는가를 밝힌다. 논문이나 저서 또는 연구 기관의 연구 활동이 과거와 현재의 시점에서 어떠한 방향으로 가고 있는가를 제시해야 한다(윤대순, 2002). 아래에서 본 저자의 논문에서 국내외의 예를 들어 인터넷 쇼핑몰을 통한 스포츠 쇼핑몰의 발전을 전망하는 예를 들어보면 다음과 같다.

예 1

우리나라 B to C 전자상거래의 현황을 보면 국내의 2000년 인터넷 접속 가입자 수는 1,000만 명이며, 정보통신정책연구원(2005)에 따르면, 2006년 우리나라 인터넷 접속 가입자 수는 약 1,200만 명에 이를 것으로 전망된다.

2005년 현재 인터넷 쇼핑몰 시장 규모는 약 7조 548억 원으로서

2001-2005년 연평균 성장률 201.8%의 고속성장을 기록하고 있다.

2005년 통계청의 2005년 6월 및 2/4분기 인터넷 쇼핑몰 통계조사 결과에 따르면 2005년 2/4분기 인터넷 쇼핑몰 거래액은 2조 4,749억 원으로 전년 동분기에 비하여 6,443억 원(35.2%)이 증가한 것으로 〈표 1〉과 같이 나타났다.

표 1. 인터넷 쇼핑몰 거래액   (단위 : 백만 원, %)

2004년	2005년				전분기 대비 증감(증감률)	전년 동분기 대비 증감(증감률)
2/4분기	1/4분기	2/4분기	5월	6월		
1,830,575	2,394,651	2,474,927	860,143	815,666	80,276 (3.4)	644,352 (35.2)

2005년 2/4분기 스포츠/레저용품 거래액은 1,003억 원으로 전년 동분기에 비해 208억 원(26.1%) 증가한 것으로 〈표 2〉와 같이 나타났다.

표 2. 스포츠용품 거래액   (단위 : 백만 원, %)

2004년	2005년				전분기 대비 증감(증감률)	전년 동분기 대비 증감(증감률)
2/4분기	1/4분기	2/4분기	5월	6월		
79,551	89,320	100,321	35,320	33,727	11,001 (12.3)	20,770 (26.1)

정보통신정책연구원(2005)에 따르면 국내 인터넷 쇼핑몰 시장 규모는 갈수록 커지며 2010년에는 약 19조 원까지 증가할 것으로 전망되

는 등 가능성이 무한한 시장인 것을 알 수 있다(http://news.naver.com).

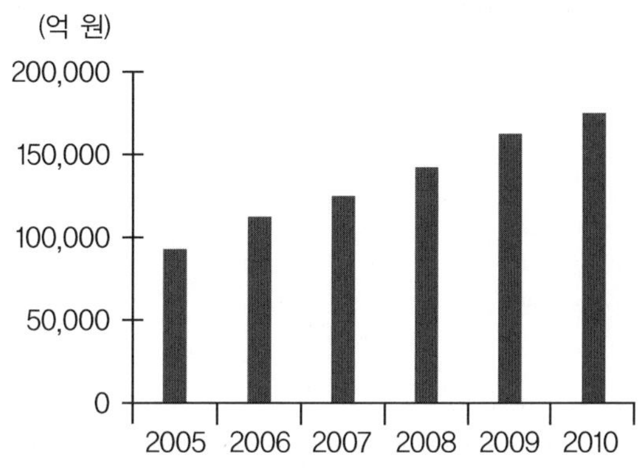

그림 1. 빠른 성장이 예상되는 인터넷 쇼핑 거래액(전망치)
자료 : 정보통신정책연구원(2005)

이러한 국내 인터넷 시장 속에서 스포츠 관련 사이트는 2000년을 넘어서면서 이미 3천 개 이상이 넘게 존재하고 있으며, 굳이 스포츠 전문성을 내세우지 않더라도 Yahoo를 포함한 각종 포털 사이트들은 어김없이 스포츠에 관한 각종 흥미로운 정보들을 별도의 카테고리(category)로 분류하여 제공하고 있다(웹 비즈니스, 2000).

물론 외국의 경우도 닷컴(.com)을 사용하는 인터넷 스포츠 사이트와 기타 영어를 사용하는 나라들의 인터넷 스포츠 사이트만을 살펴보더라도 10만 개 내지 20만 개 정도가 존재하는 엄청난 숫자다. 그만큼 스포츠는 웹비즈니스에서 매력적인 카테고리임이 증명되고 있다(정의권, 김성재, 2000).

연구 질문에 대한 그럴 듯한 타당한 답을 얻기 위해서는 무엇보다도 그 답이 이론적인 논거를 갖추고 있고 경험적으로 검증되어 타당한 것으로 밝혀져야 한다. 각 변인의 조작적 정의 및 관련 문헌을 통한 이론적 근거를 요약하여 보기 좋게 표로 만든 예를 들어보면 다음과 같다.

예 2

표 3. 조작적 정의 및 관련 문헌

	변수	조작적 정의	연구자
e-CRM 요인	e-마케팅	제품 가격 배달(유통) 촉진	김홍순(2001), 박재홍(2002), 박진석(2001), 정진서(2001), 황윤경(2001), 김상우(2002), 안준모, 이국희(2001), 배병렬, 김종채(2001), 민대환, 박재홍, 박철(2002), Jarvenpaa & Todd(1997)
	e-서비스	Q&A와 FAQ 서비스 A/S 및 환불 정책 주문 제품 인도 절차 고객 개개인에 대한 관심 반품에 대한 정보 제공	김종완, 오기욱(2002), 김홍순(2001), 김범진(2002), 김태완(2001), 강재정(2001), 김상우(2002), 황윤경(2001), Parvenpaa & Todd(1997)
	e-세일즈	인비테인션 / 레크멘데이션 기업의 명성 인센티브 / 이벤트 / 할인 촉진 다양한 결제기능 세일즈 인재의 보유	차용선(2001), 김도산(2002), 민대환, 박재홍, 박철(2002)

e-CRM 요인	e-커뮤니 케이션	생활정보 제공 정보 제공 상호작용	홍일유, 김영진(2002), 김명옥(2002), 엄준영(2001), 김재문(2000), 박종서(2002), 성영신, 정수정, 장세욱(2001) 서수석, 이종호(2002), Escherfelder,Beachbord, McClure, Wyman(1997), Mohr & Ravioreet(1995)
	e-시스템	검색의 용이성 쇼핑의 편리성 이동의 신속성 정보의 우수성 고객의 안전성	김태현(2001), 배종렬, 김종채(2001), 김용만(2001), 이수진(2004), 박종서, 김홍순(2001)
관계의 질		만족	이승진(2003), 김상우(2002), 안준모, 이국희(2001), Szymanski, Hise(2000)
		몰입	이수진(2004),심지미(2001), 이성수, 성영신 (2001),Moorman.Zaltman, Deshpande(1992)
관계 효과		재구매 의도	김성태(2004), 강봉해(2002), 박홍수, 하영원, 이유재, 김동훈 (1997), Reichheld(1996)
		관계유지 의도	김용정(1998), 조현주(2003), 김정승(2003), 김용한, 배무언 (2004), Berry & Parasuraman(1991)
		구전 의도	한진수(1998), 최성철(2004), 유영진, 이용기(2000), Gwinner, Kevin, Pwayne, Mary(1998)

3. 연구 방법 작성 요령

연구 방법은 학문 분야에 따라 차이는 있겠으나 알고자 하는 연구 목적에 알맞은 연구 대상 선정과 측정 도구, 측정 도구인 설문지의 타당도 및 신뢰도, 자료 처리 등을 분명히 설명하여야 한다.

1) 연구 대상자

연구 대상자는 연구 결과를 일반화할 수 있는 모집단을 선정하고 집단의 표본을 어떻게 할 것인가 하는 표집 방법을 명시해야 한다. 특히, 실험 연구나 분석적 연구가 아닌 조사 연구(survey type)에서는 모집단과 표본의 관계를 명시하는 것이 더욱 중요하다.

● 모집단(population)이란 예컨대 2008년 현재 수영 강좌를 수강하는 수영 동호인들과 같이 연구 대상이 되는 모든 구성분자

● 표본(sample)이란 모집단의 특성을 파악하기 위해 추출된 구성분자들의 집단

● 표본 추출 방법 ☞ 비확률 표본 추출 vs 확률 표본 추출

● 비확률 표본 추출(non-probability sampling)이란 조사자의 주관적 판단에 의해 표본을 선정하는 방법

● 확률 표본 추출(probability sampling)이란 조사자의 임의성이 배제되므로 모집단의 구성분자들이 표본으로 선정될 확률이 이미 알려져 있는 방법, 확률 표본 추출은 모집단에 대한 표본의 대표성을

높일 수 있으나 비용과 시간이 비교적 많이 들며 적절한 표본 추출 기술 요구

● 단순 무작위 표본 추출(simple random sampling)이란 가장 단순한 방식으로 모집단의 모든 구성분자들이 표본으로 선정될 확률이 동일

예 1

100명이 수강하는 수영 강습반에서 단순 무작위 표본 추출로 10명을 추출할 때에는 각각의 학생들에게 1~100까지의 번호를 부여하고 이들 숫자에서 무작위로 10개를 선택하여 그 번호에 해당하는 학생을 표본으로 삼는다. 이때 각 학생이 표본으로 선택될 확률은 모두 1/10으로 동일하다.

● 층화 표본 추출(stratified sampling)은 통계적 능률성을 높이는 방법으로 모집단이 상호 배타적인 여러 개의 집단으로 형성되어 있을 때 먼저 모집단을 몇 개의 2차 집단으로 세분화(이때 세분화하는 기준은 조사자의 주관적 판단에 따라 결정)한다. 그 다음에 각 2차 집단에서 단순 무작위로 표본을 선정한다.

예 2

스포츠센터 이용자들의 이용 만족도를 알아보기 위해 이용자들 중 일부를 추출하고자 한다면 헬스, 수영장, 골프 등 강습 종목에 따라 집단을 나누거나 성별에 따라 집단을 구분할 수 있다. 이때 각 집단에 속한 고객들은 비교적 유사한 의견을 가지며 다른 집단에 속한 고객들 간에는 의견이 상당히 다를 것이라는 가정에서 층화 표본 추출 (중략)

● 군집 표본 추출(cluster sampling)이란 모집단이 유사한 소그룹으로 구성되어 있는 경우 한 그룹 전체를 표본으로 추출하거나 한 그룹 내에서 확률 표본 추출을 하는 방법이다.

예 3

스포츠 의류업체가 자사 매장 방문 고객들을 대상으로 의견 조사를 하고자 할 때 고객 개인별로는 의견이 다르겠지만 매장에 따라 방문 고객들의 의견이 별로 다르지 않을 것으로 가정한다면 임의의 한 매장을 방문한 고객들 전체를 표본으로 삼거나 그중 일부를 표본으로 추출 (중략)

● 체계적 표본 추출(systematic sampling)이란 표본 추출 단위들 간에 어떤 순서가 있는 경우 일정한 표본 추출 간격으로 표본을 추출하는 방법(표본 추출 간격 = 모집단 크기 / 표본 크기)이다.

예 4

울산 현대 모비스 농구단에서 입장 관중들을 대상으로 설문 조사를 실시한다고 가정하자. 먼저 1일 입장 관중수가 4,000명으로 예상되고 필요한 표본의 크기가 400명이라면 표본 추출 간격은 10이다. 따라서 경기장에 입장한 첫 10명에서 무작위로 1명이 추출되고 매 10명째의 관중을 추출한다.

또한 전화 인터뷰 경우 전화번호부에서 일정 간격으로 인터뷰 대상자들을 추출하는 것도 체계적 표본 추출에 해당 (중략)

● 편의 표본 추출(convenience sampling)이란 가장 흔히 사용하는 방법으로 조사자가 편리할 때 편리한 장소에서 임의로 표본을 추출하는 방법이다.

예 5

골프 연습장에서 연습을 하고 있는 아무나 선정하는 방법으로 모집단에 대한 대표성은 낮으나 모집단의 특성에 관한 개략적인 정보를 비교적 쉽게 얻을 수 있다는 장점 (중략)

● 판단 표본 추출(judgment sampling)이란 모집단의 구성원들 중에서 가장 정확한 정보를 제공할 수 있다고 조사자가 판단하는 구성원들을 표본으로 추출하는 방법이다.

예 6

프로 축구 활성화에 대한 의견 조사를 한다면 관련 전문가나 서포터즈 등과 같이 축구에 대한 관심과 지식이 충분한 사람들을 대상으로 표본 추출 (중략)

● 할당 표본 추출(quota sampling)

인구통계학적 특성(나이, 성별, 소득 수준 등), 거주지 등의 측면에서 사전에 정해진 비율에 따라 모집단 구성원들을 할당하는 방법이다.

예 7

남녀 성별에 따른 생활체육 참여율이 4:6이라는 가정 하에 필요한 표본의 크기가 200명이라면 남자 80명, 여자 120명을 임의로 표본 추출 (중략)

표본(sample)에 대해서는 기간과 장소, 설문지 회수 방법, 자료 처리에 사용한 설문지 부수 등을 적절히 기술해야 하고, 대표성을 지녀야 한다(그렇지 않다면 납득할 만한 이유를 제시한다). 연구 대상의 예를 들어보면 다음과 같다.

본 연구는 스포츠 쇼핑몰 웹사이트 현황 분석을 위해 〈표 8〉과 같이 'www.100hot. co.kr'이라는 사이트에서 2004년 10월~2005년 7월까지 최근 10개월 동안 10순위 안에 든 사이트와 기타 다른 사이트에서 스포츠 제품 구매 경험이 있는 고객을 모집단으로 하였다. 조사는 2005년 8월 30일~2005년 9월 5일까지 실시하였으며, 인터넷 전문 리서치 기관인 시큐어탑를 통해 설문지 수집을 의뢰하였다. 조사 의뢰 기관인 시큐어탑에서 패널 데이터베이스를 기반으로 응답 조건에 맞는 패널을 대상으로 온라인 설문 조사를 실시하여 데이터 스크리닝을 통해 회수된 총 306부의 설문지를 연구에 사용하였다.

회수된 설문지의 연구 대상에 대한 인구통계학적인 특성은 주로 연령, 월 수입, 학력, 직업 등으로 나뉘나 연구의 필요에 따라 사용 기간이라든지 횟수라든지 하는 기타 사항으로 구분할 수 있다.

1. 연구의 대상

본 연구의 대상은 2008년 4월 제주도 서귀포 월드컵구장에서 실시한 K-리그, FA컵의 관중을 모집단으로 선정하였다. 설문 조사는 편의 추출법(convenient sampling method)을 사용하여 연구자와 대학원생으로 구성된 설문 조사원들이 프로 축구 경기의 관중을 대상으로 하였다. 자기평가기입법(self-administered questionnaires)으로 총 400부의 설문을 실시하였으며 그 중 불성실한 101부 자료를 제외한 299부를 유효 표본으로 선정한 후 연구 목적에 맞게 자료 처리를 하였다. 본 연구에서 사용된 연구 대상자의 인구통계학적 특성은 〈표 2〉와 같다.

표 2. 연구 대상자의 인구통계학적 특성

변인	범주	인원(n)	백분율(%)
성별	남성	158	52.8
	여성	141	47.2
결혼 유무	미혼	170	56.9
	기혼	129	43.1
연령	20세 미만	28	9.4
	20~29세	138	46.2
	30~39세	71	23.7
	40~49세	42	14.0
	50~59세	15	5.0
	60세 이상	5	1.7
직업	학생	115	38.5
	공무원	21	7.0
	회사원	50	16.7
	전문직	35	11.7
	사무, 기술직	18	6.0
	농업, 임업, 어업	9	3.0
	스포츠 관련 종사자	5	1.7
	자영업	13	4.3
	주부	23	7.7
	기타	10	3.3
월 수입	100만 원 미만	115	38.5
	100~200만 원	89	29.8
	200~300만 원	64	21.4
	300~400만 원	13	4.3
	400~500만 원	10	3.3
	500만 원 이상	8	2.7

	고교 졸업 이하	51	17.1
	대학 재학	91	30.4
교육 수준	대학 졸업	132	44.1
	대학원 재학	17	5.7
	대학원 졸업 이상	8	2.7
합계		299	100.0

2) 측정 도구

연구 방법 중 측정 도구에 관해서는 연구에 이용된 장치나 도구들의 기능들을 기술한다. 사회과학 분야의 설문 조사 시 사용하는 설문지는 연구자의 목표와 목적에 관한 데이터를 얻는 또 다른 방법이다. 설문지 작성 시 참여한 사람과 인원, 이용한 선행 연구 등을 아래와 같이 구체적으로 명시하여야 한다.

예 1

본 연구에서는 측정 도구로 설문지를 이용하였으며, 설문지의 구성은 선행 연구를 바탕으로 본 연구 목적에 적합하도록 수정 · 보완하여 작성하였으며, 구체적인 내용은 다음과 같다.

1) e-마케팅(e-marketing)

e-마케팅은 김종채와 배병렬(2001), 김상우(2002), 김홍순(2001), 민대환, 박재홍 그리고 박철(2002), 박재홍(2002), 박진석(2001), 안준모와 이국희(2001), 정진서(2001), 황윤경(2001), Jarvenpaa와 Todd(1997)의 연구를 참조하여 마케팅믹스(4P)의 제품, 가격, 배달 ·

유통, 촉진에 대한 항목을 포함하여 6개 문항에 리커트(Likert) 척도로 '매우 그렇다'(5점)에서 '매우 그렇지 않다'(1점)까지 5단계로 구분하였다.

2) e-서비스(e-service)

e-서비스는 강재정(2001), 김범진(2002), 김상우(2002), 김종완과 오기욱(2002), 김태완(2001), 김홍순(2001), 황윤경(2001), Jarvenpaa와 Todd(1997)의 연구를 참조하여 Q&A와 FAQ, A/S 및 환불 정책, 주문 제품 인도 절차, 고객 개개인에 대한 관심 서비스, 반품에 대한 정보 제공에 대한 항목을 포함하여 5개 문항에 리커트(Likert) 척도로 '매우 그렇다'(5점)에서 '매우 그렇지 않다'(1점)까지 5단계로 구분하였다.

3) e-세일즈(e-sales)

e-세일즈는 김도산(2002), 민대환, 박재홍 그리고 박철(2002), 차용선(2001)의 연구를 참조하여 인비테인션·레크멘데이션, 기업의 명성, 인센티브·이벤트·할인 촉진, 다양한 결제 기능, 세일즈 인재의 보유에 대한 항목을 포함하여 9개 문항에 리커트(Likert) 척도로 '매우 그렇다'(5점)에서 '매우 그렇지 않다'(1점)까지 5단계로 구분하였다.

4) e-커뮤니케이션(e-communication)

e-커뮤니케이션(e-communication)은 김명옥(2002), 김재문(2000), 박종서(2002), 서수석과 이종호(2002), 성영신, 정수정 그리고 장세욱(2001), 엄준영(2001), 홍일유와 김영진(2002), Escherfelder, Beachbord, McClure 그리고 Wyman(1997), Mohr과 Ravioreet(1995)의 연구를 참조하여 생활정보 제공, 정보 제공, 상호작용에 대한 항목을 포함하여 5개 문항에 리커트(Likert) 척도로 '매우 그렇다'(5점)에서 '매우 그렇지 않다'(1점)까지 5단계로 구분하였다.

5) e-시스템(e-system)

e-시스템은 김용만, 송종호 그리고 심규열(2001), 배종렬과 김종채 (2001), 김태현(2001), 김홍순(2001), 박종서(2001), 이수진(2004) 의 연구를 참조하여 검색의 용이성, 쇼핑의 편리성, 이동의 신속성, 정보의 우수성, 고객의 안전성에 대한 항목을 포함하여 6개 문항에 리커트(Likert) 척도로 '매우 그렇다'(5점)에서 '매우 그렇지 않다'(1점)까지 5단계로 구분하였다.

6) 만족(satisfaction)

만족은 김상우(2002), 안준모, 이국희(2001) 그리고 이승진(2003), Szymanski와 Hise(2000)의 연구를 참조하여 스포츠 쇼핑몰 사이트에 대한 고객의 만족에 대한 항목을 포함하여 3개 문항에 리커트(Likert) 척도로 '매우 그렇다'(5점)에서 '매우 그렇지 않다'(1점)까지 5단계로 구분하였다.

7) 몰입(immersion)

몰입은 심지미(2001), 이수진(2004), 이성수와 성영신(2001), Moorman, Zaltman 그리고 Deshpande(1992)의 연구를 참조하여 스포츠 쇼핑몰 사이트에 대한 고객의 몰입에 대한 항목을 포함하여 5개 문항에 리커트(Likert) 척도로 '매우 그렇다'(5점)에서 '매우 그렇지 않다'(1점)까지 5단계로 구분하였다.

8) 재구매 의도(repurchase intention)

재구매 의도는 강봉해(2002), 김성태(2004), 박홍수, 하영원, 이유재 그리고 김동훈(1999), Reichheld(1996)의 연구를 참조하여 스포츠 쇼핑몰 사이트에 대한 고객의 재구매 의도에 대한 항목을 포함하여 2개 문항에 리커트(Likert) 척도로 '매우 그렇다'(5점)에서 '매우 그렇지 않다'(1점)까지 5단계로 구분하였다.

9) 관계유지 의도(relationship maintenance intention)

관계유지 의도는 김용정(1998), 김용한과 배무언(2004), 김정승(2003), 조현주(2003), Berry와 Parasuraman(1991)의 연구를 참조하여 스포츠 쇼핑몰 사이트에 대한 고객의 재구매 의도에 대한 항목을 포함하여 3개 문항에 리커트(Likert) 척도로 '매우 그렇다'(5점)에서 '매우 그렇지 않다'(1점)까지 5단계로 구분하였다.

10) 구전 의도(word of mouth)

구전 의도는 유영진, 이용기(2000) 그리고 최성철(2004), 한진수(1998), Gwinner, Kevin, Dwayne 그리고 Mary(1998)의 연구를 참조하여 스포츠 쇼핑몰 사이트에 대한 고객의 재구매 의도에 대한 항목을 포함하여 3개 문항에 리커트(Likert) 척도로 '매우 그렇다'(5점)에서 '매우 그렇지 않다'(1점)까지 5단계로 구분하였다.

예 2

1) 설문지의 구성

연구 모형과 설정한 가설을 검증하기 위해 사용한 측정 도구는 설문지이다. 설문 내용은 연구 목적 달성을 위해 설정한 각 개념들을 측정하기에 타당하다고 판단되는 선행 연구에서 활용한 설문지를 참고하여 전문가 회의를 통해서 구성하였다. 설문지의 척도는 모두 5단계 Likert 척도로 구성하였다. 구체적인 내용을 보면 다음과 같다.

첫째, 관중 유인 요인은 스포츠 소비자를 경기장으로 유인할 수 있는 매력적인 요소로서 관중의 관람 의사에 직접적인 영향을 미친다(안재석, 2005). 본 연구에서는 이를 측정하기 위하여 관중 유인 요인을 안재석(2005), 양준혁(2005), 김영규, 최영준(2004), 유영진, 이용기(2001)의 내용을 중심으로 수정·보완하여 총 34문항으로 구성하였다.

둘째, 만족은 개인이 서비스 거래에 대해 평가하는 것으로서 관람객

의 욕구와 기대에 최대한 부응한 결과 제품과 서비스 재구매가 이루어
지고 아울러 고객의 신뢰감이 연속되는 상태를 의미한다(원석희,
1998). 본 연구에서는 만족을 측정하기 위하여 H, Lee, Y, Lee &
Yoo(2000)과 이용기, 최병호, 문형남(2002)의 연구를 사용하였고 총
4문항으로 구성하였다.

셋째, 재관람 의도는 관중이 미래에도 서비스 제공자를 반복하여 이
용할 가능성으로 정의할 수 있다. 재관람 의도는 동인한 종류의 제품 ·
서비스를 반복하여 구입하려는 관중의 경향을 평가함으로써 측정된다
(최성철, 2004). 재구매 의도를 측정하기 위하여 Reichheld(1996)와
김봉경(2006)이 사용한 바 있는 것을 활용하여 총 5문항으로 구성하
였다.

예 3

본 연구의 설문지는 문헌 조사를 통하여 변인들 간의 관계를 고려한
후 요인별로 나누어 기초적인 설문 문항을 선정하였다. 그리고 기초 설
문 문항을 전공 교수 2면 스포츠경영학 박사 학위 전문가 3인의 자문을
얻어 설문 내용의 타당도 및 문항의 적합성을 검토한 후 부적합한 문항
을 수정 · 보완하여 다음과 같이 구성하였다. 고객의 이용 특성은 기간,
시간, 횟수, 자주 이용하는 스포츠 쇼핑몰 사이트, 선호 제품, 구매 제
품은 각 1문항씩으로 구성하였고 e-CRM 요인의 e-마케팅 6문항, e-
서비스 5문항, e-세일즈 9문항, e-커뮤니케이션 5문항, e-시스템 6문
항으로 질문하였다. 관계의 질 신뢰는 4문항, 만족 3문항, 몰입 5문항
으로 구성하였고 관계효과 변수는 재구매 의도 2문항, 관계유지 의도 3
문항, 구전 의도 3문항으로 질문하였다. 마지막으로 6개의 문항을 응답
자의 인구통계학적 특성을 파악하기 위하여 구성하였다. 이론 변수를
측정하기 위한 측정 변수의 구체적인 내용은 〈표 4〉와 같다.

표 4. 설문지 구성 내용

구성 지표	구성 내용	문항수
고객 행동	기간, 시간, 횟수, 자주 이용하는 스포츠 쇼핑몰 사이트, 선호 제품, 구매 제품	7
e-CRM 요인	e-마케팅	6
	e-서비스	5
	e-세일즈	9
	e-커뮤니케이션	5
	e-시스템	6
관계의 질	만족	3
	몰입	5
관계효과	재구매 의도	2
	관계유지 의도	3
	구전 의도	3
인구통계학적 특성	성별, 결혼 여부, 연령, 직업, 월 수입, 학력	6
	문항수	60

(1) 설문지의 구성

잘 만들어진 설문지는 응답자의 답에서 연구자가 측정하려고 하였던 바를 측정할 수 있다. 따라서 신뢰성 있고 타당한 질문이 설문에 포함되어야 하는데, 설문지 작성에는 상식과 전문 지식이 모두 필요하다.

① 설문지 작성 시 고려 사항

● 필요한 정보를 명확히 한다.

● 필요한 정보에 맞게 질문 내용과 질문 형태를 결정한다.

● 질문의 순서를 결정한다. 설문지 서두에는 가급적 단순하고 흥미를 유발하는 질문을 하고, 어렵거나 응답을 거부할 수 있는 질문은 후반부에 위치시킨다. 또한 인적 사항 등 분류 목적을 위한 질문은 후반부에 둔다.

● 사전 조사(pretest)를 실시한다.

예 1

설 문 지

안녕하십니까?

바쁘신 중에도 설문에 참여해주셔서 감사합니다.

본 설문지는 '인터넷 스포츠 핑몰의 e-CRM 요인이 관계의 질과 효과에 미치는 영향'을 수행하고자 작성되었습니다.

귀하께서 응답하신 내용은 통계법 제13조에 의거하여 학문적 목적 외에는 절대로 사용하지 않을 것을 약속드립니다.

본 설문의 응답은 옳고 그름이 없습니다. 귀하의 의견은 연구 결과에 중요한 영향을 미치므로 주어진 질문에 대하여 한 문항도 빠짐없이 솔직하게 응답해주시기 바랍니다.

본 설문에 참여해 주신 귀하께 진심으로 감사드립니다.

2005년 8월

숙명여자대학교 대학원 체육학과 박사 과정 김봉경 올림

1. 귀하의 인터넷 사용 기간은?

① 1년 미만 ② 1-3년 ③ 3-5년 ④ 5-7년 ⑤ 7년 이상

2. 귀하의 하루 인터넷 사용 시간은?

① 1시간 미만 ② 1-2시간 ③ 2-3시간

④ 3-4시간 ⑤ 4시간 이상

3. 귀하가 일주일 동안 스포츠 쇼핑몰 사이트를 사용하는 횟수는?

① 1-3회 ② 4-6회 ③ 7-9회 ④ 10-12회 ⑤ 13-15회

⑥ 16-18회 ⑦ 19회 이상

4. 귀하가 스포츠 제품 구매 시 자주 이용하는 스포츠 쇼핑몰 사이트는 어디입니까?(보기 중에 해당 사이트가 없는 경우 기타를 선택하시고 쇼핑몰 이름을 적어주십시오.)

① 엔풋웨어(http://nfootwear.com)

② 메가존(http://www.mefazone.co.kr)

③ 슈즈나라(http://shoesnara.com)

④ 슈바(http://www.shoebar.co.kr/acecart/bin/shop.cqi)

⑤ 스니커센터(http://www.sneakercenter.net)

⑥ 스포츠25(http://www.sports25.co.kr/index.html)

⑦ 나가리(http://www.nagaree.com)

⑧ 하하몰(http://www.hahamall.net)

⑨ 나이키마트(http://www.nikemart.com)

⑩ 더싸이즈(http://thesize.com)
⑪ 기타(   )

5. 귀하께서 스포츠 쇼핑몰 사이트를 이용하여 스포츠 제품을
구매하신 횟수는?
 ① 처음 ② 2-4회 ③ 5-7회 ④ 8-10회 ⑤ 11회 이상

6. 귀하가 가장 선호하는 스포츠 제품의 종류를 아래 보기에서
찾아 모두 표시해 주십시오.

| ① 의류 ② 신발 ③ 가방 ④ 모자 ⑤ 스포츠 기구 |
| ⑥ 식품, 약품 ⑦ 액세서리 ⑧ 게임기기 ⑩ 기타 |

7. 귀하가 스포츠 쇼핑몰 사이트를 통해 구매한 스포츠 제품의
종류를 아래 보기에서 찾아 모두 표시해주십시오.

| ① 의류 ② 신발 ③ 가방 ④ 모자 ⑤ 스포츠 기구 |
| ⑥ 식품, 약품 ⑦ 액세서리 ⑧ 게임기기 ⑩ 기타 |

다음은 스포츠 쇼핑몰 웹사이트에 대한 고객의 평가 요인에 관련된 질문들입니다. 귀하께서 가장 최근에 이용하신 스포츠 쇼핑몰을 대상으로 답해주십시오.
※ 평가 요인 중 e-CRM 요인의 e-마케팅, e-서비스, e-세일즈, e-커뮤니케이션, e-시스템으로 구분되고 있습니다. 각 질문마다 귀하의 생각과 일치하는 항목의 번호에 ∨ 표시해주십시오.

(Ⅰ. e-시설 요인)

	전혀 아니다	아니다	그저 그렇다	그렇다	매우 그렇다
1 이 경기장의 교통은 편리하다.	①	②	③	④	⑤
2 이 경기장의 주차 시설은 좋다.	①	②	③	④	⑤
3 이 경기장의 시설은 청결하다.	①	②	③	④	⑤
4 이 경기장의 환경은 좋다.	①	②	③	④	⑤
5 이 경기장의 안전대비책은 확실하다.	①	②	③	④	⑤
6 이 경기장의 부대시설(화장실, 매점 등)은 이용하기에 편리하다.	①	②	③	④	⑤
7 이 경기장의 좌석은 관람하기에 편리하다.	①	②	③	④	⑤

(Ⅱ. e-서비스 요인)

	전혀 아니다	아니다	그저 그렇다	그렇다	매우 그렇다
8 이 스포츠 쇼핑몰 사이트는 제품 구매 및 사용에 관한 문제 발생 시 신속하게 해결해준다.	①	②	③	④	⑤
9 이 스포츠 쇼핑몰 사이트는 Q&A와 FAQ에 대하여 담당자, 관리자가 신속하게 응답을 해준다.	①	②	③	④	⑤
10 이 스포츠 쇼핑몰 사이트는 고객 개개인의요구를 잘 이해하고 관심을 보여준다.	①	②	③	④	⑤

| 11 이 스포츠 쇼핑몰 사이트는 환불 정책에 대한 표현이 명확하다. | ① | ② | ③ | ④ | ⑤ |
| 12 이 스포츠 쇼핑몰 사이트는 성실한 A/S를 해준다. | ① | ② | ③ | ④ | ⑤ |

(Ⅲ. e-세일즈)

	전혀 아니다	아니다	그저 그렇다	그렇다	매우 그렇다
13 이 스포츠 쇼핑몰 사이트는 안부 카드나 개인 카탈로그를 무료로 제공한다.	①	②	③	④	⑤
14 이 스포츠 쇼핑몰 사이트에서 제품을 추천하는 e-mail을 받은 적이 있다.	①	②	③	④	⑤
15 이 스포츠 쇼핑몰 사이트에서 전송된 메시지는 모두 확인한다.	①	②	③	④	⑤
16 이 스포츠 쇼핑몰 사이트는 평판이 높다.	①	②	③	④	⑤
17 이 스포츠 쇼핑몰 사이트는 광고가 자주 등장(TV, 잡지, 인터넷)한다.	①	②	③	④	⑤
18 이 스포츠 쇼핑몰 사이트는 다양한 지불 수단(신용카드, 전자화폐, 포인트 등)을 사용할 수 있다.	①	②	③	④	⑤
19 이 스포츠 쇼핑몰 사이트는 제품 구매 시 마일리지, 포인트 적립 제도가 잘되어 있다.	①	②	③	④	⑤

| 20 이 스포츠 쇼핑몰 사이트의 직원들은 그들의 작업을 능숙하게 처리하는 지식을 가지고 있다. | ① | ② | ③ | ④ | ⑤ |
| 21 이 스포츠 쇼핑몰 사이트의 직원들은 고객을 도와줄 준비가 항상 되어 있다. | ① | ② | ③ | ④ | ⑤ |

(Ⅳ. e-커뮤니케이션)

	전혀 아니다	아니다	그저 그렇다	그렇다	매우 그렇다
22 이 스포츠 쇼핑몰 사이트는 스포츠 제품 외의 다양한 생활정보를 제공한다.	①	②	③	④	⑤
23 이 스포츠 쇼핑몰 사이트는 제품, 서비스에 대한 정보를 자주 업데이트 하는 편이다.	①	②	③	④	⑤
24 이 스포츠 쇼핑몰 사이트의 사용자들은 채팅 요청 또는 동호회 행사고지를 많이 해오는 편이다.	①	②	③	④	⑤
25 이 스포츠 쇼핑몰 사이트는 홈페이지, 메일계정, 공동구매 등이 유용하다.	①	②	③	④	⑤
26 이 스포츠 쇼핑몰 사이트는 고객의 문의나 불만제기에 대한 책임 있는 대응을 한다.	①	②	③	④	⑤

(Ⅴ. e-시스템)

	전혀 아니다	아니다	그저 그렇다	그렇다	매우 그렇다
27 이 스포츠 쇼핑몰 사이트는 원하는 제품, 서비스를 쉽게 검색할 수 있다.	①	②	③	④	⑤
28 이 스포츠 쇼핑몰 사이트는 쇼핑하기가 편리하다.	①	②	③	④	⑤
29 이 스포츠 쇼핑몰 사이트는 원하는 제품으로 이동하기가 빠르다.	①	②	③	④	⑤
30 이 스포츠 쇼핑몰 사이트는 제품에 대한 정보를 충분히 제공하는 편이다.	①	②	③	④	⑤
31 이 스포츠 쇼핑몰 사이트는 개인정보보호가 우수하다.	①	②	③	④	⑤
32 이 스포츠 쇼핑몰 사이트는 결제방식이 안전하다.	①	②	③	④	⑤

다음은 스포츠 쇼핑몰 웹사이트에 대한 고객의 평가 요인에 관련된 질문들입니다.

※ 평가 요인 중 관계의 질 요인의 만족, 몰입으로 구분하고 있습니다. 각 질문마다 귀하의 생각과 일치하는 항목의 번호에 ∨ 표시해주십시오.

(Ⅰ. 만족)

	전혀 아니다	아니다	그저 그렇다	그렇다	매우 그렇다
1 이 스포츠 쇼핑몰 사이트에 대해 전반적으로 만족한다.	①	②	③	④	⑤
2 이 스포츠 쇼핑몰 사이트를 방문하는 것이 기쁘다.	①	②	③	④	⑤
3 이 스포츠 쇼핑몰 사이트가 최고라고 생각한다.	①	②	③	④	⑤

(Ⅱ. 몰입)

	전혀 아니다	아니다	그저 그렇다	그렇다	매우 그렇다
4 다른 사람이 이 스포츠 쇼핑몰 사이트에 대해서 비난한다면 나는 옹호할 것이다.	①	②	③	④	⑤
5 이 스포츠 쇼핑몰 사이트에 대하여 강한 애착을 가지고 있다.	①	②	③	④	⑤
6 이 스포츠 쇼핑몰 사이트에 대하여 친근감을 느낀다.	①	②	③	④	⑤
7 다른 쇼핑몰보다는 이 스포츠 쇼핑몰 사이트가 더 좋다고 생각한다.	①	②	③	④	⑤
8 시간적, 경제적 비용 등을 생각할 때 이 스포츠 쇼핑몰 사이트를 이용할수록 혜택이 있다고 생각한다.	①	②	③	④	⑤

(Ⅰ. 재구매 의도)

	전혀 아니다	아니다	그저 그렇다	그렇다	매우 그렇다
1　이 스포츠 쇼핑몰 사이트에서 제품을 구입하는 것을 좋아한다.	①	②	③	④	⑤
2　이 스포츠 쇼핑몰 사이트에서 다시 제품을 구매할 것이다.	①	②	③	④	⑤

(Ⅱ. 관계유지 의도)

	전혀 아니다	아니다	그저 그렇다	그렇다	매우 그렇다
3　이 스포츠 쇼핑몰 사이트에서 불편한 상황이 발생하더라도 다시 찾을 것이다.	①	②	③	④	⑤
4　이 스포츠 쇼핑몰 사이트에서 다른 쇼핑몰로의 전환을 고려하지 않는다.	①	②	③	④	⑤
5　이 스포츠 쇼핑몰 사이트와 장기적인 관계를 유지하는 것은 중요하다.	①	②	③	④	⑤

(Ⅲ. 구전 의도)

	전혀 아니다	아니다	그저 그렇다	그렇다	매우 그렇다
6 다른 사람이 스포츠 쇼핑몰에 대한 조언을 구한다면 이 스포츠 쇼핑몰 사이트를 적극적으로 조언할 것이다.	①	②	③	④	⑤
7 이 스포츠 쇼핑몰 사이트를 다른 사람들에게 적극 추천할 것이다.	①	②	③	④	⑤
8 이 스포츠 쇼핑몰 사이트의 게시판에 추천의 글을 남기겠다.	①	②	③	④	⑤

다음은 스포츠 쇼핑몰 고객의 인구통계학적 특성에 관련된 질문들입니다.

※ 각 질문마다 귀하의 생각과 일치하는 항목의 번호에 ∨ 표시해주십시오.

1. 귀하의 성별은? ① 남자 ② 여자

2. 귀하의 결혼 여부는? ① 미혼 ② 기혼

3. 귀하의 나이는?
① 20세 미만 ② 20~29세 이하 ③ 30~39세 이하
④ 40~49세 이하 ⑤ 50~59세 이하 ⑥ 60세 이상

4. 귀하의 직업은?
① 학생 ② 공무원 ③ 회사원 ④ 전문직 ⑤ 사무 · 기술직
⑥ 농업, 임업, 어업(1차 산업) ⑦ 스포츠 관련 ⑧ 자영업
⑨ 주부 ⑩ 기타

5. 귀하의 월 평균 수입은 얼마입니까?
① 100만 원 미만 ② 100~200만 원 ③ 200~300만 원
④ 300~400만 원 ⑤ 400~500만 원 ⑥ 500만 원 이상

6. 귀하의 학력은?
① 고교 졸업 ② 대학 재학 ③ 대학 졸업
④ 대학원 재학 ⑤ 대학원 졸업

※ 바쁘신 중에도 귀중한 시간을 할애하여 주셔서 진심으로 감사드립니다.

(2) 설문지의 타당도 및 신뢰도 검증

만들어진 측정 도구로서의 설문지가 타당하고 신뢰도(reliability)가 있는지를 검증하기 위해서는 과학적인 분석이 필요하다. 타당도(validity)를 평가하는 방법으로는 보통 요인 분석이 널리 활용된다.

요인 분석은 연구 분석 목적에 따라서 탐색적 요인 분석(EFA : Exploratory Factor Analysis)과 확인적 요인 분석(CFA : Confirmatory Factor Analysis)으로 나눈다.

탐색적 요인 분석은 이론상으로 체계화되거나 정립되지 않는 연구에서 연구의 방향을 파악하기 위한 탐색적인 목적을 가진 분석 방법을 의미하여, 확인적 요인 분석은 이론적인 배경하에서 변수들 간의 기존 관계를 설정하고 요인 분석을 이용하여 그 관계가 성립하는지 여부를 실증하는 데 사용되는 방법이다(김계수, 2001).

보통 SPSS 프로그램을 이용한 탐색적 요인 분석을 한 후 적재된 요인 값을 가지고 Lisrel 또는 Amos를 이용하여 확인적 요인 분석을 실시한다.

탐색적 요인 분석에는 고유값(Eigen Value)이 1이상 되는 요인을 파악하고, 요인적 재치(Factor Loading)가 중복 적재되는 문항들은 제거한다. 확인적 요인 분석은 결과 부분의 연구 모형의 평가를 검증하는 데서 사용되므로 뒤에서 자세히 살펴보기로 하자.

그리고 신뢰도 분석은 전체 신뢰도를 의미하는 SPSS 프로그램의 Cronbach's α값을 이용하여 각 항목들의 내적 일관성(Internal Consistency)을 검증한다. Chonbach's α는 다항목으로 된 변수의 내적 일관성을 알아보기 위한 것으로 임계치는 정해져 있지 않으며 학자들마다 견해가 다르다. 일반적으로 0.6-0.8의 수준이면 척도로서 신뢰성을 보증할 수 있는 것으로 본다(박명호, 조윤식, 1992). 설문지의 타당도를 위한 탐색적 요인 분석과 신뢰도를 위한 Chonbach's α값을 분석한 예를 들어보면 다음과 같다.

예 1

회수된 자료 중 다항목으로 측정된 e-CRM 구성 요인에 대하여 타당도와 신뢰도 분석을 실시한 결과는 다음과 같다.

(1) e-CRM의 탐색적 요인 분석 및 신뢰도 분석

e-CRM 구성 요인에 대한 총 31문항의 문항을 탐색적 요인 분석을 실시한 결과에서 Y5번, A1번, A4번, A5번, A6번, C5번 문항이 중복 적재되는 것으로 나타나 제거한 후 총 25개의 문항을 대상으로 다시 분석을 실시한 결과는 〈표 5〉와 같이 나타났다.

표 5. e-CRM의 요인 분석 및 신뢰도 분석

요인명	문항	요인 분석							신뢰도 분석	
		요인 1	요인 2	요인 3	요인 4	요인 5	Eigen -value	Variance %	Item-Total Correlation	Cronbach's α
e-시스템	Y2	.802							.694	
	Y3	.788							.740	
	Y1	.748					9.051	36.205	.731	.861
	Y4	.581							.617	
	Y6	.572							.624	
e-서비스	S2		.765						.705	
	S1		.749						.689	
	S3		.711				2.201	8.804	.616	.847
	S5		.576						.649	
	S4		.537						.634	
e-세일즈	A8			.680					.453	
	A2			.676					.506	
	A9			.639			1.624	6.495	.520	.764
	A7			.601					.675	
	A3			.520					.600	
e-마케팅	M3				.705				.529	
	M4				.688				.493	
	M2				.597		1.173	4.692	.542	.747
	M1				.501				.547	
	M6				.483				.528	
	M5				.456				.330	
e-커뮤니 케이션	C4					.699			.599	
	C1					.636	1.016	4.065	.594	.750
	C3					.631			.458	
	C2					.571			.538	

<표 5>에서 보아 e-CRM 구성 요인을 분석한 결과 총 분산은 60.260%로 5개의 하위 요인을 가지는 것으로 나타났으며, 총 25개의 문항 중 e-시스템(5문항), e-서비스(5문항), e-세일즈(5문항), e-마케팅(6문항), e-커뮤니케이션(4문항) 등 5개의 요인에 적재되었다. 전체적으로 이론적인 근거에 맞는 요인화가 이루어졌으며 각 항목의 적재 값들도 0.4 이상으로 높게 나타났다.

이러한 요인 분석 결과에 따라 SPSS 13.0을 이용하여 신뢰도 분석을 실시하여 신뢰도계수를 계산하였다. 신뢰도 분석에서 요인의 신뢰도를 나타내는 Cronbach's α값도 e-시스템은 .861, e-서비스는 .847, e-세일즈는 .764, e-마케팅은 .747, e-커뮤니케이션은 .750의 전반적으로 높게 나타났다. 따라서 탐색적 요인 분석에서 제시된 결과를 수정 없이 수용하였다.

예 2

3. 설문지의 타당도 및 신뢰도

설문지의 타당도 검증은 탐색적 요인 분석(exploratory factor analysis)을 사용하였고 요인의 추출은 고유치(eigen value)는 1.0이상과 각 항목의 적재값들을 0.4 이상을 기준으로 하였으며 인자 구조의 단순화를 위하여 직교회전 방법 중 베리맥스(varymax) 회전을 이용하였다. 신뢰도 검증은 Cronbach's α계수를 산출하였다. 관계마케팅 실행 요인인 프로그램, 시설, 커뮤니케이션에 대하여 요인 분석과 신뢰도 분석을 실시한 결과는 <표 2>와 같다.

표 2. 관계마케팅 실행 요인의 요인 분석 및 신뢰도 분석

문항	시설	커뮤니케이션	프로그램	고유 값	분산%	누적%	Cronbach's α
노후된 시설 보수	.761	.221	.0747				
편리한 시설	.741	.153	.321				
안전한 시설	.693	.244	.331	7.215	45.096	45.096	.848
기분 좋은 분위기	.660	.351	.120				
청결한 시설	.653	.259	.380				
다양한 용구	.492	.359	.104				
자발적 요구 처리	.322	.725	-.043				
고객의 의견 반영	.248	.686	.236				
적극적인 대화	.206	.658	.227	1.126	7.041	52.137	.817
적극적 문제 해결	.421	.645	.304				
정보 공유	.175	.620	.280				
프로그램 개발	.339	.417	.411				
프로그램 다양성	.142	-.053	.769				
프로그램 내용	.283	.418	.653	1.101	6.312	58.448	.786
프로그램 구성	.246	.392	.633				
프로그램 공유	.180	.343	.598				

〈표 2〉에서 보아 관계마케팅 실행 요인의 총 분산은 58.448%로 3개의 하위 요인을 가지는 것으로 나타났으며, 총 16개의 문항 중 프로그램(5문항), 시설(6문항), 커뮤니케이션(5문항) 등 3개의 요인에 적재되었다. 신뢰도 분석에서 Cronbach's α 값도 프로그램은 .786, 시설은 .848, 커뮤니케이션은 .817로 높게 나타났다. 따라서 탐색적 요인 분석에서 제시된 결과를 수정 없이 수용하였다.

(3) 자료 처리

설문 조사, 면접 조사, 조사표 조사, 통계자료 조사에 의하여 정량적인 자료가 구해진 경우 자료 분석에 들어간다. 자료의 분석에서는 통계학적인 기법이 많이 응용되는데 여기에는 이용된 자료 처리 방법을 다음과 같이 명시해야 한다. 이때 통계기법과 전체적인 프로그램명을 정확하게 제시해야 한다.

첫째, 코딩된 데이터의 대상자에 관한 이용 특성이나 인구통계학적인 특성은 어떤 통계 분석을 하였는가?

둘째, 측정 도구인 설문지의 타당도와 신뢰도를 알기 위해서 어떤 통계 분석을 하였는가?

셋째, 측정 척도를 평가하기 위해서 어떤 통계 분석을 하였는가?

넷째, 변수 간의 연관성을 알기 위해서 어떤 통계 분석을 하였는가?

다섯째, 연구 모형의 평가를 위해서 어떤 통계 분석을 하였는가?

자료 처리에 관한 예를 들어보면 다음과 같다.

예 1

수집된 데이터의 빈도 분석, 탐색적 요인 분석은 SPSS V 13.0을 사용하였고, 확증적 요인 분석과 가설의 검증을 위한 연구 모형의 분석은 공분산 구조 분석 프로그램인 LISREL 8.54의 통계 프로그램을 이용하여 분석하였으며, 구체적인 내용은 다음과 같다.

첫째, 스포츠 쇼핑몰 사이트 고객의 이용 특성과 인구통계학적인 특성을 알아보기 위해서 빈도 분석(Fequency analysis)을 실시하였다.

둘째, 측정 척도의 순화를 위하여 e-CRM 요인, 관계의 질, 관계효과에 대하여 탐색적 요인 분석(Exploratory Factor Analysis)과 신뢰도 분석을 하였다. 탐색적 요인 분석에서는 고유값(Eigen Value)이 1 이상 되는 요인을 파악하였고, 요인적 재치(Factor Loading)가 .40 이하인 문항과 중복 적재되는 문항들은 제거하였다. 신뢰도 분석은 전체 신뢰도를 의미하는 Cronbach's α값을 이용하여 각 항목들의 내적 일관성을 검증하였다.

셋째, 측정 변수의 타당도를 확보하기 위하여 각 요인별로 공분산구조 분석을 이용한 확증적 요인 분석(Confirmatory Factor Analysis)을 실시하였다.

넷째, 확증적 요인 분석 결과를 토대로 측정 모형에 대한 적합도를 검증함으로써 집중 타당도를 검증하였으며, 단일 차원성이 확인된 각 연구 단위별 척도들에 대해 서로의 관계가 어떤 방향이며, 어느 정도의 관계를 맺고 있는지를 확인하기 위해서 상관관계 분석(correlation analysis)을 실시하였다.

다섯째, 연구 가설의 검증은 연구 모형에 대한 공분산구조 분석에서 제시된 이론 변수들 간의 경로계수의 t값(t)1.96)을 기준으로 채택 여부를 결정하였다.

예 2

자료 분석을 위해 SPSSWIN Ver. 13.0 및 AMOS 5.0을 사용하였다. 즉, 연구 대상자의 인구통계학적 특성과 타당도 확인을 위한 탐색적 요인 분석(exploratory factor analysis)과 Cronbach's α계수, 항목의 관계를 알기 위한 상관 분석(correlation analysis)은 SPSS V. 13.0을 활용하였고 확인적 요인 분석(confirmatory factor analysis)과 구조방정식 모형 분석(structural equation model: SEM)은 AMOS 5.0을 활용하였다.

4. 연구 결과의 작성 요령

연구 결과는 연구의 서론에서 제기한 문제에 대한 해답을 제공하기 위하여 증거를 들고 논리적으로 설명을 하는 것을 목적으로 한다. 작성 요령은 수집된 자료와 자료의 통계적 처치의 요약으로 구성된다. 자료를 어떻게 정리하고 요약하느냐에 따라 논리적인 설명과 많은 정보를 도출할 수 있다. 순수이론적인 학문 분야에서는 명제나 가설의 증명 결과가 연구 결과이므로 결과 자체가 결론이 될 수도 있다(논문작성법편찬위원회, 2003).

● 표와 그림 : 수집된 자료를 명료하면서도 효율적으로 제시할 수 있는 매체는 표와 그림이다. 표는 정확한 수치들을 제시하고 주된 효과들을 제시하는 역할을 하고 그림은 독자의 눈길을 끌고 상호 작용과 일반적인 비교를 가장 잘 묘사한다. 표나 그림을 사용할 때는 이에 관한 설명을 본문에 반드시 기술해야 한다.

● 통계자료 제시 : 통계치(t검정, F검정, 카이자승)를 보고할 때는 획득된 크기나 검정값, 자유도(df), 유의수준, 효과의 방향에 관한 정보를 포함시켜야 한다. 이때 평균(M), 상관(r)과 표준편차(SD)와 같은 기술 통계치를 반드시 포함시켜야 보고된 효과의 성질을 독자들이 이해할 수 있고, 후에 메타 분석(meta-analysis)에도 활용할 수 있다. 모수치에 대한 추정이나, 평균의 차와 같은 모수의 효용, 그리고 효과 크기를 위한 신뢰 구간(confidence interval)은 연구 결과를 보고하는 데 매우 효과적인 방법일 수 있다. 왜냐하면 신뢰 구간은

위치와 정확성에 대한 정보를 혼합시켜 주고, 때때로 유의수준을 추정하는 데 직접적으로 사용될 수도 있어서 신뢰 구간의 사용은 강력하게 권장된다. 일반적으로 한 연구물 내에서는 하나의 유의수준(95%, 99% 신뢰도 구간)만을 사용하는 것이 가장 좋다(강진령, 2005).

1) 측정 척도의 평가

이곳에서는 결과 측정 척도를 평가하기 위해서 탐색적 요인 분석 결과에 기초하여 확인적 요인 분석을 하는 LISREL이나 AMOS 프로그램을 사용하여 공분산구조 분석을 사용한다. 공분산구조 분석에 활용하는 적합도 지표들의 적합 기준은 GFI(Goodness-of-Fit-Index), AGFI(Adjusted-Goodness-of-Fit-Index), NFI(Normed-Fit-Index), CFI 등은 .90이상이면 적합하며, RMR(Root Mean Square Residual)은 .05 미만, RMSEA(Root-Mean-Square-Error-of-Approximation)은 0.8 이하이면 적합한 것으로 판단한다. 아래에서 측정 척도의 평가를 위한 구성 개념별 확인적 요인 분석의 예를 들어보면 다음과 같다.

예 1

2. 측정 척도의 평가

1) 구성 개념별 확인적 요인 분석

탐색적 요인 분석의 결과에 기초하여 공분산구조 분석 프로그램인 LISREL 8.54를 이용하여 각 구성 요인에 대한 확인적 요인 분석(confirmatory factor analysis: CFA)을 실시한 결과는 〈표 19〉와 같다.

표 19. 구성 개념별 확증적 요인 분석 결과

구성 개념	측정 변수	경로계수		오차	t값	R^2
		추정치	표준계수			
e-마케팅	M1	0.45	0.65	0.04	11.11	0.42
	M2	0.45	0.58	0.05	9.83	0.34
	M3	0.52	0.68	0.04	11.75	0.46
	M4	0.49	0.68	0.04	11.77	0.46
	M5	0.47	0.58	0.05	9.82	0.34
	M6	0.34	0.36	0.06	5.71	0.13

df = 9, X^2 = 28.37, GFI = 0.97, AGFI = 0.93, CFI = 0.96,
NFI = 0.95, RMR = 0.031, RMSEA = 0.084

구성 개념	측정 변수	추정치	표준계수	오차	t값	R^2
e-서비스	S1	0.58	0.82	0.04	16.04	0.68
	S2	0.65	0.83	0.04	16.20	0.69
	S3	0.55	0.66	0.05	12.17	0.44
	S4	0.53	0.63	0.05	11.39	0.40

df = 2, X^2 = 6.67, GFI = 0.99, AGFI = 0.95, CFI = 0.99,
NFI = 0.99, RMR = 0.017, RMSEA = 0.087

구성 개념	측정 변수	추정치	표준계수	오차	t값	R^2
e-세일즈	A2	0.46	0.49	0.06	8.35	0.24
	A3	0.58	0.55	0.06	9.63	0.31
	A7	0.54	0.58	0.05	10.24	0.34
	A8	0.60	0.85	0.04	16.22	0.72
	A9	0.54	0.76	0.04	14.10	0.58

df= 5, X^2 = 10.61, GFI = 0.99, AGFI = 0.96, CFI = 1.00,
NFI = 0.98, RMR = 0.025, RMSEA = 0.061

e-커뮤니	C1	0.65	0.76	0.05	13.11	0.57
케이션	C2	0.62	0.76	0.05	13.09	0.57
	C3	0.44	0.51	0.05	8.34	0.26
	C4	0.52	0.60	0.05	10.22	0.36

df = 2, X^2 = 31.41, GFI = 0.95, AGFI = 0.92, CFI = 0.97, NFI = 0.97, RMR = 0.029, RMSEA = 0.22

e-시스템	Y1	0.56	0.79	0.04	15.60	0.62
	Y2	0.62	0.88	0.03	18.35	0.78
	Y3	0.59	0.79	0.04	15.64	0.62
	Y4	0.45	0.60	0.04	10.90	0.36

df = 2, X^2 = 2.35, GFI = 1.00, AGFI = 0.98, CFI = 1.00, NFI = 1.00, RMR = 0.0066, RMSEA = 0.024

몰입	I1	0.58	0.73	0.04	13.79	0.53
	I2	0.68	0.86	0.04	17.29	0.74
	I3	0.62	0.76	0.04	14.75	0.58
	I4	0.56	0.70	0.04	13.04	0.49

df= 2, X^2 = 6.82, GFI = 0.99, AGFI = 0.94, CFI = 0.99, NFI = 0.99, RMR = 0.013, RMSEA = 0.089

〈표 19〉에서 보아 대부분의 구성 개념들은 만족할 만한 수준의 적합도 지수를 가지고 있는 것으로 나타났으나, e-CRM 요인 구성 중 e-서비스의 경우, 최초 분석(5문항)에서는 적합도 지표들이 X^2 = 37.55, GFI = 0.83, AGFI = 0.81, CFI = 0.96, NFI = 0.96,RMR = 0.029, RMSEA = 0.15 등으로 특히 GFI값과 AGFI값이 기준에 못 미쳐 수정 지수(modification index)를 참고하여 S5 문항을 제거하였다. e-시스템의 경우, 최초 분석(5문항)에서는 적합도 지표들이 X^2 = 39.55, GFI = 0.95, AGFI = 0.85, CFI = 0.96, NFI = 0.96, RMR = 0.026, RMSEA = 0.15 등으로 GFI값과 AGFI값이 기준에

못 미쳐 수정 지수(Modification Index)를 참고하여 Y6 문항을 제거하였다. 또한 관계의 질 요인 중 몰입의 경우, 최초 분석(5문항)에서는 적합도 지표들이 $X^2 = 49.91$, GFI = 0.94, AGFI = 0.82, CFI = 0.95, NFI = 0.95, RMR = 0.030, RMSEA = 0.17 등으로 GFI값과 AGFI값이 기준에 못 미쳐 수정 지수(modification index)를 참고하여 I5 문항을 제거하였다.

예 2

1. 측정 척도의 평가

1) 전체 연구 단위별 확인적 요인 분석

탐색적 요인 분석의 결과에 기초하여 공분산구조 분석 프로그램인 AMOS 5.0을 이용하여 전체 연구 단위에 대한 확인적 요인 분석(confirmatory factor analysis: CFA)을 실시한 결과는 〈표 6〉과 같다.

〈표 6〉에서 보아 $X^2 = 272.670$, (df=188, p<.000), GFI=.927, AGFI=.901, NFI=.915, CFI=.972, RMSEA=.039, RMR=.044로 모형이 비교적 적합한 것으로 나타나서 연구 모형을 수용하였다.

표 6. 전체 연구 단위별 확인적 요인 분석 결과

요인	측정 변수	추정치	표준 오차	t값	R^2
	F2*	–	–	–	–
	F3	1.000**	–	–	.772
	F4	.974	.073	13.380	.642
시설	F5*	–	–	–	–
	F6*	–	–	–	–
	F7	.659	.066	10.059	.348
	F8*	–	–	–	–

	S2*	–	–	–	–
	S3	1.000**	–	–	.628
서비스	S4	1.063	.082	12.900	.727
	S5	.863	.080	10.749	.421
	S7*	–	–	–	–
	G2*	–	–	–	–
	G4	1.000**	–	–	.412
경기	G5*	–	–	–	–
상황	G7	1.081	.127	8.516	.469
	G8*	–	–	–	–
	G10	1.097	.126	8.696	.527
	G11*	–	–	–	–
	E1	1.000**	–	–	.243
비용	E3	1.528	.182	8.402	.766
	E4	1.578	.188	8.406	.745
	C1*	–	–	–	–
커뮤니	C2	1.000**	–	–	.579
케이션	C3	1.246	.082	15.216	.815
	C4	1.118	.078	14.340	.675
	Sa1	1.000**	–	–	.483
만족	Sa2	1.243	.092	13.541	.759
	Sa3	1.252	.094	13.360	.732
	Sa4	1.158	.093	12.469	.624
	R1	1.000**	–	–	.804
재관람	R2	.939	.068	13.840	.688
의도	R3*	–	–	–	–
	R4	.569	.072	7.944	.221
	R5*	–	–	–	–

X^2=272.670, (df=188, p<.000), GFI=.927, AGFI=.901, NFI=.915, CFI=.972, RMSEA=.039, RMR=.044

* 확인적 요인 분석 시 제거된 항목

** 확인적 요인 분석 시 1.000으로 고정

2) 구성 개념 간 상관관계 및 판별 타당도 평가

단일 차원성이 확인된 각 연구 단위별 척도들에 대해 서로의 관계가 어떤 방향이며 어느 정도의 관계를 맺고 있는지를 확인하기 위해서 상관관계 분석(correlation analysis)을 실시한다.

예 1

단일 차원성이 확인된 각 연구 단위별 척도들에 대해 서로의 관계가 어떤 방향이며 어느 정도의 관계를 맺고 있는지를 확인하기 위해서 상관관계 분석을 실시한 결과는 〈표 7〉과 같다.

표 7. 구성 개념 간 상관관계

	1	2	3	4	5	6	7
1. 시설	1.00						
2. 서비스	.246**	1.00					
3. 경기 상황	.394**	.086	1.00				
4. 비용	.375**	.104	.275**	1.00			
5. 커뮤니케이션	.090	.468**	.076	.108	1.00		
6. 만족	.373**	.329**	.363**	.417**	.408**	1.00	
7. 재관람 의도	.308**	.267**	.331**	.353**	.249**	.507**	1.00

**p<.01

〈표 7〉에서 보아 Challagalla & Shervani(1996)는 상관 행렬에서는 요인들 간의 상관관계에 유의하여야 하며, 동시에 상관계수가 1이어서는 안 되는데, 상관계수가 1이라는 귀무가설을 기각시키면 요인들은 판별 타당도가 있다고 지적하였다. 따라서 각 요인 간의 관계가 모

두 가설에서 설정한 방향과 같고, 서로 간의 상관계수가 .6이하로 나타
나 판별 타당도를 확보했다고 판단할 수 있다.

　확인 요인 분석에서 제시된 최종 측정 모형의 결과를 이용하여
측정 모형의 판별 타당도로 검증한다. 분석에 앞서 척도들이 해당
구성 개념들에 대한 대표성을 갖는지를 평가하기 위하여 구성 개념
신뢰도(construct reliability)와 분산 추출량(average variance extracted)
을 계산한다. 구성 개념 신뢰도는 다음과 같은 공식에 의해서 계산
한다.

$$CR \;=\; \frac{(\Sigma\; lambdaX)^2}{(\Sigma\; lambdaX)^2 \;+\; \Sigma\; Theta\; Delta}$$

　분산 추출량은 '측정 오차에 의한 변량의 양과 관계에서 구성 개
념이 잡아낸 변량의 양'을 의미한다. 분산 추출량은 다음과 같은 공
식에 의해 계산할 수 있다(Fornell & Lacker, 1981).

$$AVE \;=\; \frac{(\Sigma\; lambdaX^2)}{(\Sigma\; lambdaX^2) \;+\; \Sigma\; Theta\; Delta}$$

예 2

2) 판별 타당도의 평가

　공식에 의해서 계산된 구성 개념 신뢰도, 분산 추출량과 구성 개념
간 상관관계는 〈표 20〉과 같다.

표 20. 구성 개념 간 상관관계

	1	2	3	4	5	6	7	8	9	10
1. e-마케팅	1.00									
2. e-서비스	0.91	1.00								
3. e-세일즈	0.76	0.84	1.00							
4. e-커뮤니케이션	0.71	0.79	0.66	1.00						
5. e-시스템	0.78	0.87	0.73	0.68	1.00					
6. 만족	0.64	0.58	0.48	0.45	0.50	1.00				
7. 몰입	0.74	0.67	0.56	0.53	0.58	0.76	1.00			
8. 재구매 의도	0.75	0.68	0.57	0.53	0.59	0.56	0.73	1.00		
9. 관계유지 의도	0.67	0.60	0.51	0.47	0.52	0.42	0.54	0.70	1.00	
10. 구전 의도	0.66	0.60	0.50	0.47	0.52	0.66	0.63	0.54	0.63	1.00
CR	0.72	0.83	0.78	0.76	0.86	0.78	0.82	0.82	0.80	0.85
AVE	0.36	0.55	0.49	0.44	0.60	0.55	0.53	0.70	0.58	0.67

〈표 20〉에서 보아 CR 〉 0.70이면 적합하다고 할 때(Fornell & Lacker, 1981), 구성 개념의 신뢰도는 0.72(e-마케팅), 0.83(e-서비스), 0.78(e-세일즈), 0.76(e-커뮤니케이션), 0.86(e-시스템), 0.78(만족), 0.82(몰입, 재구매 의도), 0.80(관계유지 의도), 0.85(구전 의도)의 범위에 있어 적합한 것으로 나타났다.

분산 추출량은 e-마케팅(0.36), e-세일즈(0.49), e-커뮤니케이션(0.44)을 제외한 모든 변수들은 0.55(e-서비스), 0.60(e-시스템), 0.55(만족), 0.53(몰입), 0.70(재구매 의도), 0.58(관계유지 의도), 0.67(구전 의도)의 범위에 있어 수용 기준으로 고려되는 AVE 〉 0.50(Fornell & Lacker, 1981)보다 크게 나타났다.

3) 연구 모형과 가설의 검증

연구 가설의 검증은 연구 모형에 대한 공분산구조 분석에서 제시된 이론 변수들 간의 경로계수의 t값이 1.96보다 클 때 채택한다. Lisrel과 Amos를 이용하여 가설을 검증한 예를 들어보면 다음과 같다.

예 1

1) 연구 모형의 평가

본 연구에서 제안한 e-CRM 요인, 관계의 질, 관계효과에 대한 연구 모형을 검증하기 위하여 통계 패키지인 LISREL 8.54를 이용하여 공분산구조 분석(Covariance Structural Analysis)을 실시하였다.

먼저 측정 모형의 검증에서 제시한 결과를 이용하여 각 구성 개념들 간의 인과관계를 공분산구조 분석을 이용하여 〈표 6〉과 같이 분석하였다.

〈표 6〉의 분석 결과 모형의 적합도 지표들은 X^2 = 1817.26, GFI = 0.77, AGFI = 0.74, CFI = 0.97, NFI = 0.95, RMR = 0.048, RMSEA = 0.068 등으로 특히 GFI값과 AGFI값이 낮은 것으로 나타났다. 확증적 요인 분석 결과에서 GFI와 AGFI값의 차이가 큰 구성 개념들과 수정 지수(Modification Index)를 참고하여 e-마케팅 요인에서 M5, e-세일즈 요인에서 A2, e-시스템 요인에서 Y6, 몰입에서 I2 문항을 제거하였다.

재분석 결과, 모형의 적합도 지표들은 X^2 = 1415.37, GFI = 0.90, AGFI = 0.87, CFI = 0.97, NFI = 0.95, RMR = 0.049, RMSEA = 0.066 등으로 개선되었으나, AGFI값은 여전히 기준에 미치지 못하는 것으로 나타났다. 그러나 AGFI값이 .90 이하일 때도 구조 모형을 해석할 수 있다는 Achrol, Stern(1989), Anderson, Narus(1990),

Babin, Boles(1996)의 주장에 따라 연구 모형을 수용하였다.

표 6. 연구 모형의 공분산구조 분석 결과

구성 개념	측정 변수	경로계수		오차	t값	R^2
		추정치	표준계수			
e-마케팅	M1	0.49	0.71	0.04	12.80	0.50
	M2	0.47	0.61	0.04	10.85	0.38
	M3	0.49	0.64	0.04	11.42	0.41
	M4	0.45	0.62	0.04	10.92	0.39
	M6	0.32	0.34	0.06	5.53	0.12
e-서비스	S1	0.55	0.77	0.04	15.64	0.59
	S2	0.61	0.75	0.04	15.48	0.57
	S3	0.57	0.68	0.04	12.89	0.46
	S4	0.59	0.74	0.04	13.45	0.55
e-세일즈	A3	0.60	0.57	0.06	10.25	0.33
	A7	0.56	0.60	0.05	10.74	0.36
	A8	0.58	0.81	0.04	16.17	0.66
	A9	0.55	0.77	0.04	14.98	0.59
e-커뮤니케이션	C1	0.63	0.73	0.05	13.42	0.53
	C2	0.62	0.76	0.04	14.08	0.57
	C3	0.45	0.52	0.05	8.91	0.27
	C4	0.54	0.63	0.05	11.18	0.40
e-시스템	Y1	0.56	0.79	0.04	15.85	0.62
	Y2	0.60	0.86	0.03	17.87	0.73
	Y3	0.59	0.79	0.04	15.83	0.62
	Y4	0.48	0.65	0.04	12.06	0.42
만족	Sa1	0.47	0.70	–	–	–
	Sa2	0.58	0.81	0.04	13.00	0.69
	Sa3	0.61	0.72	0.05	11.61	0.69

몰입	I1	0.53	0.66	–	–	–
	I3	0.61	0.75	0.05	11.51	0.82
	I4	0.62	0.76	0.05	11.69	0.57
	I5	0.61	0.75	0.05	11.59	0.70
재구매 의도	RI1	0.61	0.85	–	–	–
	RI2	0.58	0.83	0.04	15.49	0.40
관계유지 의도	RM1	0.57	0.62	–	–	–
	RM2	0.79	0.86	0.07	11.04	0.62
	RM3	0.70	0.79	0.07	10.63	0.35
구전 의도	W1	0.60	0.82	–	–	–
	W2	0.67	0.89	0.04	17.76	0.75
	W3	0.61	0.74	0.04	14.00	0.43

df= 2, X^2= 2.35, GFI = 1.00, AGFI = 0.98, CFI = 1.00, NFI = 1.00, RMR = 0.0066, RMSEA = 0.024

2) 연구 가설의 검증

연구 모형에서 제안한 e-마케팅, e-서비스, e-세일즈, e-커뮤니케이션, e-시스템, 만족, 몰입, 재구매 의도, 관계유지 의도, 구전 의도 간의 관계에 대한 가설을 검증하였다. 가설의 검증은 각 구성 개념(이론변수)간 경로계수의 t값(t〉1.96)으로 가설의 채택 여부를 결정하게 된다. 연구 모형에서 각 구성 개념들 간의 관계를 추정하는 공분산구조 분석의 결과는 〈그림 1〉과 같다.

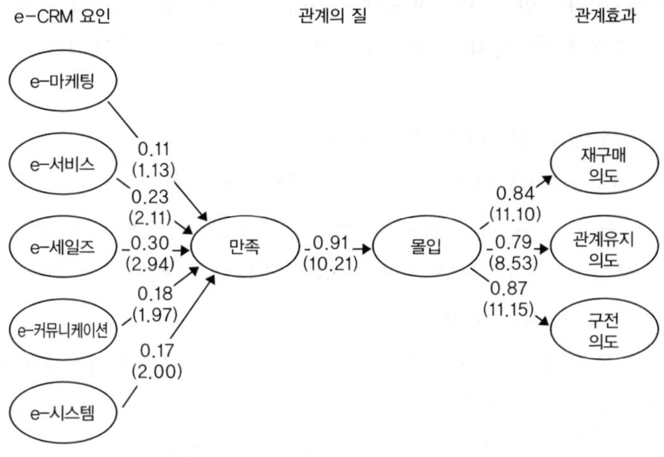

그림 1. 연구 모형의 분석 결과

(1) e-마케팅 요인과 만족의 관계

e-마케팅 요인이 만족에 긍정적인 영향을 미칠 것이라는 연구 가설 H1을 검증한 결과 경로계수 값은 0.11, t값은 1.13으로 통계적으로 유의한 영향을 미치지 못하는 것으로 나타났다. 따라서 가설 1은 기각되었다.

(2) e-서비스 요인과 만족의 관계

e-서비스 요인이 만족에 긍정적인 영향을 미칠 것이라는 연구 가설 H2를 검증한 결과 경로계수 값은 0.23, t값은 2.11로 통계적으로 유의한 영향을 미치는 것으로 나타났다. 따라서 가설 2는 채택되었다.

(3) e-세일즈 요인과 만족의 관계

e-세일즈 요인이 만족에 긍정적인 영향을 미칠 것이라는 연구 가설 H3을 검증한 결과, 경로계수 값은 0.30, t값은 2.94로 통계적으로 유의한 영향을 미치는 것으로 나타났다. 따라서 가설 3은 채택되었다.

(4) e-커뮤니케이션 요인과 만족의 관계

e-커뮤니케이션 요인이 만족에 긍정적인 영향을 미칠 것이라는 연구

가설 H4를 검증한 결과, 경로계수 값은 0.18, t값은 1.97로 통계적으로 유의한 영향을 미치는 것으로 나타났다. 따라서 가설 4는 채택되었다.

(5) e-시스템 요인과 만족의 관계

e-시스템 요인이 만족에 긍정적인 영향을 미칠 것이라는 연구 가설 H5를 검증한 결과, 경로계수 값은 0.17, t값은 2.00으로 통계적으로 유의한 영향을 미치는 것으로 나타났다. 따라서 가설 5는 채택되었다.

(6) 만족과 몰입의 관계

만족이 몰입에 긍정적인 영향을 미칠 것이라는 연구 가설 H6을 검증한 결과, 경로계수 값은 0.91, t값은 10.21로 통계적으로 유의한 영향을 미치는 것으로 나타났다. 따라서 가설 6은 채택되었다.

(7) 몰입과 재구매 의도의 관계

몰입이 재구매 의도에 긍정적인 영향을 미칠 것이라는 연구 가설 H7을 검증한 결과, 경로계수 값은 0.84, t값은 11.10으로 통계적으로 유의한 영향을 미치는 것으로 나타났다. 따라서 가설 7은 채택되었다.

(8) 몰입과 관계유지 의도의 관계

몰입이 관계유지 의도에 긍정적인 영향을 미칠 것이라는 연구 가설 H8을 검증한 결과, 경로계수 값은 0.79, t값은 8.53으로 통계적으로 유의한 영향을 미치는 것으로 나타났다. 따라서 가설 8은 채택되었다.

(9) 몰입과 구전 의도의 관계

몰입이 구전 의도에 긍정적인 영향을 미칠 것이라는 연구 가설 H9를 검증한 결과, 경로계수 값은 0.87, t값은 11.15로 통계적으로 유의한 영향을 미치는 것으로 나타났다. 따라서 가설 8은 채택되었다.

예 2

2. 연구 모형의 적합도 평가

이론적 근거에 의해 설정한 연구 모형을 실증적으로 타당한지를 검증하기 위해서 모형의 적합도를 분석한 결과는 〈표 6〉과 같다.

표 6. 연구 모형의 적합도 분석 결과

구분	X^2	df	p	GFI	AGFI	NFI	CFI	RMSEA	RMR
최초값	301.446	184	.001	.901	.875	.883	.950	.051	.048
최종값	204.735	147	.001	.924	.901	.902	.970	.040	.045

〈표 6〉에서 보아 모형의 적합도 지표들이 X^2는 301.446, GFI는 .901, AGFI는 .875, NFI는 .883, CFI는 .950, RMSEA는 .051, RMR은 .048로 나타나 AGFI값과 NFI값이 기준에 미치지 못하는 것으로 나타났다. 본 연구에서 가장 적합한 모형을 찾기 위해 추정치의 유의성과 연구 모형에서 관계 가능성을 나타내는 수정 지수(modification index)와 이론적 배경을 고려하여 기초 모형에서 만족의 sa1과 구전 의도의 mo1을 제거한 수정 모형의 최종 적합도는 X^2는 204.735, GFI는 .924, AGFI는 .901, NFI는 .902, CFI는 .970, RMSEA는 .040, RMR은 .045로 나타나 최초 모형보다 적합도가 향상되었으며, 각각의 절대적 기준치에 부합되어 기초 모형에 비하여 향상된 모형으로 나타났다. 이러한 결과를 통해서 본 연구에서 설정한 연구 가설과 연구 모형은 실증 자료를 비교적 잘 설명하고 있다고 판단하였다.

3. 가설의 검증

연구 모형이 적합함에 따라 설정한 개별 가설을 검증하여 나타난 〈표 7〉에서 보아 가설 1, 2, 4, 5는 통계적으로 유의한 인과관계가 있는 것으로 나타났고, 가설 3은 유의한 인과관계가 나타나지 않았다.

표 7. 가설 검증 결과

가설	경로 내용	경로계수	표준오차	t값	가설 채택 여부
가설1	프로그램은 만족에 영향을 미칠 것이다.	3.334	1.007	3.309	○
가설2	시설은 만족에 영향을 미칠 것이다.	-1.896	.904	-2.096	○
가설3	커뮤니케이션은 만족에 영향을 미칠 것이다.	.498	.460	1.082	×
가설4	만족은 관계유지 의도에 영향을 미칠 것이다.	.778	.066	11.745	○
가설5	만족은 구전 의도에 영향을 미칠 것이다.	.903	.076	11.882	○

5. 논의 작성 요령

논의는 논문의 핵심이 되는 부분으로, 문헌의 분석 결과나 실험 결과를 바탕으로 하여 첫째, 연구자가 분석한 실험 결과를 이론적 근거에 의하여 해석 및 합리화하고, 둘째, 다른 연구자의 결과와 비교, 검토하여 자기의 주관과 이론, 학설을 분명히 밝히고 비판하여 토론을 도출하는 부분이라고 할 수 있다(논의가 비교적 간단하고 언급할 내용이 별로 없을 때, 연구자에 따라서는 '논의' 부분과 '연구 결과' 부분을 결합시켜 '연구 결과 및 논의' 또는 '연구 결과 및 결론'으로 구성하기도 한다).

논의 부분은 최초 가설에 대한 지지 또는 기각에 관하여 명확하게 진술하는 것으로 시작한다. 결과에 대한 이론적 근거를 바탕으로 합리적인 해석을 가하고, 특히 특이한 결과에 대하여는 이해할 수 있는 논리를 설명해야 한다. 경우에 따라서는 예상했던 결과와 정반대

또는 큰 차이를 보이는 실험 결과가 나타날 때도 있을 것이고, 때로는 어느 특정한 처리에서 특이하게 높거나 낮은 자료를 발견할 수도 있을 것이다. 이러한 경우에도 합리적인 이론적 근거와 인용 문헌을 토대로 다른 연구자의 이론을 적용하여 설명하고, 그 까닭을 설명할 수 없으면 솔직하게 까닭을 알 수 없다고 분명하게 밝혀야 하며, 추측에 의하여 추상적인 자기 주장을 내세워 억지로 합리화하려는 태도는 바람직하지 못하다.

연구의 목적을 규명하고 설정한 가설에 대한 충분한 근거를 제시하여 새로운 학설을 도출하는 부분은 다른 연구자의 결과를 인용하면서 자기의 연구 결과를 비교, 평가하여 자기의 학설을 주장한다(김태영, 김정수, 조임곤, 2003). 논의 부분을 예로 들어보면 다음과 같다.

예 1

본 연구는 인터넷 스포츠 쇼핑몰을 이용한 고객을 대상으로 하여 e-CRM 요인인 e-마케팅, e-서비스, e-세일즈, e-커뮤니케이션, e-시스템과 관계의 질인 만족과 몰입, 관계효과인 재구매 의도, 관계유지 의도, 구전 의도와의 관계를 파악하고자 문헌 연구를 통해 가설을 설정하고 이를 실증적으로 검증하였다. 그 결과에 근거하여 의미 있는 내용을 중심으로 요인별로 논의하고자 한다.

1. e-CRM 요인과 관계의 질인 만족과의 관계

본 연구는 인터넷 스포츠 쇼핑몰을 이용한 고객을 대상으로 e-CRM에 관하여 이론적으로 고찰한 후 e-CRM 요인과 관계의 질에 관한 5개의 연구 가설을 정하여 실증적으로 연구하였다. 검증한 결과에 의하면 제시한 5개의 연구 가설 중에서 4개가 채택되었으며, 결과에 따른 논의할 점은 다음과 같다.

첫째, 인터넷 스포츠 쇼핑몰에서의 e-CRM 요인인 e-마케팅, e-서비스, e-세일즈, e-커뮤니케이션, e-시스템으로 나누어 관계의 질과의 관계를 파악하였다는 점에서 김태희, 소정현, 박홍연(2004)이 e-CRM 요인을 e-서비스, e-커뮤니케이션, e-마케팅, e-시스템으로 나누어 만족과의 관계를 살펴본 연구와는 e-세일즈를 제외하고는 일치한다.

민대환, 박재홍, 박철(2005)은 e-CRM 요인을 마케팅 요소, 판매 요소, 서비스 요소로 분류하여 연구를 하였고, 김상우(2002)는 인터넷 쇼핑몰 특성을 시스템, 마케팅, 서비스로 분류하여 관계 품질인 만족과 신뢰에 관한 연구를 하였다. 그리고 안운석, 강선희, 강도원(2004)이 배송 품질, 주문 품질, 고객 서비스, 배송 가격을 물류 서비스 품질로 구성하여 고객 만족과의 관계를 수행하였다.

이러한 연구보다 본 연구가 이론적으로 의미 있는 점은 인터넷 쇼핑몰의 전자상거래, 관계마케팅, CRM, e-CRM의 선행 연구에서 나타난 이론적인 근거를 바탕으로 인터넷 스포츠 쇼핑몰이기 때문에 추가되거나 삭제되어야 할 요인들을 조정하여 보다 정밀한 e-CRM의 요인들을 새롭게 개발하였다는 것이다.

또한 e-CRM 요인을 다섯 가지 하위 요인으로 분류하여 관계의 질과의 관계를 파악하여 차별화를 이루었으며, 인터넷 스포츠 쇼핑몰에서의 고객 관계마케팅에 영향을 미치는 선행 요인들이 체계적으로 파악되었다는 점에서 이론적으로 의미 있는 연구라고 사료된다.

둘째, e-CRM 요인 중에서 e-마케팅이 만족에 영향을 미치지 않는 것으로 나타났는데 이러한 결과는 김상우(2002), Strader, Shaw(1997)의 인터넷 쇼핑몰 특성과 관계품질의 고객 애호도의 관계에서 제품과 가격 면이 시스템이나 서비스 특성보다도 상대적으로 더 큰 영향을 미친다는 연구와 상이한 것으로 나타났으며, 김태희, 소정현, 박홍연(2004)의 고객 만족도에 유의한 영향을 미치는 변수가 e-서비스, e-커뮤니케이션, e-마케팅 중에서 e-마케팅이 가장 낮게 나타나 본 연구와 일치하는 것으로 나타났다. 이러한 연구 결과는 기업이 고객이 제공한 개인 정보와 구매 행태를 바탕으로 상품 또는 서비스에 관한 맞춤형 정보를 메일 또는 핸드폰으로 보내는 정도로 그치는 실정이며, 오늘과 같은 정보의 바다 속에서 정보 과부하에 시달리고 있는 소비자들은 웬만한 정보를 쓰레기로 취급하기 쉽고, 쇼핑몰에서 무언가를 팔기 위해서 이런 정보를 보내준다고 생각하여 신뢰하지 않기 때문이라고 사료된다. 또한 인터넷 스포츠 쇼핑몰 이용자들은 제품을 직접 구매하는 것이 아니므로 직접적인 제품, 가격, 배달, 촉진보다는 e-서비스, e-세일즈, e-커뮤니케이션, e-시스템 등의 다른 요소들이 고객 만족에 많은 영향을 미친다는 것으로 설명할 수 있다.

셋째, e-CRM 요인 중에서 e-서비스는 만족에 긍정적인 영향을 미치는 것으로 나타났는데 이러한 결과는 김상우(2002)의 주문 정보 편리성, 불만 제기 절차 편리성, A/S 지원 정도는 쇼핑몰 이용자의 고객 만족에 유의한 영향을 미치는 것으로 나타난 연구와 이지현, 이승희, 임숙자(2003)의 연구에서도 쇼핑몰에 대한 신뢰에 가장 큰 영향을 주는 것은 서비스라고 하여 본 연구의 결과를 지지해주고 있다. 많은 인터넷 쇼핑몰에서 고객 서비스에 대하여 확실한 보장을 하고 있지만, 파손의 위험이 있는 제품의 경우에는 그렇지 않은 경우가 있다. 이 경우 택배 회사에 책임을 전가하여 이용자를 불편하게 만들고 있다. 고객은 시간적, 경제적, 정신적 이유로 인하여 제품 및 서비스를 제공받기 때문에 이러한 문제가 발생하지 않길 바라고, 만일 발생되면 쇼핑몰에서 전적인 책임을 지고 해결해주길 바라고 있다(정인진, 2000).

그러므로 고객에 대한 Q&A와 FAQ, A/S 및 환불 정책, 주문 제품 인도 절차, 고객 개개인에 대한 관심, 반품에 대한 정보 제공 등의 e-서비스는 고객에게 믿을 수 있는 기업이라는 신뢰감을 주어서 고객 만족의 형성에 긍정적인 영향을 미치는 것으로 보인다.

넷째, e-CRM 요인 중에서 e-세일즈는 만족에 긍정적인 영향을 미치는 것으로 나타났는데 이러한 결과는 민대환, 박재홍, 박철(2005)의 판매 요소가 웹사이트 방문과 구매에 영향을 미친다고 하여 본 연구와 일치하는 결과를 나타냈으나, 박재홍(2002)의 연구에서는 e-CRM 요인 중 e-세일즈의 추천과 인센티브, 할인이 구매에 효과를 미치는 않는 것으로 나타났다. 이것은 박재홍(2002)의 연구가 인터넷 쇼핑몰 고객 중에서 경험 수준이 높지 않은 그룹을 대상으로 하여 연구를 수행하였기 때문에 영향을 미치지 않는 것으로 보인다.

그러나 구매 경험이 있거나 높은 고객은 기여도와 공헌도에 따라 포인트 적립, 마일리지, 사은품 등의 특전을 제공받고, 인센티브·할인 촉진 면에서 이익을 얻을 수 있으므로 기업과 고객과의 지속적이며 장기적인 관계 형성에 영향을 미칠 것으로 사료된다. 차용선(2001)은 레크멘데이션이 고객 만족도를 증가시킨다고 하여 본 연구의 웹사이트에서 구축한 추천 엔진이 자동적으로 제품을 추천할 때 고객은 제품에 대한 정보를 강요당하는 듯한 압박감을 느끼지 않는 레크멘데이션 효과와 일치하는 결과를 나타냈다. Javenpaa, Todd(1997)는 고객들이 인터넷 쇼핑에 있어서 기업의 신뢰와 명성이 중요한 요소라고 하여 본 연구와 일치하는 결과를 나타냈으며, 이것은 고객이 명성이 우수한 쇼핑몰과 거래를 함으로써 인터넷 쇼핑의 지각된 위험을 줄일 수 있다고 여기기 때문인 것으로 사료된다.

다섯째, e-CRM 요인 중에서 e-커뮤니케이션은 만족에 긍정적인 영향을 미치는 것으로 나타났는데 이러한 결과는 김학신, 이덕성(2003)의 웹 사이트에서의 소비자의 관계를 연결해주는 매체 역할을 커뮤니케이션 요인이라고 하여 본 연구와 일치하는 결과를 나타냈다. Morgan, Hunt(1994) 역시 상대방과의 커뮤니케이션에 대하여 그 빈도가 많을수록 만족 수준을 높인다는 연구 결과를 나타내서 인터넷 쇼핑몰이 제공하는 정보의 질과 양, 상호작용 정도에 대하여 고객이 만족과 가치를 느낀다는 본 연구와 일치하는 결과를 나타냈다. 그리고 Allen, Kania, Yaeckel(1993)에 의하면 개인이나 고객 집단에게 효율적인 상품과 정보를 제공해야 한다고 하였는데 기업이 성공적인 e-CRM을 제공하기 위해서는 커뮤니케이션을 통해 고객의 요구를 정확하게 추출하고 이러한 요구에 대한 충분한 만족을 줄 수 있는 정보 제공이 고객에게 효과적으로 제공되는 순환적인 사이클이 형성되어야 한다. 또한 고객의 행동 결과를 알려주는 피드백의 특성을 상호작용성이라고 하는데, 네트워크상에서는 다른 사람과 메시지를 주고받거나 동시에 의견을 주고받는 등의 신속한 형태의 상호작용이 가능해야 한다(이윤용, 2000).

여섯째, e-CRM 요인 중에서 e-시스템은 만족에 긍정적인 영향을 미치는 것으로 나타났는데 이러한 결과는 김상우(2002)의 시스템특성이 만족과 신뢰에 유의한 영향을 미친다는 연구와 차용선(2001)의 e-CRM 서비스 품질과 구매 의도 간에 관한 연구에서 검색의 용이함으로 고객에게 쉽게 제품에 접근하도록 하고 결재에 대한 안전성, 편리성을 추구하여 e-채널에서 고객들의 거부감을 줄이는 것이 필요하다고 하여 본 연구와 일치하는 결과가 나타났다.

인터넷 쇼핑몰은 특성상 기업 측의 시스템에 의존하는 비중이 크다. 왜냐하면 저급한 콘텐츠는 인터넷 쇼핑몰의 고객수와 매출액을 떨어뜨리는 이유이기 때문이다(Baty & Lee, 1995; Hoffman, Novak, Chatterjee, 1995; Javenpaa & Todd, 1997). O'Keefe, Mceache(1998)는 고객이 필요한 정보를 보다 빠르고 편리하게 획득할 수 있도록 접속과 반응 속도를 관리해야 함을 언급하고 있는데, 이는 인터넷 스포츠 쇼핑몰을 운영하는 기업 시스템의 빠른 반응성을 강조하는 것으로 볼 수 있다. 또한 접근 용이성, 거래 신뢰성 등의 시스템 성능으로 평가하기 위한 항목을 성공 척도로 사용하여 인터넷을 기업과 고객이 효율적이며 안심하고 사용할 수 있는 기술적 환경을 보유하여야 한다.

본 연구는 인터넷 스포츠 쇼핑몰을 이용한 고객을 대상으로 e-CRM의 선행 요인으로 먼저 e-마케팅, e-서비스, e-세일즈, e-커뮤니케이션, e-시스템을 고찰하였고, 선행 요인과 관계의 질인 만족의 관계를 구조적으로 파악하였다. 또한 e-CRM 요인과 관계의 질인 만족에 관하여 접근하여 연구 모형의 개발과 방향을 제시하였다는 데 큰 의미를 두고 있다.

Ⅲ. 결과 및 논의

연구 모형이 적합함에 따라 설정한 개별 가설을 검증하여 가설 1, 2, 4, 5는 통계적으로 유의한 인과관계가 있는 것으로 나타났고, 가설 3은 유의한 인과관계가 나타나지 않았다. 개별 가설 검증 결과에 따라 구체적으로 논의를 하였는데, 그 내용을 보면 다음과 같다.

첫째, 태권도장의 관계마케팅 실행 요인과 만족의 관계는 관계마케팅 실행 요인 중 프로그램은 만족에 정(+)적인 유의한 영향을 미치는 것으로 나타났다. 윤태기(2006)는 우수 도장으로서의 성공 요인을 도장별 독자적 프로그램이라고 하였고, 양명환, 김덕진(2006)은 태권도장은 교육적 프로그램과 경영적 프로그램을 병행하여 태권도의 경쟁력을 높여야 한다고 하였다. 그리고 시설은 만족에 부(-)적인 유의한 영향을 미치는 것으로 나타났는데 가설이 정(+)적 또는 부(+)적인 관계로 수립된 것이 아니고 양측 검정 절대값 1.96보다 크므로 채택되었다(배병렬, 2007). 김용영(2003)은 청결 상태와 안전 상태, 훈련 용구가 태권도장을 선택할 때 유의한 영향을 미친다고 하였다.

그러나 가설 1~3 중 커뮤니케이션은 만족에 영향을 미치지 않는 것으로 나타났다. 김영규와 최영준(2004)은 고객과의 커뮤니케이션 활동이 높을수록 만족이 높다고 하여 본 연구와 일치하지 않는 결과가 나타났다. 커뮤니케이션은 의사 표현으로서 나와 남이 끝없이 주고받는 정보와 반응이다(김진하, 2004). 태권도장은 성공적인 커뮤니케이션을 위하여 신뢰감과 고객의 요구에 적극적으로 반응하고 처리할 수 있어야 한다. 고객은 능동적이고 적극적인 접근을 받았을 때 경계심을 갖게 마련이며 태권도장으로부터 얻을 수 있는 유익성을 평가하기 때문에 고객이 예상치 못한 직원들의 접근에 조금은 부자연스러운 감정을 가질 수도 있어서 커뮤니케이션이 고객 만족으로 전환하는 것은 쉽지 않다고 할 수 있다. 이를 통해서 알 수 있는 것은 태권도장은 다른 태권도장과의 프로그램을 연계하고, 새로운 개발과 구성을 제공하여야 하며, 안전하고 흥미 유발을 위한 다양한 용구와 기자재 등의 편리한 시설을 갖추어야 고객들의 만족을 극대화할 수 있다는 점이다. 따라서 선행 연구와 비추어 보았을 때, 프로그램과 시설을 강화시킴으로써 태권도를 수련하는 고객의 만족에 긍정성을 자아내고 타 태권도장과의 경쟁에서 살아남을 수 있는 전략을 수립할 필요성이 있다.

둘째, 태권도장 고객의 만족과 관계효과의 관계는 만족이 관계효과인 관계 유지 의도와 구전 의도에 정(+)적인 영향을 미치는 것으로 나타났다. 만족과 관계효과의 관계를 보면 기존의 대부분의 연구들은 고객 만족이 고객 애호도를 발생시키는 가장 중요한 요인으로 평가하고 있다. 이러한 결과는 김영갑(2005)이 태권도 관생의 수련 만족도는 수련 참가 지속에 영향을 미친다고 하였고 Bitner et al.(1990)은 구조방정식 모형 분석을 통해 만족이 지각된 품질을 통해 행동적 의도에 유의한 영향을 미친다는 사실을 확인하였으며, Jackson(1985)이 기업과 고객 간의 지속적인 관계형성은 서비스에 대한 관계 지속 의도에 중요한 영향 요인이 된다고 하였다. 그리고 정억순(2003)은 관생의 수련 내용과 관생 관리 요인에 관한 만족도는 향후 비수련생에 대한 태권도장 추천 의도에 영향을 미친다고 하였고 문재성, 박진기, 배영상(2002)는 태권도장에서의 전반적인 만족이 구전 마케팅 의사에 긍정적인 영향을 미친다고 하여 본 연구와 같은 결과를 나타냈다.

따라서 선행 연구와 본 연구의 결과를 비추어 보았을 때, 태권도장에 대한 긍정적인 만족은 관계유지 의도와 구전 의도를 높여줄 수 있음을 알 수 있다. 그러므로 고객의 만족을 긍정적으로 변화시킬 수 있는 관계마케팅 실행 요인을 수행하여 관계효과를 유도할 필요성이 있다. 본 연구는 태권도장에서 수련을 하는 고객을 대상으로 관계마케팅 실행 요인과 만족, 관계효과의 관계를 구조적으로 파악하였다.

6. 결론 작성 요령

결론은 논문의 내용을 요약하고 문제점에 대한 제언으로 마무리한다. 연구 내용의 요약이란 논문의 핵심 내용과 연구자의 주된 주장을 간단하게 정리하여 기초적 지식을 가진 사람이면 논문 전체를 읽지 않더라도 연구의 전체 윤곽을 명료하게 파악할 수 있도록 다시 한 번 독자에게 상기시켜주는 것이다.

연구의 결론에 관한 것은 결과와 논의 부분에서 이미 어느 정도 제시되어 있으므로, 가능한 한 수식어를 제외하고 간결하고 단순한 문장으로 표현한다(임인재, 1996). 그리고 연구 결과의 학술적 및 정책적 함의를 제시하여 이 연구가 무의미한 것이 아니고 상당히 가치 있는 연구라고 주장하는 것이다. 학술적 함의란 논문의 연구 결과가 학문적으로 기여한 바가 어떤 것인지를 의미하고 정책적 함의란 논문의 연구 결과가 실제 정책 결정에 도움을 줄 수 있는 부분은 무엇인지 밝히는 것이다(김태영, 김정수, 조임곤, 2003).

최종적으로 연구의 제약성과 활용성, 미해결의 문제나 이후에 해결해야 할 문제점 등을 명백하게 밝힘으로써 연구상의 문제점과 앞으로의 연구 방향들을 제시해주는 것이 좋다(논문작성법편찬위원회, 2003). 결론에 대한 예를 들어보면 다음과 같다.

예 1

1. 결론

본 연구의 목적은 인터넷 스포츠 쇼핑몰 사이트에 적합한 e-CRM

요인을 도출하고 고객 관계에 미치는 영향을 연구하여 좀 더 구체적이고 차별화된 e-CRM 요인을 통하여 인터넷 스포츠 쇼핑몰에서의 고객에 대한 관계의 질과 효과를 알아봄으로써 기업이 고객 유지를 위한 마케팅 전략 수립의 근거를 제공하는 데 있으며, 다음과 같은 결론을 얻었다.

첫째, e-CRM 요인 중 e-마케팅과 관계의 질 간의 관계를 검증한 결과에 의하면 e-마케팅은 만족에 영향을 미치지 않는 것으로 나타났다.

둘째, e-CRM 요인 중 e-서비스, e-세일즈, e-커뮤니케이션, e-시스템 등과 관계의 질 간의 관계를 검증한 결과에 의하면 e-서비스, e-세일즈, e-커뮤니케이션, e-시스템 등은 만족에 긍정적인 영향을 미치는 것으로 나타났다.

셋째, 관계의 질인 만족과 몰입 간의 관계를 검증한 결과에 의하면 만족은 몰입에 긍정적인 영향을 미치는 것으로 나타났다.

넷째, 관계의 질인 몰입과 관계효과 간의 관계를 검증한 결과에 의하면 몰입은 재구매 의도, 관계유지 의도, 구전 의도 등에 긍정적인 영향을 미치는 것으로 나타났다.

이상의 결론 내용으로 보아 인터넷 스포츠 쇼핑몰은 고객이 제품을 구매하고 나면 의견수렴으로 특별한 지원 요구에 대한 지속적인 서비스와 능동적인 반응을 보여야 하며, 기업에 대한 홍보와 인터페이스를 이용하여 안내 등의 다양한 서비스로 웹에서의 판매로 성사되도록 하여야 한다. 또한 기업과 고객 간의 의미 있는 정보를 공유하는 피드백으로 상호작용을 높이며 고객에게 적당한 제품과 콘텐츠를 제공하기 위하여 고객의 요구를 처리할 수 있는 시스템으로 안심하고 사용할 수 있는 기술적 환경을 보유하여야 한다.

그러나 고객이 제공한 개인 정보와 구매 행태를 바탕으로 고객에게 상품 또는 서비스에 관한 맞춤형 정보를 메일 또는 핸드폰으로 보내주는 데 그치면, 스팸 메일이나 문자와 같은 정보 과부하에 시달리고 있는 고객들은 웬만한 정보를 쓰레기로 취급하기 쉽고, 쇼핑몰에서 무언가를 팔기 위해서 이런 정보를 보내준다고 신뢰하지 않기 때문에 인터넷을 통하여 획득한 고객의 정보를 정확히 분석하고 적시에 적절한 제품을 제공하여야만 고객의 만족과 몰입으로 재구매 의도나 관계유지 의도, 구전 의도가 높아질 것으로 보인다.

그리고 인터넷 스포츠 쇼핑몰은 고객 관계마케팅의 중요성과 가치를 인식하고, 이에 대한 전략을 강구함으로써 장기적 고객 관계 형성을 가능하게 하고, 이를 통하여 치열한 경쟁 환경 속에서 기업의 매출액과 이익을 증대시킬 수 있는 마케팅 전략을 구축하여야 할 것이다.

2. 제언

본 연구는 인터넷 스포츠 쇼핑몰의 e-CRM에 관한 문헌 연구와 실증 연구를 통하여 기업이 고객 유지를 위한 마케팅 전략 수립의 근거를 제공하고자 하였으나, 향후 후속 연구 방향은 다음과 같은 점들은 보완해서 진행되어야 한다고 사료된다.

첫째, 본 연구는 선행 연구들에서 나타난 관계의 질의 여러 요인 중 신뢰가 제외되었다. 따라서 신뢰가 포함된 연구 모형을 설정하여 다른 변수들 간의 관계를 규명하는 연구가 보완되어 수행되어야 할 것이다.

둘째, 본 연구는 e-CRM 요인이 관계의 질인 만족과 몰입을 거쳐 관계효과인 재구매 의도, 관계유지 의도, 구전 의도로 영향을 미치는 연구 모형을 나타냈으나, 결과에서는 e-CRM 요인에서 관계효과인 재구매 의도, 관계유지 의도, 구전 의도로의 간접 효과를 보이는 것으로 나타났으므로 향후 검증(모형의 수정)이 필요한 상황이다.

셋째, 본 연구는 온라인상의 OK-Cashback과 연동하여 인터넷 스포츠 쇼핑몰 고객을 연구의 대상으로 하였으나, 더욱 다양한 인터넷 웹사이트의 연구 대상을 활용하는 연구가 수행되어야 할 것이다.

Ⅳ. 결론 및 제언

태권도장 고객이 지각하는 관계마케팅 실행 요인과 만족, 관계효과 의 구조적 관계를 규명하기 위해서 실증 조사를 하여 연구 모형의 적합 도를 검증한 결과 모형이 적합한 것으로 나타났다. 그리고 개별 가설을 검증하여 도출한 결과는 다음과 같다.

첫째, 태권도장 고객의 관계마케팅 실행 요인 중 프로그램과 시설은 만족에 유의한 영향을 미치는 것으로 나타났다.

둘째, 태권도장 고객의 관계마케팅 실행 요인 중 커뮤니케이션은 만 족에 유의한 영향을 미치지 않는 것으로 나타났다.

셋째, 태권도장 고객의 만족은 관계효과인 관계유지 의도와 구전 의 도에 유의한 영향을 미치는 것으로 나타났다.

이상 내용과 같이 치열한 경쟁 환경 속에서 태권도장의 매출액과 이 익을 증대시키려면 태권도장의 관계마케팅 실행 요인의 중요성과 가치 를 인식하고, 지속적인 고객 유지를 강화시키기 위해 만족을 통하여 관 계효과를 높이기 위한 방법을 강구함으로써 장기적 관계 형성을 가능 하게 하는 새로운 관계마케팅 전략을 위한 연구가 계속되어야 할 것으 로 사료된다.

마지막으로 본 연구의 제한점 및 후속 연구를 위한 제언은 다음과 같 다.

첫째, 관계마케팅 실행 요인을 설명하기 위한 이론적 근거가 미약하 다는 한계가 있다. 비록 관계마케팅이라는 기본 개념에 입각해서 이론 적 근거를 확보하기는 하였지만, 선행 연구의 부족으로 태권도장에서 의 관계마케팅 실행 요인을 추출하여 설명하는 데는 어려움이 있었다. 따라서 후속 연구에서는 보다 충분한 이론적 근거를 보강하여 수행되 어야 할 것이다.

둘째, 본 연구는 한정된 조사 대상으로 연구 결과를 다른 분야에 일반화시킬 수 없다는 한계가 있다. 따라서 후속 연구에서는 더욱 다양한 분야와 지역의 연구 대상을 활용하는 연구가 수행되어야 할 것이다.

7. 참고 문헌 작성 방법

참고 문헌 작성 시 거의 관계가 없거나 일반적인 유의성만 있는 참고 문헌은 피하고 참고 문헌의 양을 늘리기 위하여 논문 내용에 없는 참고 문헌을 명시할 필요가 없다. 또한 각 학교마다 학회지마다 참고 문헌 양식이 다르므로 점, 자간, 크기, 모양 등 하나하나 세밀하게 양식에 맞춰 적어야 한다. 아래에서 참고 문헌의 예를 들어 보면 다음과 같다.

`예 1`

참고 문헌

공태규(2007). 농구 동호인의 프로 농구 경기 관람 결정 요인. 미간
    행 석사 학위 논문. 연세대학교대학원.
김륭희, 신재영(2001). 프로 스포츠 관중의 관여도 수준 간의 경기
    관람 결정 요인의 차이 분석. 한국스포츠경영학회지,
    6(2), 253-264.
김용만, 심규열, 신현호(2000). 서비스 품질과 서비스 가치가 서비스
    만족과 서비스 애호도에 미치는 영향. 마케팅과학연구, 5,
    103-124.
김영규, 최영준(2004). 패밀리 레스토랑의 관계마케팅 활동이 만족,

전환 행동 및 점포 애호도에 미치는 영향 관계. 한국식생
활문화학회지, 19(5), 544-555.

김종(1997). 프로 야구 관중 성향 및 관전 행동 분석. 한국스포츠행
정경영학회지, 창간호, 44-46.

김홍설(1999). 스포츠 팬의 소비자 행동 결정 요인에 관한 연구. 미
간행 박사 학위 논문. 서울대학교대학원.

박승호(2004). 스포츠 관람자의 소비 행동 결정 요인에 관한 실증 연
구. 미간행 석사 학위 논문. 한남대학교대학원.

박영옥(1998). 한국 스포츠 산업 육성 방안 연구. 서울 : 한국체육과
학연구원.

양준혁(2005). 프로 축구 관람 고객 만족에 미치는 요인에 관한 연
구. 미간행 석사 학위 논문. 동국대학교대학원.

유영진, 이용기(2001). 관계의 질에 영향을 미치는 관계마케팅 요인
: 이용 경험에 따른 차이에 대한 탐색적 분석. 호텔경영학
연구, 10(3), 89-111.

월간스포츠비스니스(1998). 주식회사 케이보스.

이용기, 최병호, 문형남(2002). 관계 혜택이 고객의 종업원과 식음료
업장에 대한 만족, 그리고 고객 충성도에 미치는 영향. 경
영학연구, 31(2), 373-404.

이유재(1995). 서비스마케팅. 서울 : 학현사.

이윤용(2000). Internet service encounter satisfaction에 관한 연
구. 미간행 박사 학위 논문. 서울대학교 대학원.

인치광(2003). 프로 축구 관람 유인 요인이 관중 만족도에 미치는 영
향. 미간행 석사 학위 논문. 용인대학교대학원.

임번장(1994). 한국 스포츠의 현상과 과제. 한국스포츠사회학회보,
6, 1-8.

임운학(2005). 스포츠 관람자의 동기 요인 분석을 통한 미래 소비 동
향. 미간행 박사 학위 논문. 세종대학교대학원.

정재웅(2003). 프로 야구 실버 세대 관중의 특성 분석 및 관람 유인

방안에 관한 연구. 미간행 석사 학위 논문. 국민대학교대
학원.

채재성(1992). 스포츠 동호인 활동의 사회적 기능에 관한 연구. 미간
행 석사 학위 논문. 서울대학교대학원.

최성철(2004). 호텔의 고객 관계마케팅 요인이 관계의 질과 성과에
미치는 영향에 관한 연구. 미간행 박사 학위 논문. 계명대
학교대학원.

한상호(2003). 한국 프로 농구의 경기장에 따른 관중 특성 및 유인
요인, 팀 충성도와 관중 태도의 관계. 미간행 박사 학위 논
문. 한양대학교대학원.

한왕택(1996). 스포츠 산업학 개론. 서울 : 태근.

Allen, C., Kania, D., & Yaeckel, B. (1993). Internet world
guide to one-to-one webmarketing. New York: Wiley
Publications.

Anderson, J. C., & Narus, J. A. (1994). A model of distributor
firm and manufacturer firm working partnerships.
Journal of Marketing, 54(1), 42-58.

Bitner, M. J. (1992). Services capes: the impact of physical
surrounding on customers and employees. Journal of
Marketing, 56, 57-71.

Bitner, M. J., Booms, B. M., & Tetrault, M. S. (1990). The
service encounter. Diagnosing favorable and
unfavorable incidents. Journal of Marketing, 54, 71-
84.

예 2

참고 문헌

김봉경(2006). 인터넷 스포츠 쇼핑몰의 e-CRM 요인이 관계의 질
　　　과 효과에 미치는 영향. 미간행 박사 학위 논문, 숙명여자
　　　대학교대학원.
김영갑(2005). 태권도장 수련생의 지각된 서비스 품질과 수련 만족
　　　도 및 수련 참가 지속의 관계. 한국스포츠사회학회지,
　　　18(3), 417-428.
김영규, 최영준(2004). 패밀리 레스토랑의 관계마케팅 활동이 만족,
　　　전환 행동 및 점포 애호도에 미치는 영향관계. 한국식생활
　　　문화학회지, 19(5), 544-555.
김영인, 고종욱(2002). 태권도장 경영자의 경쟁 가치 리더십이 조직
　　　효과성에 미치는 영향. 한국체육학회지, 41(1), 289-300.
김용만(1994). 마케팅. 서울: 무역경영사.
김용영(2003). 태권도 수련생의 체육관 선택 요인에 관한 연구. 미간
　　　행 석사 학위 논문, 목표대학교대학원.
김용정(1998). 대고객 관계마케팅에 관한 실증적 연구. 마케팅과학
　　　연구, 1, 21-42.
김정승(2003). 호텔 기업의 CRM 시스템 구축이 고객 성과에 미치
　　　는 영향에 관한 연구. 마케팅과학연구, 11, 147-163.
김주영(2005). 스포츠센터의 관계마케팅 실행 요인이 고객 충성도에
　　　미치는 영향. 미간행 석사 학위 논문, 이화여자대학교대학
　　　원.
김진하(2004). 서비스 종사자의 비언어적 커뮤니케이션이 고객 서비
　　　스 만족도에 미치는 영향. 미간행 석사학위 논문, 대전대
　　　학교대학원.
권준희(1999). 고객 만족과 거래 성향이 관계 지향성에 미치는 영향

에 관한 연구. 미간행 박사 학위 논문, 연세대학교대학원.

문재성, 박진기, 배영상(2002). 스포츠 산업 경영: 태권도장의 환경 특성이 태권도 수련자의 구매 후 행동에 미치는 영향. 한국체육학회지, 41(3), 227-235.

문화관광부(2002). 전국 등록 · 신고 체육 시설업 현황.

박찬규, 이병관(2001). 상업 스포츠센터 이용자의 라이프 스타일 세분화 연구. 한국체육학회지, 40(2), 371-383.

배병렬(2007). Amos 7에 의한 구조 방정식 모델링. 서울: 도서출판 청람.

안영민(2000). 호텔 관계마케팅의 영향 요인이 호텔 충성도에 미치는 영향에 관한 연구. 관광 · 레저연구, 12(2), 167-184.

양명환, 김덕진(2006). 태권도장의 효율적 운영을 위한 마케팅 전략. 체육과학연구, 12, 75-94.

오세조, 김상덕, 오일두(2003). 관계 기간에 따른 통제기제 및 관료화가 프랜차이즈 가맹점의 결속과 관계 만족에 미치는 영향. 유통연구, 8(1), 47-67.

유영진, 이용기(2001). 관계의 질에 영향을 미치는 관계마케팅 요인: 이용 경험에 따른 차이에 대한 탐색적 분석. 호텔경영학연구, 10(3), 89-111.

윤태기(2006). 태권도장 경영의 성공 사례 요인 분석. 미간행 석사 학위 논문, 영남대학교대학원.

이은정(2006). 스포츠센터 이용자의 소비자 만족 향상을 위한 관계마케팅에 관한 연구. 미간행 석사 학위 논문, 경희대학교대학원.

이수형, 이재록, 양희진(2001). 관계 형성 유지에 대한 신뢰와 만족의 매개 역할에 관한 연구. 마케팅관리연구, 6(1), 1-32.

이승진(2003). 고객의 관계 만족과 관계 지향성의 영향 요인에 관한 연구. 미간행 박사 학위 논문, 경성대학교대학원.

임종원(1992). Relationship marketing과 relationship merit. 한국

마케팅학회지, 7(1), 173-195.

원석희(1998). 서비스 운영 관리-고객 만족을 통한 가치 창출. 서울: 형설출판사.

전익기, 김윤철, 조성균, 곽정현(2001). 태권도 체육관의 효과적인 운영을 위한 마케팅 전략. 한국체육학회, The 2001 Seoul, 23-25.

정기영(1996). 대고객 관계마케팅의 영향 요인에 관한 연구. 한국기업경영학회지, 11, 135-170.

정억순(2003). 태권도장 서비스에 대한 만족도가 차후 태권도 수련 추천 의도에 미치는 영향. 한국체육학회지, 42(5), 589-596.

정용헌, 한우진(2005). 스포츠센터의 관계마케팅 전략이 고객 관계 관리(CRM) 성과에 미치는 영향. 한국체육학회지, 44(4), 495-505.

정해정(2006). 상업 스포츠센터 관계마케팅이 고객 지향성과 고객 만족에 미치는 영향. 미간행 석사 학위 논문, 목포대학교 대학원.

최성철(2004). 호텔의 고객 관계마케팅 요인이 관계의 질과 성과에 미치는 영향에 관한 연구. 미간행 박사 학위 논문, 계명대학교대학원.

최원보(2002). 태권도장의 성공 요인에 대한 연구. 미간행 석사 학위 논문, 경희대학교대학원.

Berry, L. L., & Parasuraman, A. (1991). Marketing service: Competing through quality. The Free Press: New York.

Bitner, M. J., Booms, B. M., & Tetrault, M. S. (1990). The service encounter: diagnosing favorable and unfavorable incidents. Journal of Marketing, 54, 71-84.

Blodgett, J. G., Granbois D. H. (1992). Toward an intergrated conceptual model of consumer complaining behavior. Journal of Consumer Satisfaction, Dissatisfaction and Complaining Behavior, 5, 93-103.

Challagalla, G. N., & Shervani, T. A. (1996). Dimension and types of supervisory control: Effects on salesperson performance and satisfaction. Journal of Marketing, 60(1), 89-105.

Dwyer, R. F., Schurr, P. H., & Oh, S. (1987). Developing buyer-seller relationships. Journal of Marketing, 51(2), 11-27.

Ganesan, S. (1994). Determinants of long-term orientation in buyer seller relationships. Journal of Marketing, 58, 1-19.

Garbrino, E., & Johnson, M. S. (1999). The difference roles of satisfaction, trust, and commitment in customer relationship. Journal of Marketing, 56, 70-87.

Jackon, B. B. (1985). Building customer relationships that last. Harvard Business Review, 63, 120-128.

Jarvenpaa, S. L., & Todd, P. A. (1997). Consumer reactions to electronic shopping on the world wide web. Journal of Electronic Commerce, 1(2), 59-88.

Lee, H., Lee, Y., & Yoo, D. (2000). The determinants of perceived service quality and it's relationship with satisfaction. Journal of Services Marketing, 14(3), 217-231.

Levitt, T. (1983). After the sale is over. Harvard Business review, 61, 87-93.

Mangold, W. C., Miller, F., & Brockway, G. R. (1999). Word of mouth communication in the service marketplace. The Journal of Service Marketing, 13(1), 73-89.

Mohr, J. J., & Ravioreet, S. S. (1995). Communication flowution channels: Impact on assessments of communication quality and satisfaction. Journal of Retailing, 71(4), 393-416.

Morgan, R. A., & Hunt, S. D. (1994). The commitment-trust theory of relationship marketing. Journal of Marketing, 58(7), 20-38.

Webster, F. E. (1992). The Changing Role of Marketing in the Corporation. Journal of Marketing, 56, 1-17.

Wulf, K. D., Schroder, G. O., & Iacobucci, D. (2001). Investments in customer relationship: a cross-country and cross-industry exploration. Journal of Marketing, 65(10), 33-50.

Zeithaml, V. A., & Bitner, M. J. (1997). Services marketing. McGraw Hill: New York.

학위 논문 작성 지침

각 학교 학위 논문 작성 지침은 조금씩 다르지만 상지대학교의 학위 논문 작성 지침은 아래와 같다(http://graduate.sangji.ac.kr/gradhtml/contents/grad/treatiseform.html).

1. 학위 논문 제목

가. 논문 규격 4 × 6배판(19㎝ × 26㎝)

나. 지질 : 70파운드 이상 모조지

다. 활자 : 워드프로세서

라. 인쇄체 : 횡서로 인쇄하며 글씨체는 명조체로 한다. 본문 내용은 11~12p로 한다.

마. 표지색

대학원명	과정	하드 표지 (양장제본)	소프트 표지 (모조 220 파운드 이상)
대학원	박사	검 정 색	회색
	석사	검정곤색	회색
특수 대학원	석사	검정곤색	황 갈 색

2. 학위 논문 기재 순서 및 방법

가. 논문 기재 순서

① 표지 ② (백지 뒤) 속표지 ③ 인준서(이상 양식 참조) ④ 본문 목

차 ⑤ 표 목차 및 그림 목차 ⑥ 국문 초록 ⑦ 본문 ⑧ 참고 문헌
⑨ 부록 및 색인 ⑩ 백지 ⑪ 영문 초록 ⑫ 백지 ⑬ 겉표지

  나. 논문 서술 방법
  (1)본문에 번호 : 장, 절, 항, 1, 가, (1), (가), 1), 가) 순 혹은 Ⅰ, Ⅱ,
Ⅲ, Ⅳ 순으로 한다.
  (2)각주
  ① 페이지 하단에 선을 긋고 그 밑에 기재한다.
  ② 상게서(바로 앞 제작물)는 인용 명단을, 전게서(이미 참조된 제작
물)는 필자와 인용면을 기재한다.
  ③ 구미 문헌은 이탤릭체로 기재한다.
  ④ 각주(7-8포인트) 또는 참고 문헌 번호를 본문에 표시할 때는 6
포인트로 본문 내용의 우상단에 표기한다.
  ※ 각주 서술 방법
  - 서적(단행본) : 저자명, 서명(출판사명, 연도), 인용 페이지 순으로
기재한다.
  - 논문 : 저자명, 논문명, 게재지명, 권호(발행처, 발행 연도), 면 순
으로 기재한다.
  (예)
  - 금순이, 한국헌법(법문사, 2000), 190면
  - 홍길동, "헌법의 문제점", 헌법학회, 제9권, 제3호(헌법학회,
2000), 239-245면
  - 상게서 123면
  - 금순이 전게서 23면

⑶ 부록 : 인용문이 길거나 중요치 않은 자료는 부록으로 수록한다. 부록에는 너무 자세한 수표나 방법론에 관한 기술적인 사항, 자료 수집에 사용된 설문지, 통계 자료, 알아보기 힘든 문서의 사본, 사례의 연구, 예증 자료 등을 기재한다.

⑷ 참고 문헌 : 국내 문헌은 가나다 순으로, 구미 문헌인 경우 알파벳 순으로 기재한다.

3. 인쇄본 학위 논문 제출

가. 제출 내역 : 논문 인쇄본, 논문 전문 수록 디스켓 또는 CD롬, 서지사항(양식 참조) 1부

나. 제출 부수

- 박사 : 하드 1부(실인), 소프트 9부

- 석사 : 하드 1부(실인), 소프트 9부

다. 제출 절차

- 대학원 교학부 제출 : 하드커버 1부(석·박사 구분 없음)

- 학술정보원 정보지원팀 제출 : 학위 논문 제출원 1부, 소프트 논문 9부, 디스켓 1개(또는 CD롬)

(별지 서식 1) 학위 논문 겉표지   (별지 서식 2) 등표지

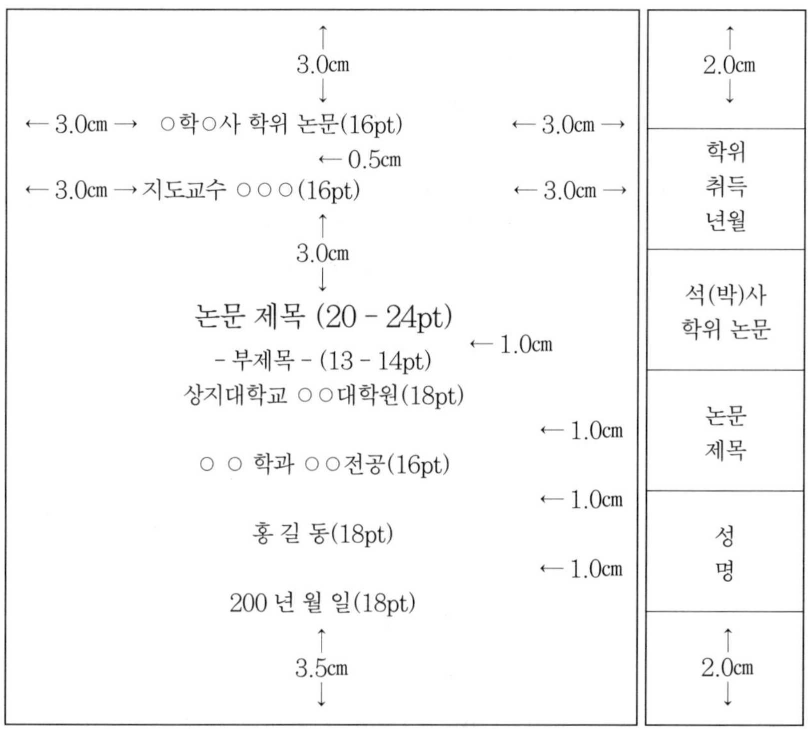

※ 유의 사항

1. 겉표지는 세로 26.5cm, 가로 19.3cm(4×6배판)로 한다.

2. 학위 논문과 지도 교수라는 글귀 사이는 0.5cm를 띄운다.

3. 상지대학교, ○○학과○○전공, 성명, 200 년 월 일 사이는 1.0 cm를 띄운다.

4. 200 년 월 일에는 학위 청구논문 심사가 끝나는 달(매년 6월, 12월)을 기입한다.

(별지 서식 3) 학위 논문 속표지

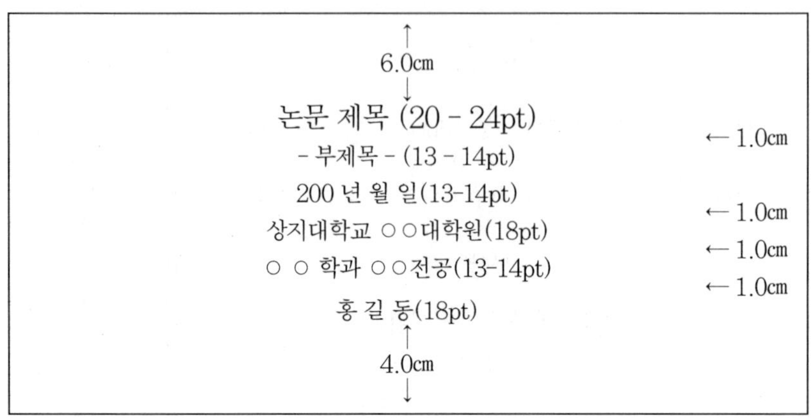

(별지 서식 4) 인준서

※ 유의 사항

 - 석사 과정은 심사위원장 포함 3인, 박사 과정은 심사위원장 포함 5인이 평가한다.

(별지 서식 5) 본문 작성 범위

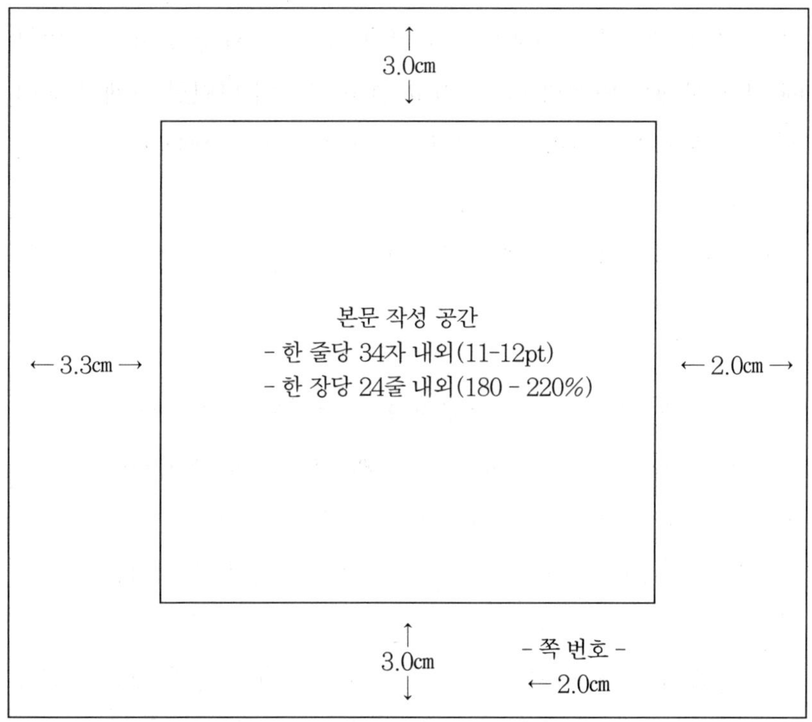

※ 유의 사항

1. 쪽 번호의 위치는 용지 하단에서 위로 2.0㎝ 위치에 둔다.

논문 계획서 작성 요령

학위 논문 연구 계획서는 연구를 진행하기 전에 논문 계획을 일정한 시기에 발표하기 위해서 필요하다. 연구 계획을 철저히 준비할 때 연구 문제를 명백히 할 수 있고 연구 과정에 당면할 문제점을 미리 예견하여 대책 방안을 마련하면 실제 연구의 진행이 쉽게 이루어질 수 있다.

구체적으로 연구 계획서를 작성했을 때 얻을 수 있는 장점은 다음과 같다.

● 연구 계획서를 작성함으로써 연구 문제와 연구 진행 과정에 관하여 보다 조직적으로 사고할 수 있게 되어 연구 계획의 결점이나 불합리한 점을 사전에 쉽게 찾아내어 교정할 수 있다.

● 연구 진행에 앞서서 필요한 자료의 수집과 진행 절차를 명백히 해준다.

● 지도 교수 등 타인에게 연구 계획에 관한 비평과 제안을 받고자 할 때 정확한 의사소통을 위한 한 기본적인 방편이 된다.

연구 계획서를 작성할 때 학교마다 약간씩의 차이는 있지만 일반적인 체제는 서론, 연구 방법, 기대되는 효과 및 가설 설정 등이 포함된다. 구체적인 연구 목적이나 가설은 명료하고 정밀하게 진술하여 그 문제를 해결하기 위하여 바로 어떤 방법이나 정보가 필요한가를 누구나 명확히 이해할 수 있을 정도로 완벽해야 한다.

또한 연구의 목적이나 가설 설정의 타당도를 명백히 하기 위하여 연구의 필요성이나 연구 문제의 역사적 배경 또는 이론적인 근거를 간결하게 설명하는 내용이 포함되어야 한다(임인재, 1996). 연구 계획서의 항목에 관한 예를 들어보면 다음과 같다.

예 1

Ⅰ. 서론

1. 연구의 필요성

한국의 스포츠 산업은 1980년대에 접어들면서 경제성장과 사회·문화적 환경의 변화와 올림픽 개최, 프로 야구, 프로 축구, 프로 씨름, 프로 농구, 프로 배구 그리고 성공적으로 치러진 2002년 월드컵 대회의 개최 등에 따른 스포츠에 대한 국민들의 관심 고조에서 비롯된 스포츠의 대중화와 더불어 급성장 하였다(양준혁, 2005).

관람 스포츠 산업은 관람의 대상으로서 제공된 스포츠 제품의 생산과 유통을 통하여 이윤을 창출해내는 경제 활동 또는 그 결과이다(박영옥, 1998). 국내 관람 스포츠는 프로 스포츠를 중심으로 스포츠 산업의 시장이 형성되었는데, 그 가운데 대표적인 종목인 프로 축구는 1983년 출범 이후 10여 년의 비인기를 청산하고 점차적으로 질적, 양적인 발전을 거듭해오고 있지만, 한정된 관중의 수와 각 구단의 재정적 어려움으로 정체되고 있는 실정이다(김종환, 이종호, 1999). 각 시도 지역을 연고로 14개 구단이 운영되고 있는 우리나라의 프로 축구는 1995년부터 시행된 지역 연고제로 관중수가 점차 증가되어 1998년에는 유료 관중 200만 명 이상을 동원하였고, 1999년에는 275만 명, 2000년에는 190만 명, 2001년에는 200만 명, 2002년에는 250만 명, 2007년에는 300

만 명의 관중 시대를 열었다. 그러나 월드컵과 복권 사업 도입 등의 직·간접적인 축구 환경의 발전으로 정치·경제·사회적 파급 효과와 함께 축구붐이 조성되고 있고, 2부 리그 운영 등 프로 리그의 모습을 완성시키려 노력하고 있지만 아직 확고한 관람 스포츠로서의 자리를 잡지는 못하고 있다. 이에 프로 구단들은 보다 많은 관중을 유치하기 위해 다양하고 구체적인 발전 방향을 마련하고 있다.

마케팅 영역에서 관람 요인은 소비자 행동에 관련하여 문제 인식 과정에서 욕구 발생 혹은 자극으로부터 부여받은 것이며, 구매 행동을 불러일으키는 개인의 내적 충동 세력이라고 할 수 있다(장영용, 박은주, 2005). 이와 관련하여 스포츠 경기 관람과 관련한 이전 연구들은 해당 스포츠 소비자의 내적 충동력으로 스포츠 수요 측면에서 경제적 요인, 촉진적 요인 등과 인구 사회학적 변수들과의 관계에 초점을 맞추었다 (Greenstein & Marcum, 1981; Zhang, Pease, Hui & Michud). 그리고 Gray(1995)는 관중 유인과 관련된 가장 중요한 요인은 팀의 승패라고 지적하고, 팀의 승패가 관중의 유인 효과에 긍정적인 영향을 미친다고 보고 경기력 향상의 중요성을 강조했다.

그러나 단순히 경기를 보는 데 즐거움을 찾는 팬들과 경기의 관람 자체에 즐거움을 찾는 팬들과 경기의 관람 자체에 개인의 관여가 개입된 팬들과 구분하기 위해서는 Hansen & Gauthier(1992)에 의한 경제적 요인, 매력적 요인, 기타 선호 요인으로 구분하고 우승에 대한 의지와 라이벌 팀과의 경기 등 관중의 경기장 유인에 영향을 미치는 중요한 요인을 분석하여야 한다. 즉, 관중들이 경기를 관람하는 데 관람을 유인하는 요인들이 무엇이고, 그러한 요인들에 의한 만족과 관람 태도 및 재관람 의도를 분석하는 것은 효과적인 마케팅 전략을 수립하는 초석이 된다.

이와 관련하여 양준혁(2005)은 프로 축구 관람 고객 만족에 미치는 요인을 매력 요인과 촉진 요인, 편익 요인으로 나누었고, 안재석(2005)은 관중의 관람 유인을 경기장 요인, 서비스 요인, 경기 상황 요인, 비용 요인으로 보았으며, 김성재(2004)는 관람 만족에 경기 상황과 서비스 가치가 긍정적인 영향을 미치는 요인이라고 나타냈다. 본 연구에서는 프로 축구의 중요한 목표인 관중 증가를 위하여 관중들의 성향에 대한 필수적인 요소로 선행 연구에서 나타난 이론적인 근거를 바탕으로 관중 유인 요인을 시설 요인, 서비스 요인, 경기 상황 요인, 비용 요인, 커뮤니케이션의 다섯 가지로 설정하여 만족과 관람 태도 그리고 재관람 의도에 미치는 영향을 분석하고자 한다.

2. 연구의 목적

본 연구는 프로 축구 관중을 대상으로 하여 그들을 경기장으로 유인할 수 있는 요인을 파악하여 만족과 관람 태도 및 재관람 의도에 미치는 영향을 분석함으로써 프로 축구 활성화를 위한 전략 수립을 위한 실증적 기초 자료를 제공하는 데 그 목적이 있으며, 구체적인 목적은 다음과 같다.

첫째, 프로 축구 관중 유인 요인이 만족과 관람 태도 그리고 재관람 의도에 어떠한 구조적 관계를 형성하고 있는지 구조 모형을 분석한다.

둘째, 구조 모형이 적합할 경우 관중 유인 요인, 만족, 관람 태도, 재관람 의도의 각 개념 간 관계를 규명한다.

3. 연구의 제한점

본 연구는 프로 축구의 관중을 높이기 위한 경쟁력 강화를 위한 경영 전략 방안을 모색하고자 관람 유인 요인에 관한 문헌 연구와 실증 분석을 통하여 연구를 하였으나, 후속 연구 방향은 다음과 같은 점들은 보완해서 진행되야 한다고 사료된다.

첫째, 관람 유인 요인을 설명하기 위한 이론적 근거가 미약하다는 한계가 있다. 비록 관람 유인을 위한 기본 개념에 입각해서 이론적 근거를 확보하기는 하였지만, 선행 연구의 부족으로 프로 축구에서의 관계 유인 요인을 추출하여 설명하는 데는 어려움이 있었다. 따라서 후속 연구에서는 보다 충분한 이론적 근거를 보강하여 수행해야 할 것이다.

둘째, 본 연구를 통해서 도출해낸 모형이 만족과 관람 태도, 재관람 의도에 영향을 미치는 요인을 분석하는 접근 방법 중 하나이긴 하지만 최적이라고 할 수는 없다. 즉, 기존의 만족, 관람 태도, 재관람 의도의 관계에 관람 유인 요인을 결합시켰다는 의미를 부여할 수는 있지만 프로 축구 관중을 유인하는 요인과 관련된 보다 복잡한 구조적 관계를 설명하는 데는 한계가 있다. 따라서 후속 연구에서는 명확한 이론적 배경에 근거한 보다 다양한 관람 유인 요인 관련 변수들 간의 구조적 관계를 규명할 필요성이 있다.

셋째, 본 연구는 한정된 조사 대상으로 연구 결과를 다른 분야에 일반화할 수 없다는 한계가 있다. 다시 말해서, 조사 대상을 서귀포 구장에서 실시하는 K-리그와 FA컵 경기의 관중으로 제한하였기 때문에 다른 경기에 여과 없이 적용하는 데는 신중해야 할 필요성이 있다. 따라서 후속 연구에서는 더욱 다양한 분야와 지역의 연구 대상을 활용하는 연구를 수행해야 할 것이다.

4. 용어의 정의

1) 관람 스포츠

관람 스포츠 산업이란 관람의 대상으로서 제공된 스포츠 제품의 생산과 유통을 통해서 이윤을 창출해 내는 경제 활동 또는 그 결과라고 정의할 수 있다. 관람 스포츠 산업 시장은 아마추어 대회 및 프로 경기 대회의 관람객을 대상으로 한 입장료, 부대적 식음료비, 주차비 등으로 구성된 1차 시장과 경기 대회를 매개로 한 광고비, 스폰서십 비용, 관련 상품의 판매 비용으로 구성된 2차 시장으로 분류해 볼 수 있다. 1차 시장은 스포츠 자체가 소비재로 생산된 일반인이 소비주체인 시장이고, 2차 시장은 스포츠가 하나의 산업재로 작용하는 시장으로서 그 구매자는 기업이 된다(박영옥, 이용식, 김호, 김경배, 1999).

2) 관중 유인 요인

스포츠 관람의 만족에 영향을 미치는 요인을 파악하기 위해서는 그 행동에 대한 의사 결정에 미치는 영향 요인을 파악하는 것이 중요하다. 스포츠 소비자를 경기장으로 유인할 수 있는 매력적인 요소에 따라 관중의 관람 의사에 직접적인 영향을 미친다(안재석, 2005).

3) 만족

만족은 개인이 서비스 거래에 대해 평가하는 것으로서 관람객의 욕구와 기대에 최대로 부응한 결과 제품과 서비스 재구매가 이루어지고 아울러 고객의 신뢰감이 연속되는 상태를 의미한다(원석희, 1998).

4) 관람 태도

관람 태도는 소비자가 특정 대상에 대하여 가지는 긍정적이거나 부정적인 감정, 호의적이거나 비호의적인 감정 혹은 찬성 또는 반대로 느끼는 감정을 말하는 것으로 소비자가 그 대상에 대하여 갖게 되는 좋거나 싫은 감성적인 반응이 포함되는 개념이다(Engel, Blackwell & Miniard, 1995).

5) 재관람 의도

재관람 의도는 관중이 미래에도 서비스 제공자를 반복하여 이용할 가능성으로 정의할 수 있다. 재관람 의도는 동일한 종류의 제품, 서비스를 반복하여 구입하려는 관중의 경향을 평가함으로써 측정된다(최성철, 2004).

Ⅱ. 이론적 배경

1. 프로 스포츠 산업(이론적 배경의 제목만 명시하였다.)
2. 관람 스포츠
3. 프로 축구

4. 관중 유인 요인
1) 시설 요인
2) 서비스 요인
3) 경기 상황 요인
4) 비용 요인
5) 커뮤니케이션 요인
5. 만족
6. 관람 태도
7. 재관람 의도

Ⅲ. 연구 방법

1. 연구의 대상

본 연구의 대상은 2008년 4월 제주도의 서귀포 월드컵구장에서 실시한 K-리그, FA컵의 관중을 모집단으로 선정하였다. 설문 조사는 편의 추출법(convenient sampling method)을 사용하여 연구자와 대학원생으로 구성된 설문 조사원들이 프로 축구 경기의 관중을 대상으로 하였다. 자기 평가 기입법(self-administered questionnaires)으로 총 300부의 설문을 실시할 것이며, 그중 불성실한 자료를 제외하고 연구에 사용한다.

2. 측정 도구

연구 모형과 설정한 가설을 검증하기 위해 사용한 측정 도구는 설문지이다. 설문 내용은 연구 목적 달성을 위해 설정한 각 개념들을 측정하기에 타당하다고 판단되는 선행 연구에서 활용한 설문지를 참고하여 전문가 회의를 통해서 구성하였다. 설문지의 척도는 모두 5단계 Litert 척도로 구성하였다. 구체적인 내용을 보면 다음과 같다.

첫째, 관중 유인 요인은 스포츠 소비자를 경기장으로 유인할 수 있는 매력적인 요소로서 관중의 관람 의사에 직접적인 영향을 미친다(안재석, 2005). 본 연구에서는 이를 측정하기 위하여 관중 유인 요인을 안재석(2005), 양준혁(2005), 김영규, 최영준(2004), 유영진, 이용기(2001)의 내용을 중심으로 수정, 보완하여 총 34문항으로 구성하였다.

둘째, 만족은 개인이 서비스 거래에 대해 평가하는 것으로서 관람객의 욕구와 기대에 최대한 부응한 결과 제품과 서비스 재구매가 이루어지고 아울러 고객의 신뢰감이 연속되는 상태를 의미한다(원석희, 1998). 본 연구에서는 만족을 측정하기 위하여 H, Lee, Y, Lee & Yoo(2000)과 이용기, 최병호, 문형남(2002)의 연구를 사용하였고 총 4문항으로 구성하였다.

셋째, 관람 태도는 소비자가 특정 대상에 대하여 가지는 긍정적이거나 부정적인 감정, 호의적이거나 비호의적인 감정 혹은 찬성 또는 반대로 느끼는 감정을 말하는 것으로 소비자가 그 대상에 대하여 갖게 되는 좋거나 싫은 감성적인 반응이 포함되는 개념이다(Engel, Blackwell & Miniard, 1995). 본 연구에서는 관람 태도를 측정하기 위하여 한상호(2003)와 김용만, 이계석, 서희정(2004)이 사용한 것을 연구의 목적에 맞게 수정하여 총 4문항으로 구성하였다.

넷째, 재관람 의도는 관중이 미래에도 서비스 제공자를 반복하여 이용할 가능성으로 정의할 수 있다. 재관람 의도는 동일한 종류의 제품, 서비스를 반복하여 구입하려는 관중의 경향을 평가함으로써 측정된다(최성철, 2004). 재구매 의도를 측정하기 위하여 Reichheld(1996)와 김봉경(2006)이 사용한 바 있는 것을 활용하여 총 5문항으로 구성하였다.

표 2. 설문지 구성 내용

구성 지표	구성 내용	문항수
인구 통계학적 변인	성별, 결혼 여부, 연령, 직업, 월 수입, 학력	6
관중 유인 요인	시설	8
	서비스	7
	경기 상황	11
	비용	4
	커뮤니케이션	4
만족		4
몰입		5
재관람 의도		5
총 문항수		54

3. 연구 모형 및 가설

관중 유인 요인이란 용어는 관람 구매 결정 요인(김현정, 박영은, 정혜은, 박지영, 2005; 공태규, 2007) 또는 관람 동기 요인(전혜경, 2006)이라 쓰이기도 하는데 선행 연구에서 관람 유인 요인(박명국, 김성국, 2006; 안재석, 2005; 정재웅, 2003; 한상호, 2003; 김기훈, 2004)이 많이 발견되고 아울러 개념에 대한 의미 전달이 더 명확할 것이라 판단하여 본 연구에서는 관중 유인 요인이라 표현하였다.

프로 축구 관중에게 경기 관람 결정에 영향을 미치는 요인은 다양하며 구조적 관계 역시 복잡하다. 관중 유인 요인은 여러 요인 중 하나이며 그렇기 때문에 관중 유인 요인을 포함한 여러 요인 간 구조적 관계도

복잡하다. 이 연구에서는 선행 연구 결과를 중심으로 관중 유인 요인을 외생 변수로 그리고 만족, 관람 태도 및 재관람 의도를 내생 변수로 설정한 연구 모형을 설정하였다. 구제적인 내용을 보면 다음과 같다.

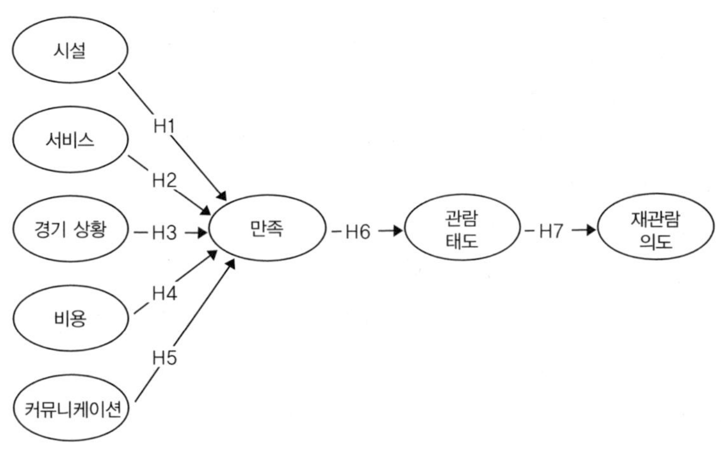

그림 2. 연구의 모형

가설 1. 프로 축구 관중 유인 요인 중 시설은 만족에 영향을 미칠 것이다.

가설 2. 프로 축구 관중 유인 요인 중 서비스는 만족에 영향을 미칠 것이다.

가설 3. 프로 축구 관중 유인 요인 중 경기 상황은 만족에 영향을 미칠 것이다.

가설 4. 프로 축구 관중 유인 요인 중 비용은 만족에 영향을 미칠 것이다.

가설 5. 프로 축구 관중 유인 요인 중 커뮤니케이션은 만족에 영향을 미칠 것이다.

가설 6. 프로 축구 경기의 만족은 관람 태도에 영향을 미칠 것이다.

　가설 7. 프로 축구 경기의 관람 태도는 재관람 의도에 영향을 미칠 것이다.

4. 자료 처리

　수집한 데이터의 빈도 분석, 탐색적 요인 분석은 SPSS V. 13.0을 사용하고, 확증적 요인 분석과 가설의 검증을 위한 연구 모형의 분석은 공분산구조 분석 프로그램인 AMOS 5.0을 사용하여 분석하였으며, 구체적인 내용은 다음과 같다.

　첫째, 프로 축구 관중의 인구 통계학적인 특성을 알아보기 위해 빈도 분석(fequency analysis)을 실시한다.

　둘째, 측정 척도의 순화를 위하여 관중 유인 요인, 만족, 관람 태도, 재관람 의도에 대하여 탐색적 요인 분석(exploratory factor analysis)과 신뢰도 분석을 한다. 신뢰도 분석은 전체 신뢰도를 의미하는 Cronbach's α값을 이용하여 각 항목들의 내적 일관성을 검증한다.

　셋째, 측정 변수의 타당도를 확보하기 위하여 각 요인별로 공분산구조 분석을 이용한 확증적 요인 분석(confirmatory factor analysis)을 실시한다.

　넷째, 확증적 요인 분석 결과를 토대로 측정 모형에 대한 적합도를 검증함으로써 집중 타당도를 검증한다.

　다섯째, 연구 가설의 검증은 연구 모형에 대한 공분산구조 분석에서 제시된 이론 변수들 간의 경로계수의 t값(t>1.96)을 기준으로 채택 여부를 결정한다.

논문 전체 발표를 위한 파워포인트 자료 작성 요령

　전체적인 학위 논문 발표 시 논문 내용을 파워포인트 자료로 만들어서 프레젠테이션(ppt presentation)을 하는데, ppt에는 서론, 연구 방법, 연구 결과, 결론 내용을 포함한다. 석·박사 학위 논문 전체 발표 시 파워포인트 자료 작성 순서의 예를 들어보면 다음과 같다.

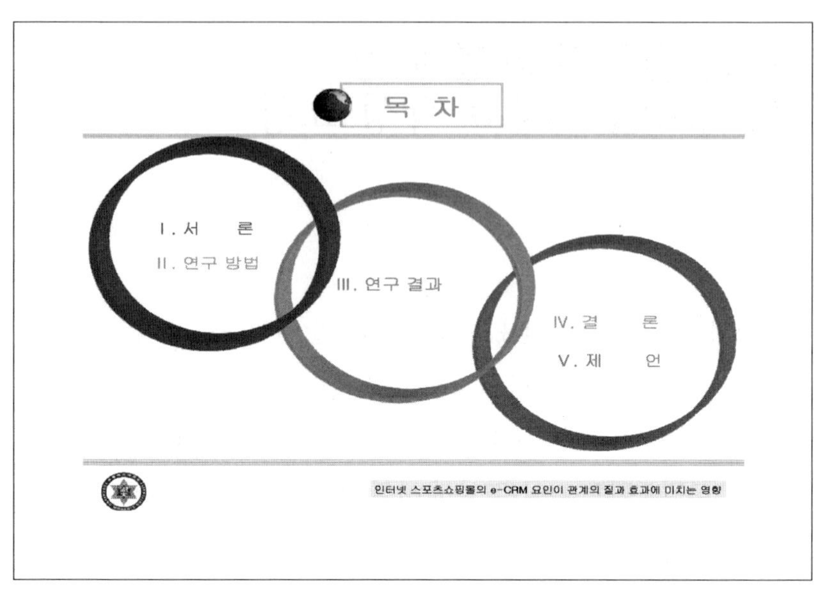
목 차
Ⅰ. 서   론
Ⅱ. 연구 방법
Ⅲ. 연구 결과
Ⅳ. 결   론
Ⅴ. 제   언
인터넷 스포츠쇼핑몰의 e-CRM 요인이 관계의 질과 효과에 미치는 영향

Ⅰ. 서 론
인터넷 스포츠쇼핑몰의 e-CRM 요인이 관계의 질과 효과에 미치는 영향

1. 연구의 필요성

인터넷 쇼핑몰의 시장 규모

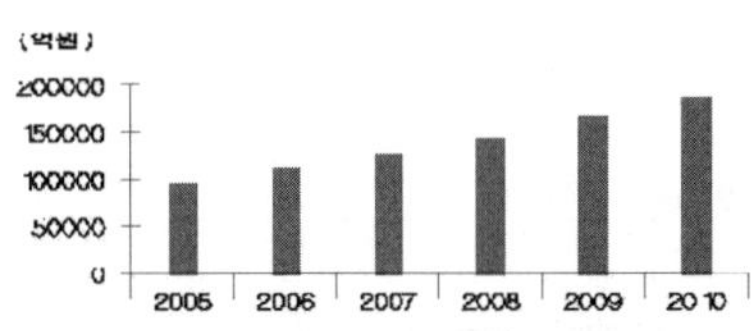

인터넷쇼핑몰 거래액(전망치)
자료 : 정보통신정책연구원(2005)

선행 연구
e-CRM
김흥순(2001), 박재홍(2002), 박진석(2001), 정진서(2001), 황윤경(2001), 김상우(2002), 김흥순(2001), 김범진(2002), 김태완(2001), 강재정(2001), 김상우(2002), 황윤경(2001), 차용선(2001), 김도산(2002), 김명옥(2002), 엄준영(2001), 김재문(2000), 박종서(2002), Jarvenpaa & Todd(1997), Escherfelder,Beachbord, McClure, Wyman(1997), Mohr & Ravioreet(1995), Parvenpaa & Todd(1997),
관계의 질
이승진(2003), 김상우(2002), 안준모, 이국희(2001), 이수진(2004), 심지미(2001), 이성수, 성영신(2001), Moorman. Zaltman, Deshpande (1992), Szymanski, Hise(2000)
관계효과
김성태(2004), 강봉해(2002), 박홍수, 하영원, 이유재, 김동훈 (1997), 김용정(1998), 조현주(2003), 김정승(2003), 김용한, 배무언(2004), 한진수(1998), 최성철(2004), 유영진, 이용기(2000), Berry & Parasuraman(1991), Gwinner, Kevin, Pwayne, Mary (1998), Reichheld(1996),
I. 서 론
인터넷 스포츠쇼핑몰의 e-CRM 요인이 관계의 질과 효과에 미치는 영향

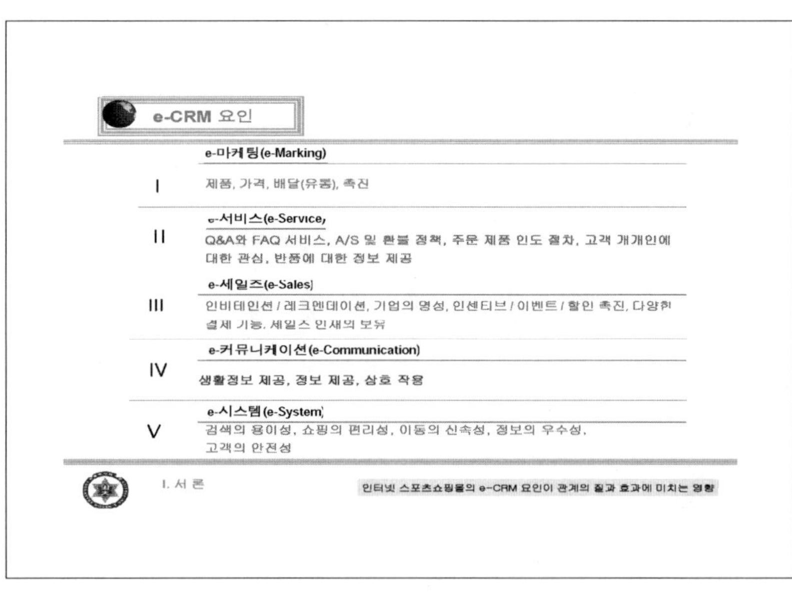

e-CRM 요인
e-마케팅(e-Marking)
I 제품, 가격, 배달(유통), 촉진
e-서비스(e-Service)
II Q&A와 FAQ 서비스, A/S 및 환불 정책, 주문 제품 인도 절차, 고객 개개인에 대한 관심, 반품에 대한 정보 제공
e-세일즈(e-Sales)
III 인비테인션 / 레크엔데이션, 기업의 명성, 인센티브 / 이벤트 / 할인 촉진, 다양히 설세 기능, 세일스 인재의 보뉴
e-커뮤니케이션(e-Communication)
IV 생활정보 제공, 정보 제공, 상호 작용
e-시스템(e-System)
V 검색의 용이성, 쇼핑의 편리성, 이동의 신속성, 정보의 우수성, 고객의 안전성
I. 서 론
인터넷 스포츠쇼핑몰의 e-CRM 요인이 관계의 질과 효과에 미치는 영향

관계 질	만족(Satisfaction)
	개인이 서비스 거래에 대해 평가하는 것으로 관계 지속 의도나 재구매 의도 및 충성노능의 행농불 예측하는 시점
	몰입(Immersion)
	몰입은 쉽게 변하지 않고, 고객들은 그들이 중요하게 여기지 않는 것에 잘 몰입하지 않으므로 가치 있는 관계를 유지하기 위한 지속적인 욕구
관계 효과	재구매 의도(Repurchase Intention)
	고객이 미래에도 서비스 제공자를 반복하여 이용할 가능성으로 고객들의 경향을 평가함으로써 측정
	관계유지 의도(Relationship Maintenance Intention)
	가치 있는 교환을 유지하려는 끊임없는 욕망이며, 관계마케팅에서 주로 관계효과에 대한 척도로 사용
	구전 의도(Word of Mouth)
	다른 사람들에게 자신의 이익의 증진을 목표로 하지 않으면서 수행하는 자발적인 구두 추천

I. 서론

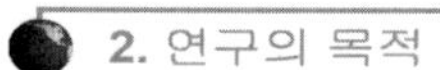

인터넷 스포츠 쇼핑몰에서 기업이 고객과의 이익과 발전의

원동력으로 작용할 결정적인 영향을 주는 요인을 위한

e-CRM 요인 도출 ⇨ 고객 관계의 질과 효과에 미치는 영향

기업이 고객 유지를 위한 마케팅 전략 수립의 근거를 제공

I. 서론

3. 용어의 정의

1) e-CRM(Electronic Customer Relationship Management)

고객 만족을 극대화하면서 동시에 관련 비용을 감소시킬 수 있는 새로운 고객 관리의 개념으로 인터넷을 통한 고객 자료의 수집, 가공, 활용을 통해 일대일 마케팅을 실현하고자 하는 것 (하위 요인 : e-마케팅, e-서비스, e-세일즈, e-커뮤니케이션, e-시스템).

2) 관계의 질(Relationship Quality)

고객에 대한 만족, 몰입과 같은 관계의 질 형성이 기업의 생존 차원에서 기업과 고객 간의 지속적인 관계형성에 주요한 영향 요인으로 작용

3) 관계효과(Relationship Rerformance)

관계효과는 파트너와의 관계를 유지하는 데 따른 이익을 의미(하위 요인 : 재구매 의도, 관계유지 의도, 구전 의도)

4. 연구의 제한점

1) 연구대상의 표집과 관련된 문제

- 온라인상의 **OK-Cashback**과 연동하여 인터넷 스포츠쇼핑몰 고객을 대상으로 설문 조사 하였으므로 전체 대상에 대해 일반화하는 데 있어서 오류의 가능성을 배제할 수 없음

2) 측정 도구와 관련된 문제

- 객관성을 높이기 위해서 측정 도구의 설문 문항을 누락시켰을지도 모르는 한계가 있음

II. 연구 방법

1. 연구 대상

- 'www.100hot.co.kr'이라는 사이트에서 최근 10개월 동안 10순위 안에 든 사이트와 기타 다른 사이트에서 스포츠 제품 구매 경험이 있는 고객을 모집단으로 선정
- 인터넷 전문 조사 기관인 시큐어탑에 의뢰하여 패널 데이터베이스를 기반으로 응답 조건에 맞는 대상에게 온라인 설문조사
- 데이터 스크리닝을 통해 회수된 총 306부의 설문을 통계 처리

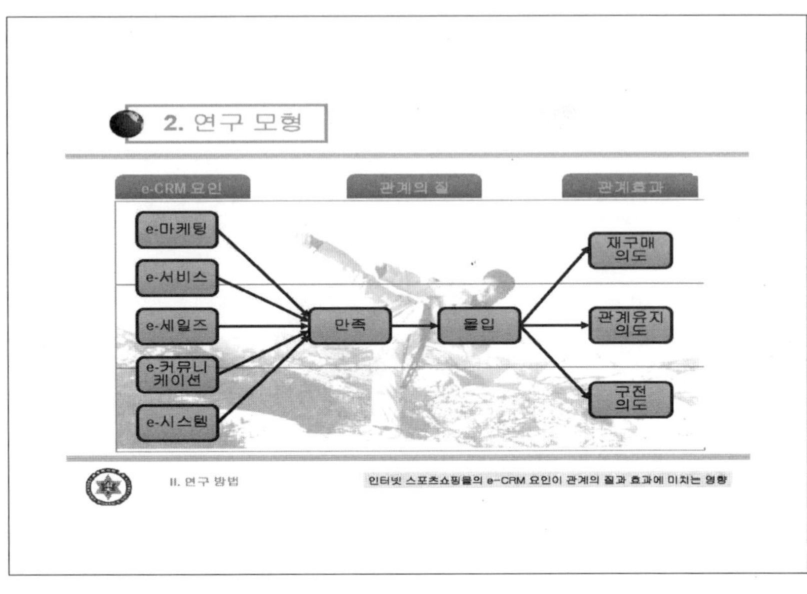
2. 연구 모형
e-CRM 요인
관계의 질
관계효과
e-마케팅
e-서비스
e-세일즈
e-커뮤니케이션
e-시스템
만족
몰입
재구매 의도
관계유지 의도
구전 의도
II. 연구 방법
인터넷 스포츠쇼핑몰의 e-CRM 요인이 관계의 질과 효과에 미치는 영향

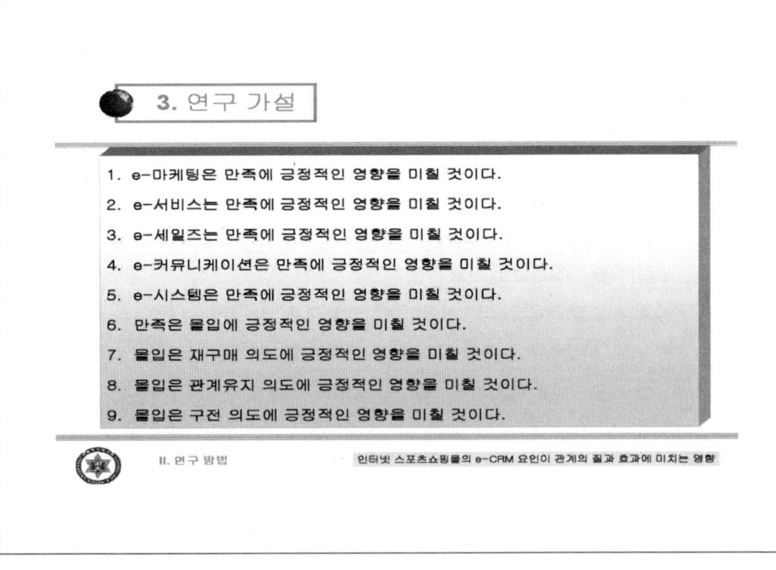
3. 연구 가설
1. e-마케팅은 만족에 긍정적인 영향을 미칠 것이다.
2. e-서비스는 만족에 긍정적인 영향을 미칠 것이다.
3. e-세일즈는 만족에 긍정적인 영향을 미칠 것이다.
4. e-커뮤니케이션은 만족에 긍정적인 영향을 미칠 것이다.
5. e-시스템은 만족에 긍정적인 영향을 미칠 것이다.
6. 만족은 몰입에 긍정적인 영향을 미칠 것이다.
7. 몰입은 재구매 의도에 긍정적인 영향을 미칠 것이다.
8. 몰입은 관계유지 의도에 긍정적인 영향을 미칠 것이다.
9. 몰입은 구전 의도에 긍정적인 영향을 미칠 것이다.
II. 연구 방법
인터넷 스포츠쇼핑몰의 e-CRM 요인이 관계의 질과 효과에 미치는 영향

4. 측정 도구

[설문지 구성 내용]

구성 지표	구성 내용	문항수
고객 행동	기간, 시간, 횟수, 자주 이용하는 스포츠 쇼핑몰사이트, 선호 제품, 구매 제품	7
e-CRM 요인	e-마케팅	6
	e-서비스	5
	e-세일즈	9
	e-커뮤니케이션	5
	e-시스템	6
관계의 질	만족	3
	몰입	5
관계효과	재구매 의도	2
	관계유지 의도	3
	구전 의도	3
인구통계학적 특성	성별, 결혼 여부, 연령, 직업, 월 수입, 학력	6
	총문항수	60

5. 자료 처리

- 측정 도구의 타당도 검증을 위하여 탐색적 요인 분석 – SPSS V 13.0

- 측정 도구의 타당도 검증을 위하여 확증적 요인 분석 – LISEL 8.54

- 설문지의 문항간 신뢰도 검증 : Cronbach's α 신뢰계수 이용

- 측정 모형에 대한 적합도를 위하여 판별타당도를 검증

  : 구성 개념 신뢰도, 분산추출량, 상관관계를 확인

- 연구 모형을 검증하기 위하여 공분산구조 분석를 실시

  : 구성개념 간 경로계수의 t값(t>1.96)으로 채택 여부를 결정

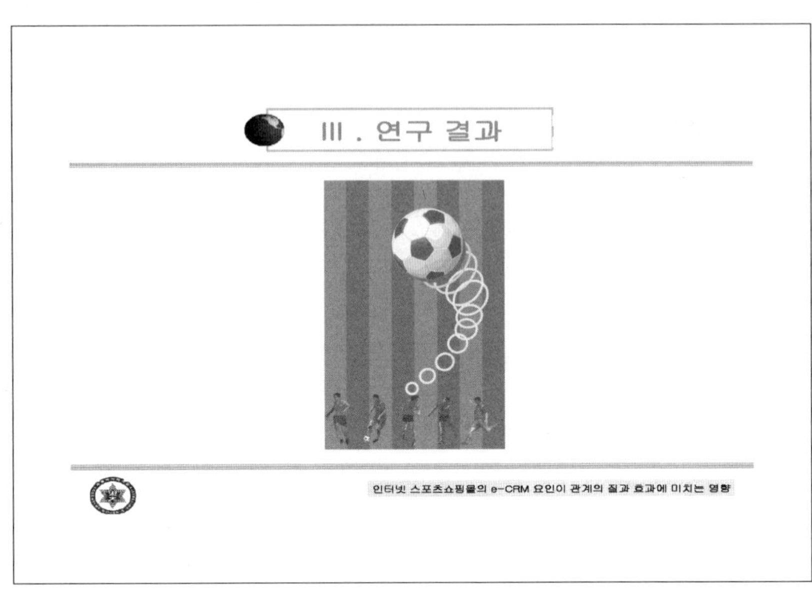

III . 연구 결과
인터넷 스포츠쇼핑몰의 e-CRM 요인이 관계의 질과 효과에 미치는 영향

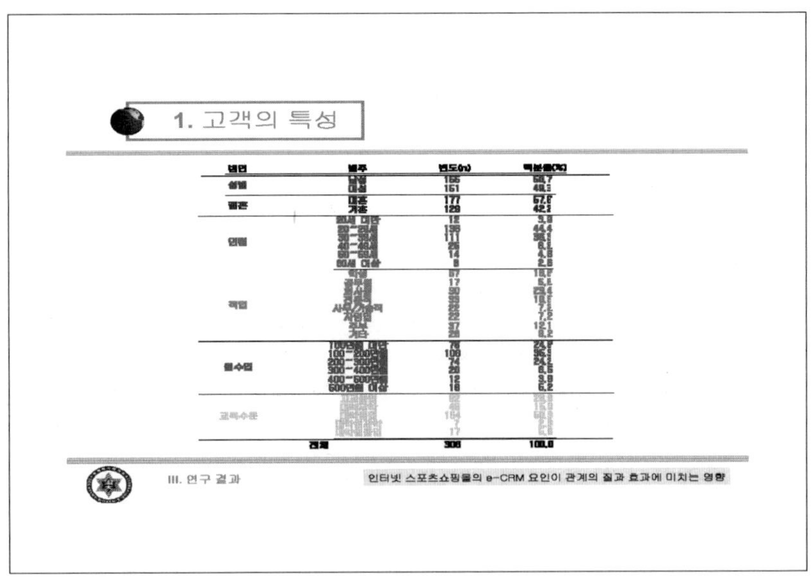

1. 고객의 특성
III. 연구 결과
인터넷 스포츠쇼핑몰의 e-CRM 요인이 관계의 질과 효과에 미치는 영향

2. 이용 특성

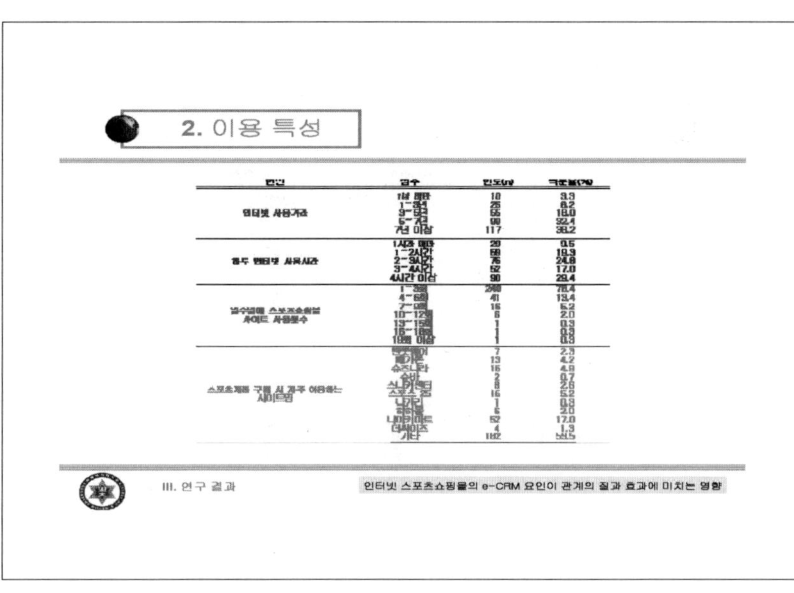

변인	범주	빈도(n)	구분율(%)
인터넷 사용기간	1년 미만	10	3.3
	1~3년	25	8.2
	3~5년	55	18.0
	5~7년	99	32.4
	7년 이상	117	38.2
하루 인터넷 사용시간	1시간 미만	29	9.5
	1~2시간	59	19.3
	2~3시간	76	24.8
	3~4시간	52	17.0
	4시간 이상	90	29.4
일주일에 스포츠쇼핑몰 사이트 사용횟수	1~3회	240	78.4
	4~6회	41	13.4
	7~9회	16	5.2
	10~12회	6	2.0
	13~15회	1	0.3
	16~18회	1	0.3
	19회 이상	1	0.3
스포츠제품 구매 시 자주 이용하는 사이트명	[illegible]	7	2.3
	[illegible]	13	4.2
	슈즈나라	15	4.9
	[illegible]	2	0.7
	실내카[illegible]	8	2.6
	스포츠[illegible]	16	5.2
	나[illegible]	1	0.3
	[illegible]	6	2.0
	나이키마트	52	17.0
	대[illegible]이즈	4	1.3
	기타	182	59.5

2. 이용 특성

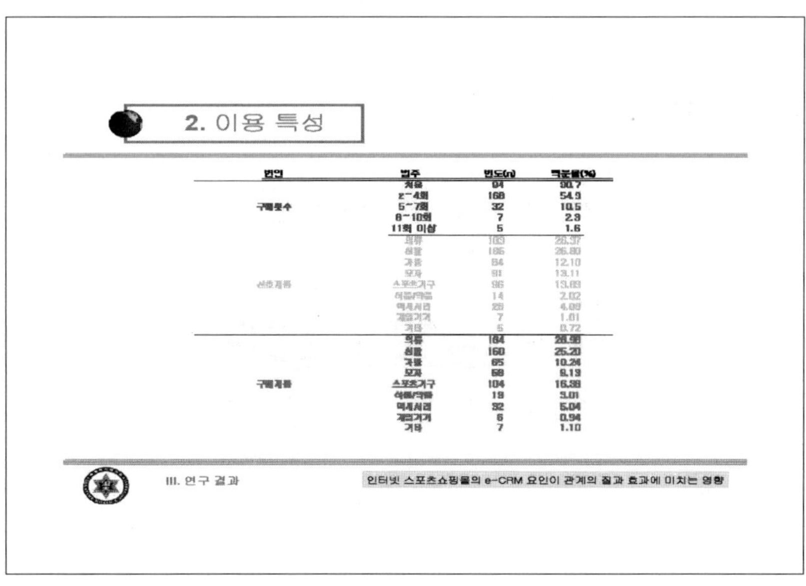

변인	범주	빈도(n)	구분율(%)
구매횟수	처음	94	30.7
	2~4회	168	54.9
	5~7회	32	10.5
	8~10회	7	2.3
	11회 이상	5	1.6
선호제품	의류	183	26.37
	신발	186	26.80
	가방	84	12.10
	모자	91	13.11
	스포츠기구	96	13.83
	헬스용품	14	2.02
	악세서리	28	4.09
	게임기기	7	1.01
	기타	5	0.72
구매제품	의류	184	28.98
	신발	160	25.20
	가방	65	10.24
	모자	58	9.13
	스포츠기구	104	16.38
	헬스용품	19	3.01
	악세서리	32	5.04
	게임기기	6	0.94
	기타	7	1.10

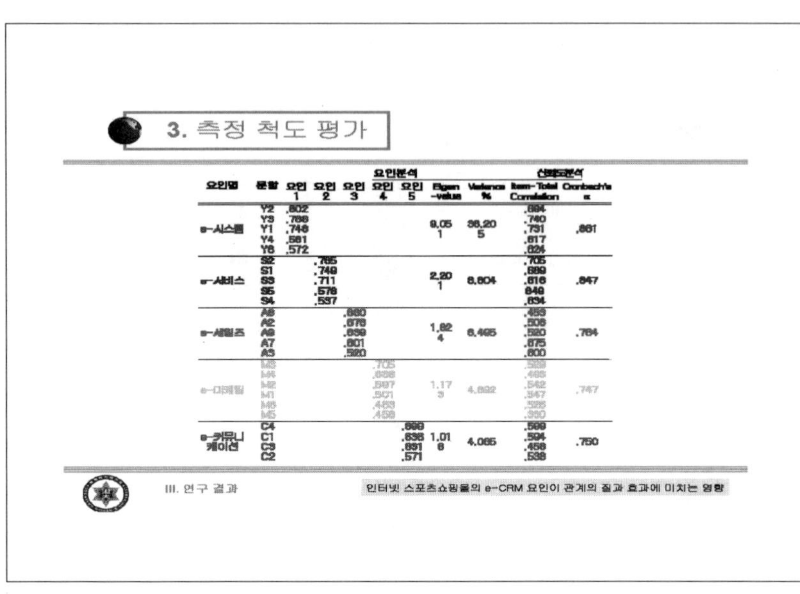

요인명	문항	요인분석					Eigen-value	Variance %	Item-Total Correlation	Cronbach's α
		요인1	요인2	요인3	요인4	요인5				
e-시스템	Y2	.802					9.051	36.205	.884	.861
	Y3	.788							.740	
	Y1	.748							.731	
	Y4	.581							.817	
	Y6	.572							.824	
e-서비스	S2		.765				2.201	8.804	.705	.847
	S1		.749						.889	
	S3		.711						.816	
	S5		.576						.840	
	S4		.537						.834	
e-세일즈	A8			.680			1.824	6.495	.453	.784
	A2			.678					.506	
	A6			.639					.520	
	A7			.601					.875	
	A3			.520					.600	
e-마케팅	M3				.705		1.173	4.692	.533	.747
	M4				.688				.466	
	M2				.597				.542	
	M1				.501				.547	
	M6				.489				.525	
	M5				.458				.380	
e-커뮤니케이션	C4					.699	1.018	4.065	.569	.750
	C1					.636			.594	
	C3					.591			.456	
	C2					.571			.538	

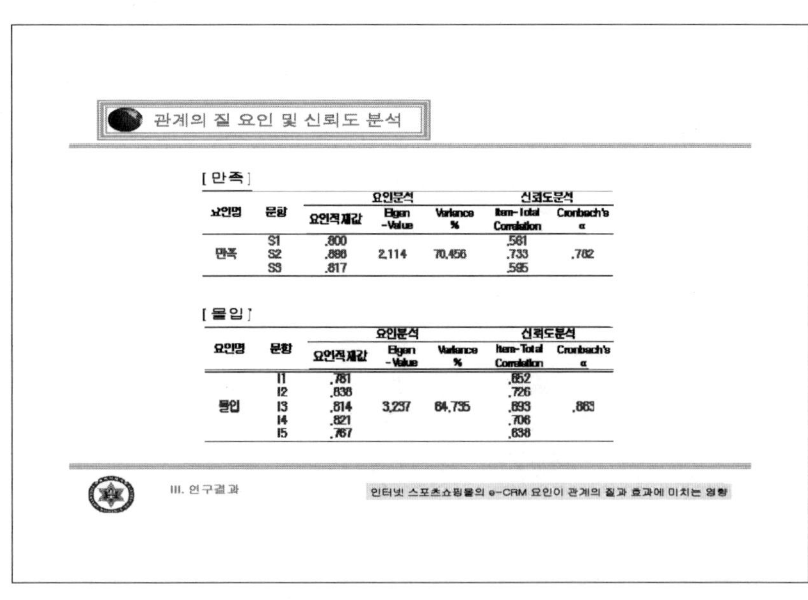

[만족]

요인명	문항	요인분석		신뢰도분석	
		요인적재값	Eigen-Value	Variance %	Item-Total Correlation	Cronbach's α
만족	S1	.800			.561	
	S2	.898	2.114	70.456	.733	.702
	S3	.817			.595	

[몰입]

요인명	문항	요인적재값	Eigen-Value	Variance %	Item-Total Correlation	Cronbach's α
몰입	I1	.781			.852	
	I2	.838			.726	
	I3	.814	3.237	64.735	.893	.863
	I4	.821			.706	
	I5	.767			.638	

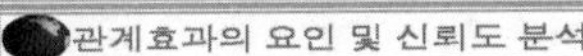

관계효과의 요인 및 신뢰도 분석

[재구매의도]

요인명	문항	요인분석			신뢰도분석	
		요인적재값	Eigen-Value	Variance %	Item-Total Correlation	Cronbach's α
재구매의도	RP1 RP2	.825 .925	1.711	85.565	.711 .711	.831

[관계유지의도]

요인명	문항	요인분석			신뢰도분석	
		요인적재값	Eigen-Value	Variance %	Item-Total Correlation	Cronbach's α
관계유지의도	RL1 RL2 RL3	.763 .904 .839	2.134	71.149	.595 .744 .624	.795

[구전의도]

요인명	문항	요인분석			신뢰도분석	
		요인적재값	Eigen-Value	Variance %	Item-Total Correlation	Cronbach's α
구전의도	WM1 WM2 WM3	.883 .913 .840	2.318	77.271	.721 .782 .680	.849

4. 확증적 요인 분석

구성개념	측정변수	경로계수		오차	값	R^2
		추정치	표준계수			
e-마케팅	M1	0.46	0.85	0.04	11.11	0.42
	M2	0.45	0.59	0.05	9.83	0.34
	M3	0.52	0.68	0.04	11.75	0.46
	M4	0.49	0.55	0.04	11.77	0.46
	M5	0.47	0.59	0.05	9.82	0.34
	M6	0.34	0.36	0.06	5.71	0.13

df= 9, χ^2 = 28.37, GFI = 0.97, AGFI = 0.93, CFI = 0.96,
NFI = 0.95, RMR = 0.031, RMSEA = 0.084

구성개념	측정변수	경로계수		오차	값	R^2
		추정치	표준계수			
e-서비스	S1	0.58	0.82	0.04	16.04	0.68
	S2	0.65	0.83	0.04	16.20	0.69
	S3	0.55	0.66	0.05	12.17	0.44
	S4	0.53	0.63	0.05	11.39	0.40

df= 2, χ^2 = 6.67, GFI = 0.99, AGFI = 0.95, CFI = 0.99,
NFI = 0.99, RMR = 0.017, RMSEA = 0.087

구성개념	측정변수	경로계수		오차	값	R^2
		추정치	표준계수			
e-세일즈	A2	0.46	0.49	0.06	8.35	0.24
	A3	0.58	0.55	0.06	9.63	0.31
	A7	0.54	0.59	0.05	10.24	0.34
	A6	0.80	0.85	0.04	18.22	0.72
	A8	0.54	0.76	0.04	14.10	0.59

df= 5, χ^2 = 10.61, GFI = 0.99, AGFI = 0.96, CFI = 1.00,
NFI = 0.98, RMR = 0.025, RMSEA = 0.061

4. 확증적 요인 분석

구성개념	측정변수	경로계수		오차	t값	R^2
		추정치	표준계수			
e-커뮤니케이션	C1	0.65	0.76	0.05	13.11	0.57
	C2	0.62	0.76	0.05	13.08	0.57
	C3	0.44	0.51	0.05	8.34	0.26
	C4	0.02	0.00	0.05	10.22	0.30
	df= 2, χ^2 = 31.41, GFI = 0.95, AGFI = 0.92, CFI = 0.97, NFI = 0.97, RMR = 0.029, RMSEA = 0.22					
e-시스템	Y1	0.55	0.79	0.04	15.60	0.62
	Y2	0.62	0.88	0.03	18.35	0.78
	Y3	0.59	0.79	0.04	15.64	0.62
	Y4	0.45	0.60	0.04	10.90	0.36
	df= 2, χ^2 = 2.35, GFI = 1.00, AGFI = 0.98, CFI = 1.00, NFI = 1.00, RMR = 0.0066, RMSEA = 0.024					
몰입	I1	0.58	0.73	0.04	13.79	0.53
	I2	0.68	0.86	0.04	17.29	0.74
	I3	0.62	0.76	0.04	14.75	0.58
	I4	0.56	0.70	0.04	13.04	0.49
	df= 2, χ^2 = 6.82, GFI = 0.99, AGFI = 0.94, CFI = 0.99, NFI = 0.99, RMR = 0.013, RMSEA = 0.089					

5. 판별 타당도

	1	2	3	4	5	6	7	8	9	10
1. e-마케팅	1.00									
2. e-서비스	0.91	1.00								
3. e-세일즈	0.76	0.84	1.00							
4. e-커뮤니케이션	0.71	0.79	0.68	1.00						
5. e-시스템	0.78	0.87	0.73	0.68	1.00					
6. 만족	0.64	0.58	0.48	0.45	0.50	1.00				
7. 몰입	0.74	0.87	0.56	0.53	0.58	0.76	1.00			
8. 재구매의도	0.75	0.88	0.57	0.53	0.59	0.56	0.73	1.00		
9. 관계유지의도	0.87	0.80	0.51	0.47	0.52	0.42	0.54	0.70	1.00	
10. 구전의도	0.86	0.80	0.50	0.47	0.52	0.66	0.63	0.54	0.63	1.00
CR	0.72	0.83	0.78	0.76	0.88	0.78	0.82	0.82	0.80	0.85
AVE	0.36	0.55	0.49	0.44	0.60	0.55	0.53	0.70	0.58	0.67

6. 연구 모형 평가

구성개념	측정변수	경로계수		오차	t값	R^2
		추정치	표준계수			
e-마케팅	M1	0.49	0.71	0.04	12.80	0.50
	M2	0.47	0.81	0.04	10.85	0.38
	M3	0.49	0.64	0.04	11.42	0.41
	M4	0.45	0.62	0.04	10.92	0.39
	M5	0.32	0.34	0.06	5.53	0.12
e-서비스	S1	0.65	0.77	0.04	15.64	0.59
	S2	0.61	0.75	0.04	15.48	0.57
	S3	0.57	0.68	0.04	12.89	0.46
	S4	0.59	0.74	0.04	13.45	0.55
e-세일즈	A6	0.60	0.57	0.06	10.25	0.39
	A7	0.56	0.60	0.05	10.74	0.35
	A8	0.58	0.81	0.04	16.17	0.66
	A9	0.55	0.77	0.04	14.98	0.59
e-커뮤니케이션	C1	0.69	0.73	0.05	13.42	0.69
	C2	0.62	0.76	0.04	14.06	0.57
	C9	0.45	0.62	0.05	9.91	0.27
	C4	0.54	0.63	0.05	11.18	0.40

df= 2, χ^2 = 2.95, GFI = 1.00, AGFI = 0.98, CFI = 1.00, NFI = 1.00, RMR = 0.0066, RMSEA = 0.024

6. 연구 모형 평가

구성개념	측정변수	경로계수		오차	t값	R^2
		추정치	표준계수			
e-시스템	V1	0.56	0.79	0.04	15.85	0.62
	V2	0.60	0.86	0.03	17.87	0.78
	V3	0.59	0.79	0.04	15.89	0.62
	V4	0.46	0.65	0.04	12.06	0.42
만족	Sa1	0.47	0.70	–	–	–
	Sa2	0.58	0.81	0.04	13.00	0.68
	Sa3	0.61	0.72	0.05	11.61	0.69
몰입	I1	0.59	0.66	–	–	–
	I3	0.61	0.75	0.05	11.51	0.62
	I4	0.62	0.76	0.05	11.68	0.57
	I5	0.61	0.75	0.05	11.59	0.70
재구매의도	R1	0.61	0.65	–	–	–
	R2	0.58	0.63	0.04	15.49	0.40
관계유지의도	RM1	0.57	0.62	–	–	–
	RM2	0.79	0.86	0.07	11.04	0.62
	RM3	0.70	0.79	0.07	10.63	0.35
구전의도	W1	0.60	0.82	–	–	–
	W2	0.67	0.80	0.04	17.75	0.75
	W3	0.61	0.74	0.04	14.00	0.43

df= 2, χ^2 = 2.95, GFI = 1.00, AGFI = 0.98, CFI = 1.00, NFI = 1.00, RMR = 0.0066, RMSEA = 0.024

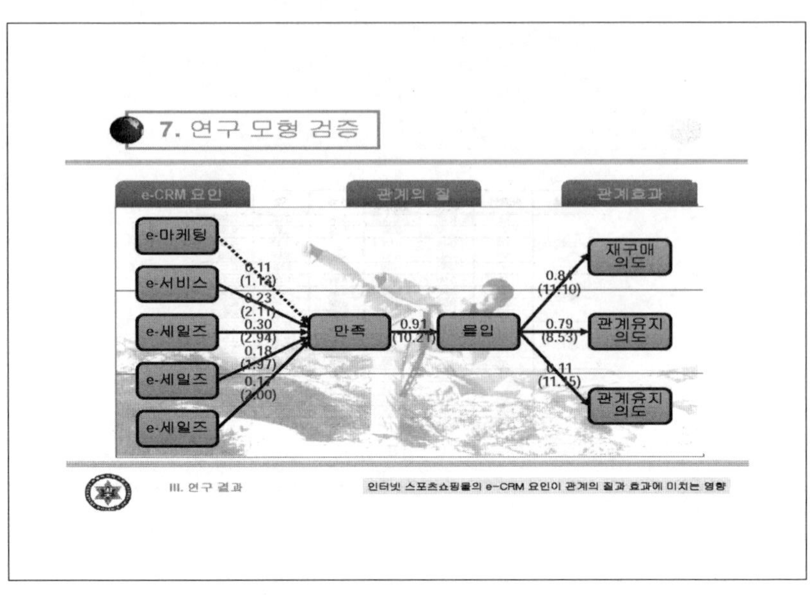

8. 가설 검증 결과

가설번호	변수의 관계		검증결과
가설1	e-마케팅	→ 만족	기각
가설2	e-서비스	→ 만족	채택
가설3	e-세일즈	→ 만족	채택
가설4	e-커뮤니케이션	→ 만족	채택
가설5	e-시스템	→ 만족	채택
가설6	만족	→ 몰입	채택
가설7	몰입	→ 재구매의도	채택
가설8	몰입	→ 관계유지의도	채택
가설9	몰입	→ 구전의도	채택

경로	경로계수	오차	t-value
e-마케팅 → 몰입	0,10	0,09	1,12
e-서비스 → 몰입	0,21	0,10	2,10
e-세일즈 → 몰입	0,27	0,09	2,92
e-커뮤니케이션 → 몰입	0,16	0,00	1,96
e-시스템 → 몰입	0,15	0,00	2,00
e-마케팅 → 재구매의도	0,09	0,00	1,13
e-서비스 → 재구매의도	0,17	0,00	2,11
e-세일즈 → 재구매의도	0,23	0,00	2,93
e-커뮤니케이션 → 재구매의도	0,14	0,07	1,97
e-시스템 → 재구매의도	0,13	0,00	2,00
e-마케팅 → 관계유지의도	0,08	0,07	1,12
e-서비스 → 관계유지의도	0,16	0,00	2,00
e-세일즈 → 관계유지의도	0,21	0,07	2,06
e-커뮤니케이션 → 관계유지의도	0,13	0,07	1,95
e-시스템 → 관계유지의도	0,12	0,07	1,90
e-마케팅 → 구매의도	0,09	0,06	1,13
e-서비스 → 구매의도	0,18	0,00	2,11
e-세일즈 → 구매의도	0,23	0,09	2,93
e-커뮤니케이션 → 구매의도	0,14	0,00	1,97
e-시스템 → 구매의도	0,13	0,07	2,00
만족 → 재구매의도	0,76	0,07	10,92
만족 → 관계유지의도	0,71	0,00	0,45
만족 → 구매의도	0,78	0,07	10,97

Ⅳ. 결론

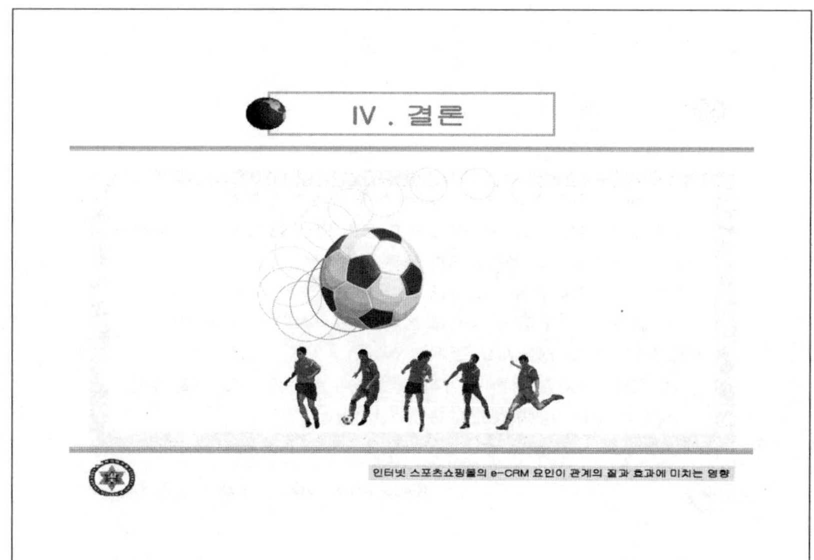

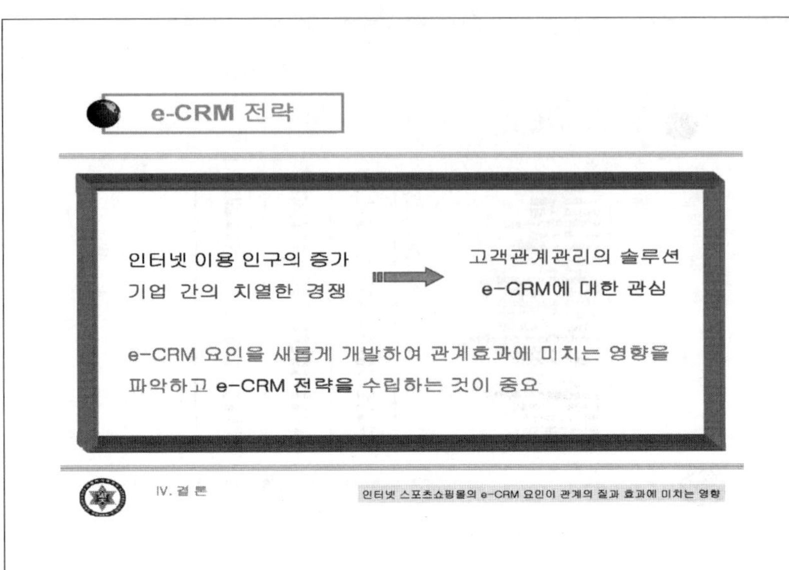
e-CRM 전략

인터넷 이용 인구의 증가
기업 간의 치열한 경쟁

고객관계관리의 솔루션
e-CRM에 대한 관심

e-CRM 요인을 새롭게 개발하여 관계효과에 미치는 영향을
파악하고 e-CRM 전략을 수립하는 것이 중요

IV. 결 론

인터넷 스포츠쇼핑몰의 e-CRM 요인이 관계의 질과 효과에 미치는 영향

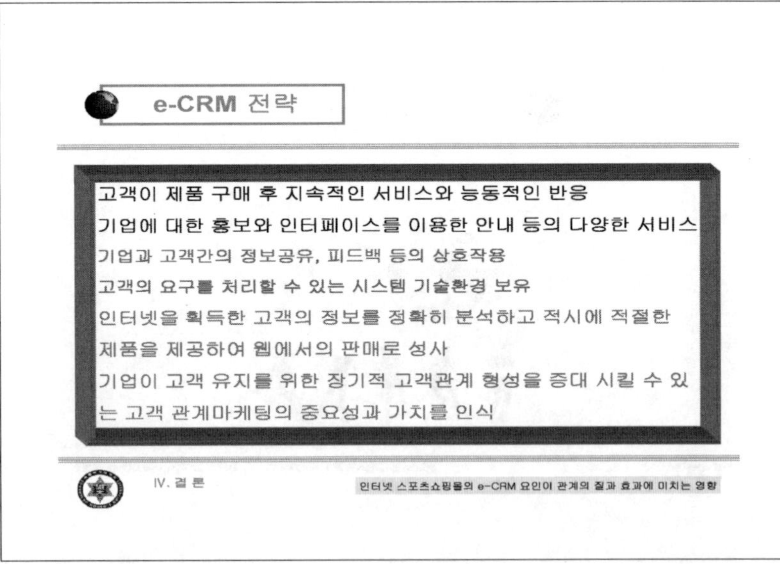
e-CRM 전략

고객이 제품 구매 후 지속적인 서비스와 능동적인 반응
기업에 대한 홍보와 인터페이스를 이용한 안내 등의 다양한 서비스
기업과 고객간의 정보공유, 피드백 등의 상호작용
고객의 요구를 처리할 수 있는 시스템 기술환경 보유
인터넷을 획득한 고객의 정보를 정확히 분석하고 적시에 적절한
제품을 제공하여 웹에서의 판매로 성사
기업이 고객 유지를 위한 장기적 고객관계 형성을 증대 시킬 수 있
는 고객 관계마케팅의 중요성과 가치를 인식

IV. 결 론

인터넷 스포츠쇼핑몰의 e-CRM 요인이 관계의 질과 효과에 미치는 영향

V. 제언

향후 연구 방향

1. 관계의 질 요인
- 관계의 질의 여러 요인 중 제외된 신뢰가 포함된 연구 모형을 설정하여 다른 변수들 간의 관계를 규명하는 연구의 보완

2. 간접 효과
- 결과에서 e-CRM 요인이 관계효과로 간접 효과를 보이는 것으로 나타났으므로, 향후 검증이 필요

V. 제언

감사합니다.
2005년 11월 14일(월)

학술진흥재단 등재지 및 등재후보지 원고 투고 방법

일반 학술 논문은 학위 논문에 비해서 간결하고 함축성 있게 작성된다. 과장되지 않은 논문 제목은 학구적이고 독자의 관심을 끌 수 있도록 흥미롭고 신선미가 있어야 하며 논문의 분량은 10장 내외로 한다. 논문 제목 아래에는 저자명과 소속을 쓰고 제1저자(주저자) 앞이나 뒤에 *, or, #을 붙인다. 그리고 각주에서 제1저자의 이메일 주소 또는 소속 기관의 주소를 적는다. 다음은 학술진흥재단 등재지 중의 하나인 한국스포츠산업경영학회지에 등재된 본인의 논문의 첫 페이지를 예로 들어보면 다음과 같다.

예 1

태권도장의 관계마케팅 실행 요인이 만족과 관계효과에 미치는 영향

김봉경*(상지대학교) · 한태용(강릉대학교)

본 연구는 태권도장에서 관계마케팅 실행 요인이 만족과 관계효과의 행동적 결과에 미치는 영향을 실증적으로 분석하는 데 목적이 있다. 고객이 추구하는 관계마케팅 실행 요인과 만족, 관계효과를 가능케 하는 구조를 이해하는 것은 고객의 욕구를 충족시켜 줄 수 있는 프로그램을 개발할 수 있기 때문에 더욱 의미가 있다. 따라서 본 연구는 첫째, 고객들의 태권도장에 대한 관계마케팅 실행 요인이 만족을 통해서 관계효과에 어떠한 영향을 미치는지 구조 모형을 분석하고, 둘째, 관계마케팅 실행 요인, 만족, 관계효과의 각 개념 간 관계를 규명하였다. 조사 대상은 태권도장(서울, 경기도, 강원도)의 고객 300명이다. 표집은 편의 표본 추출법에 근거했으며, 설문지는 자기 평가 기입법으로 작성하도록 하였다. 수집한 자료는 불성실 응답 내용 51부를 제외한 249부를 유효 표본으로 선정한 후 연구 목적에 맞게 자료 처리하였다. 자료 처리는 SPSSWIN Ver 13.0과 AMOS 5.0을 활용하였는데 모형의 적합도 검증을 확인한 후 개별 가설들을 검증하였다. 이렇게 해서 얻은 결과를 보면 다음과 같다.

첫째, 관계마케팅 실행 요인을 외생 변수로 설정하고 만족과 관계효과를 내생 변수로 설정한 구조 모형은 모형이 적합한 것으로 나타났다. 둘째, 관계마케팅 실행 요인 중 프로그램과 시설은 만족에 유의한 영향을 미쳤으나 커뮤니케이션은 만족에 영향을 미치지 않았다. 셋째, 만족은 관계효과인 관계유지 의도와 구전 의도에 유의한 영향을 미쳤다. 따라서 태권도장의 관계마케팅 실행 요인의 중요성과 가치를 인식하고, 지속적인 고객 관계마케팅을 강구함으로써 장기적 관계형성을 가능하게 하며, 이를 통하여 치열한 경쟁 환경 속에서 태권도장의 매출액과 이익을 증대시킬 수 있는 관계마케팅 전략을 제시하였다.

※ 주요어 : 관계마케팅 실행 요인, 만족, 관계효과

---

*e-mail : 3724340@hanmail.net

체육 분야의 학술등재지 중 한국체육학회, 한국사회체육학회, 한국스포츠산업경영학회와 학술등재후보지인 한국체육과학회의 논문 투고 방법은 각 학회의 홈페이지의 논문 투고 규정에 들어가면 확인할 수 있다. 아래에서 그 투고 규정에 대하여 살펴보도록 하겠다.

1. 한국체육학회지(http://www.kahperd.or.kr)

1) 논문 체재

(1) 중복 및 표절 여부 확인

논문 심사에서는 먼저 심사할 논문의 전체 또는 일부가 본 학회지나 타 학술지에 이미 게재되었는지 여부를 면밀하게 검색하여 복수 출판, 부분 출판 또는 표절 여부를 확인한 다음 심사에 임해야 한다.

(2) 제목

논문의 제목은 논문 내용 전반을 함축적으로 나타낼 수 있는 최소한의 단어를 사용하여 간결하고도 구체적으로 표현해야 한다. 지나친 전문 용어는 가급적 피하고, 부제 표현은 바람직하지 않다.

(3) 국문 영문 초록

연구의 필요성과 목적을 명확하게 기술해야 한다. 연구 방법은 적용된 방법(양적, 질적)의 주요 요소들을 반드시 포함하여야 한다. 연구 결과는 연구 문제에 부합되도록 간결하게 제시해야 하며, 결론과 제언은 연구 결과에 근거하여 명확하게 진술해야 한다. 국·영문 초록은 첫 페이지를 넘지 않도록 작성해야 한다.

(4) 서론

독창적이며 흥미로운 문제 제기가 가장 중요하며, 연구와 직접적으로 관련된 핵심적 배경과 이를 토대로 한 연구의 목적이 명확히 언급되어야 한다. 흔히 최근의 관련 연구 경향만을 나열하는 경향이 있으나, 연구 문제의 학문적 경험적 발전 과정도 필요에 따라 간결하게 기술해야 한다. 교과서적이고 일반적인 설명은 완전히 배제해야 하며, 참고 문헌 인용은 가급적 1차 자료에 근거하여야 한다. 인용된 자료가 2차 자료인 경우에는 2차 자료 인용 형식에 적절하게 제시해야 한다.

(5) 연구 방법

관심 있는 독자로 하여금 기술된 방법으로 연구를 수행할 경우 동일한 연구 결과가 얻어질 수 있도록 상세하게 기술해야 한다. 관찰 또는 연구 대상자의 선정 방법을 명확히 기술해야 한다. 연구의 형태에 따라 적절한 연구 절차가 제시되어야 하며, 도구를 사용한 논문일 경우 도구의 특성(신뢰도, 타당도)에 대한 명확한 근거가 제시되어야 한다. 적용된 통계적 분석 방법과 절차의 타당도에 대하여는 전문적인 관점의 평가가 필요하다. 연구 방법(통계적 방법)에 대한 전문적 평가에 한계가 있을 때는 편집위원회에 심사를 반송해야 한다.

(6) 결과

연구 문제나 가설의 진위 여부를 밝힐 수 있는 결과만을 체계적으로 제시해야 한다. 질적 연구인 경우는 자신의 연구를 진행하면서 얻어진 결과만을 서술한다. 통계적 분석 방법을 적용한 연구에서는 기본적이고 필수적인 분석 결과만을 정리한다. 연구 문제와 직접적인 관련이 없는 표와 그림은 싣지 않는다. 연구 결과는 연구자가 의도하거나 기대하는 방향으로 서술되지 않고 객관적이어야 한다. 통계 용어, 약어, 기호의 의미는 명확하게 표현되어야 하며, 약자의 사용은 최소한으로 한다.

(7) 논의, 고찰

결과에서 얻어진 사실의 의미를 해석하고, 그러한 결과를 얻을 수밖에 없는 이유를 관련 이론이나 선행 연구에 근거하여 설명한다. 관련 이론이나 선행 연구에 부합하는 결과로서 또는 상반된 결과 차원에서의 설명이 필요하다. 예상하지 못했던 결과를 해석하기 위하여 모호하거나 비논리적 주장을 나열하는 것은 좋지 않다. 연구 진행 과정의 문제점 및 제한점 등도 다를 수 있으며, 결과에서 얻어진 자료를 반복해서 설명하지 않아야 한다.

(8) 결론

결론에서 가장 일반적인 오류는 연구 결과에서 얻어진 수치를 제시하며 반복 설명하는 사례다. 결론에서 변인 간의 인과적 관련성 진술은 주어진 연구(실험) 방법(설계)의 범위 안에서 해야 한다. 비실험, 유사실험, 조사 및 관찰 연구에서의 인과적 결론은 이론적 근거, 비허위적 관계, 시간적 전후관계, 연관성 정도를 바탕으로 매우 신중히 진술되어야 한다. 결론은 연구 목적(문제)과 연관시켜 진술하되 검증되지 않은 가설에 대한 어떠한 주장도 제안할 수 없다.

(9) 참고 문헌

참고 문헌은 본문에 인용한 문헌만 제시한다. 목록에 포함된 문헌은 투고 규정의 다양한 표기 형식에 일치하여야 한다. 특히 2차 자료를 인용한 경우 그 출처를 정확하게 제시해야 한다. 참고 문헌은 연구의 충실성과 신빙성에 매우 중요한 지표인 만큼 매우 철저하게 정리되어야 한다. 학회 투고 규정에 제시되지 않은 기타 문헌들의 표기 방법은 미국심리학회 출판요강(Publication Manual of American Psychological Association)에 준한다.

2) 원고 작성 규정

※ 논문 작성은 다음 체제에 준한다.

(1) 논문 표제, 국문 요약(요약), 영문 요약(Abstract), key words, 본문, 참고 문헌 순으로 구성한다.

– 연구자 소속 기관 표시

① 단독 연구 : 홍길동(동해대학교)

② 공동 연구 : 홍길동(동해대학교)·임꺽정(서해대학교)

(2) 논문의 부제는 순차적인 일련번호에 따라 표기한다.

[일련번호] 1 → 1) → (1) → ① ···

(3) 이론적 배경(혹은 관련 연구)은 간결하게 분석 요약하여 서론 부분에 포함시킨다.

(4) 결과는 결과(분석) 및 논의로, 결론은 결론 및 제언 등으로 쓸 수 있다.

※ 원고 서식은 횡서로 하여 국문으로 작성하는 것을 원칙으로 하되 부득이하게 외국어를 사용할 경우에는 ( )를 이용하여 표기한다.

※ 원고 편집과 분량은 한국체육학회지 편집 양식에 준하여 10매 이내를 원칙으로 한다.

※ 원고는 반드시 한글 2004버전으로만 작성하여 제출한다. 제출된 원고는 반환하지 않는다.

※ 원고에는 국문·영문 요약을 첨부하여야 하며, 국문·영문 요약은 문단을 구성하지 않는다. 국문·영문 요약의 분량은 편집 양식 기준으로 첫 페이지에 여백 없이 구성하며 국문 요약은 9줄, 영문 요약은 10줄을 기준으로 구성한다.

※ 본문에서는 가급적 외래어 표기를 피하고, 원어를 사용할 경우에는 우리말 의미를 덧붙이도록 한다.

※ key words는 소문자로 표기하되 고유 명칭은 첫 글자를 대문자로 쓸 수 있다.

※ 교신저자 e-mail를 표기한다.

3) 그림 및 표 작성

(1) 그림은 인쇄용 원고로 직접 사용할 수 있도록 선명하게 작성해서 첨부한다.

(2) 표와 그림의 제목은 한글로 작성한다.

(3) 표 및 그림 제목의 번호는 본문에서 설명을 할 경우 〈표 1〉, 〈그림 1〉로 괄호를 사용해서 표기하고, 표와 그림에서는 표 4., 그림 1. 과 같이 괄호 없이 표기한다.

(4) 모든 표는 반드시 가로 선으로만 작성한다. 단, 특별한 의미를

나타낼 필요가 있는 경우에는 세로선도 사용할 수 있다.

(5) 표의 제목은 표의 상단 왼쪽에, 그림의 제목은 그림 하단 중앙에 표기한다.

(6) 표 및 그림이 인용된 자료일 경우 표, 그림의 하단 왼쪽에 참고 문헌 형식을 제시한다.

(7) 표 및 그림에 필요한 단위는 반드시 상단 오른쪽 끝에 원어로 표기한다.

4) 수학 및 통계 기호

(1) 논문 작성에 사용한 원자료(raw data)는 논문이 출간된 이후 최소한 3년간 보관하는 것이 일반적인 관례이므로, 본 학회에 제출한 논문 자료도 최소한 3년간 보관해야 한다.

(2) 일반적으로 사용되는 통계치 공식 등은 논문 내용에서 설명하지 않는다.

(3) 통계 또는 수학식이 새로운 것이거나 꼭 필요한 경우에는 논문에 제시한다.

(4) 논문에서 추리 통계치를 제시할 때는 통계치 기호와 함께 자유도, 통계치 그리고 유의수준을 같이 제시한다[이때 유의수준의 소수점 앞에는 0을 쓰지 않는다($p = .001$)].

(5) 통계 기호의 약호와 기호는 다음 표의 기준을 따른다. 이 외의 통계적 약호 기호는 미국심리학회 출판요강(Publication Manual of American Psychological Association, 5th Ed., 141-144)을 참조한다.

(6) 수식과 단위는 다음 표기에 따른다.

5) 서체 및 숫자

(1) 통계 부호, 또는 수학의 변수로 사용된 문자는 이탤릭체로 작성
하며 통계 약호와 기호는 수학 통계 기호의 표기 방법 (5)에 따른다.
(2) 화학 용어, 삼각함수 용어, 그리스 문자, 약어로 쓰인 문자 등
은 이탤릭체를 사용하지 않는다.

약호, 기호	정의	비고(서체)
MANOVA	Multivariate analysis of variance / 다변량 분석	정체
ANOVA	Analysis of variance / 변량 분석(univariate)	
df	Degree of freedom / 자유도	
f	Frequency / 빈도	
F	Fisher's ratio / Fisher's 비	
H_o	Null hypothesis under test / 영가설	
H_1	Alternative hypothesis / 대립가설	
M	Mean / 산술 평균	
Mdn	Median / 중앙치	
MS	Mean square / 평균자승	
n	Number of subsample / 하위 집단 사례수	
N	Total number in a sample / 전체 표본 사례수	이탤릭
ns	Nonsignificant / 통계적으로 유의하지 않음	
p	Probability / 확률	
P	Percentage, percentile / 백분위	
r	Pearson product-moment correlation / 상관계수	
R^2	Multiple correlation squared / 결정계수	
SD	Standard deviation / 표준편차	
SE	Standard error (of measurement) / 표준오차	

SEM	Structural equation model / 구조 방정식 모형	정체
SS	Sum of square / 자승합	이탤릭
xyzSS	Abscissa (가로좌표, 그래프의 수직 축) Ordinate (세로좌표, 그래프의 수평 축) A standard score / 표준점수 Sum of square / 자승합	이탤릭
$\alpha\,\beta X^2$	Alpha / 일종 오류 확률, Cronbach's 내적 일관성 지수 Beta / 이종 오류 확률, 표준화 다중회귀계수	정체
	Computed value of a chi-square test / 카이자승 통계치	

옳은 표기	틀린 표기	옳은 표기	틀린 표기
단위		pH 6.0	PH 6.0 pH6.0
12 cm	12cm	15 MPa(mega pascal)	15 mPa 15 Mpa
8 m	8 M	15%	15 %
10μm	10μm 10μ	28%(w/v)	28 %(w/v) 28 %(W/V)
12 g	22g	0.14 mg%	0.14mg% 0.14 mg %
51 kg	51kg 51Kg 51kgs	20 ppm	20ppm 20PPM
36 ml	36mL 36ml.	$1\times10{-}3$ M	$1\times10{-}3$M
20 L	20l 20.0 l 20.0L	범위	
12.5 hr	12.5hr 12.5hrs	0.5 - 0.8 g	0.5~0.8 g
3.8 min	3.8min 3.8mins		0.5 - 0.8 g
10 sec	10 sec. 10s	수식	
30 mm/min	30mm/min 30 mm/min.	0.001	.001
25 m/sec	25m/sec	(a+b)/(c+d)	a+b/c+d
25° °C	30 °C		

(3) 일반적으로 본문 중의 10 이하의 수는 글자로 표시한다.
1,000 이상의 숫자는 아라비아 숫자를 사용하고 10 이하의 수는 글
자로 표시한다. 1,000 이상의 숫자는 세 자리씩 쉼표로 구분한다.

6) 문헌 이용

(1) 본문에서 문헌을 인용할 때 한국인은 성과 이름 전부를, 외국
인은 성(family name)을 발행 연도와 함께 괄호 속에 표시한다.

(2) 다른 저자의 책에 출간된 연구물에서 인용된 자료, 검사 항목
에서 따온 자료 그리고 피험자에 대한 언어적 지식 사항 등은 문자
그대로 표기한다.

(3) 짧은 인용(40단어 이하)은 본문 속에 포함시키고 직접 인용 부
호("")로 인용문을 표시한다. 40단어 이상의 인용문은 본문과 별도
로 적고 인용 부호는 생략한다. 별도로 인용문을 기술할 때는 문단
을 바꾸고 왼쪽, 오른쪽을 각각 5자씩 들여 쓴다.

(4) 인용을 할 때 본문에는 저자, 연도만 표기하고 참고 문헌에 완
전한 출처를 제시한다.

(5) 저자가 단체일 경우 처음 인용 때는 단체명을 모두 쓰고 그 이
후부터는 약어로 표기한다.

(6) 인문, 사회 분야의 논문일 경우 필요에 따라 미주(note 또는
endnote)를 사용할 수 있으며, 참고 문헌 뒤에 게재한다. 본문 중의
각주(footnote)는 사용하지 않는다.

(7) 저자가 1인 또는 2인인 경우는 본문 내에 인용될 때마다 모두

표기한다.

예) 홍길동 및 홍춘희(2001)는 … Affonso & Lee(2001)는 …

(8) 저자가 3인 이상 5인까지인 경우 첫 인용에는 한국인은 성과 이름 전부, 외국인인 경우 성을 전부 표기하고, 같은 문헌이 반복 인용될 때, 한국인은 첫 저자의 이름 전부와 등(等), 외국인은 첫 저자의 성과 et al.을 표기한다.

예)

홍길동, 홍춘희 및 김길수(2001)는 비만의 ——— 첫 인용

홍길동 등 (2001)은 비만의 —— 반복 인용

Willams, Johnes, Smeith & Lee(2001)는 스포츠 경영에서 —— 첫 인용

Willams et al. (2001)은 스포츠 경영에서 —— 반복 인용

(9) 같은 연도, 같은 성을 가진 다른 2명 이상의 저자 논문을 참고한 경우에는 성과 이름의 첫 글자(intial)를 쓰고, 한국인은 이름 전부를 쓴다.

예)

… 사회적 스트레스(Volicer, K. A. 2001 ; Volicer, M. Y. 2001)…

(10) 같은 저자의 복합 인용은 연대순으로 하여 쉼표(,)로 띄어 쓰고, 저자명은 각 논문마다 반복하지 않는다.

예)

국문일 경우: (이기동, 1991, 1998).

영문인 경우: (Price, 1988, 1999).

(11) 같은 해에 동일 저자에 의한 두 편 이상의 논문은 연도를 기입한 후 a, b, c, 등으로 첨부하고 저자명을 반복하지 않는다.

예)

영문 논문인 경우: (Price, 1980a, 1980b)

국문 논문인 경우: (홍길동, 1980a, 1980b)

(12) 본문 내용에서 다른 저자가 같은 내용에서 동시에 인용될 때는 한국인 먼저 가나다순으로, 그 다음 외국인은 알파벳순으로 괄호 내용에 세미콜론(;)을 이용하여 배열한다.

예)

…에 대한 연구들(김성태, 1978; 남해구, 1997; 최경수, 2001; Brown & Smith, 1975; Lee, 1954; Williams, 1998)…

(13) 저자가 6인 이상인 경우에는 처음부터 한국인은 첫 저자의 이름 전부와 등(等), 외국인은 성과 등(et al.), 연도를 표기한다. 참고 문헌에는 전체 저자의 이름을 표시한다.

예)

최영광 등 (1998)은 성인병 발병에 관한 연구에서 ── 첫 인용, 반복 인용 모두

Price et al. (1987)은 만성질환 추의 변화에 관한 연구에서 ── 첫 인용, 반복 인용

7) 참고 문헌 작성

참고 문헌 작성 원칙은 미국심리학회 출판요강(Publication Manual of American Psycho-logical Association, 5th ed. 2001)에 준한다. 참고 문헌의 나열은 먼저 동양어 표기 문헌을 가나다순으로, 다음에 서양

어 표기 문헌을 알파벳순으로 한다. 세부 주요 작성 원칙은 다음과
같다.

　(1) 정기간행물(Periodicals)
　- 저자(출판 연도) : 저자명은 모두 명기하되 영문일 경우 성은 전
부 쓰고 나머지 부분은 머리 글자만으로 표시한다. 성 다음은 쉼표
(,)로 표시하고 저자가 2인이나 그 이상인 경우에는 마지막 저자 앞
에 &를 사용한다. 출판 연도는 저자 다음에 붙여서 괄호 안에 표기
한다.
　- 논문 제목 : 영문인 경우 제목과 하위 제목〔콜론(:) 다음에 이어지
는 제목〕 첫머리 글자만 대문자로 표기하고 나머지는 모두 소문자로
기록한다.
　- 학술지명 : 국문인 경우 진하게 표기하고 영문인 경우 이탤릭체
로 표기한다.
　- 영문 학술지명 : 축약형(abbreviation)이 아닌 원제 명칭으로 기
재하고 명사, 대명사는 첫머리 글자를 대문자로 표기한다.
　- 권 호 번호와 페이지 : 각각 숫자로만 표시하되 국문은 권 번호
를 진하게, 영문은 이탤릭체로 표기한다. 호(no)는 국문과 영문에
서 진하게 또는 이탤릭체가 아닌 정체로 표기한다.
　- 영문 참고 문헌 표기 : ‘양쪽 정렬’ 편집상 불가피한 단어 사이
공간 여백 불균형은 분철로 적절하게 조절한다.
　〔학술지 저자가 1명인 경우〕
　홍길동(1993). 학생체력검사의 평가 방법 개선 방안. **한국체육학
회지**, 32(2), 512-530. McPherson, B. D. (1994). Sport

participation across the life cycle: A review of the literature and suggestions for future research. *Journal of Sport Sociology*, 1, 34-32.

[학술지 저자가 2명인 경우]

Klimoski, R., & Palmer, S. (1993). The ADA and the hiring process in organiza-tions. *Consulting Psychology Journal: Practice and Research*, 45(2), 10-36.

[학술지 저자가 6명 이상인 경우]

Wolchik, S. A. West, S. G., Sandler, I. N., Tein, J., Coatsworth, D., Lengua. L., et al. (2000). An experimental evaluation of theory-based mother and mother-child programs for children of divorce. *Journal of Consulting and Clinical Psy-chology*, 68, 843-856.

[심사 완료 후 게재 예정 논문]

Zuckerman, M., & Kieffer, S. C. (in press). Race differences in faceism: Dose facial prominence imply dominance? *Journal of Personality and Social Psychology*.

[잡지 기사] Kandel, E. R., & Squire, L. R. (2000, November 10). Neuroscience: Breaking down scientific barriers to the study of brain and mind. *Science*, 290, 1113-1120.

[신문 기사]

홍길동(1998, 7월 20일). 운동 선수의 상해 실태. 동해일보, pp. A15, A16. New drug appears to sharply cut risk of death from heart failure (1933, July 13). *The Washington Post*, p. A12.

〔초록집〕

Woolf, N. Y., Young, S. L., Fanselow, M. S., & Butche, L. L. (1991). MAP-2 ex-pression in cholinoceptive pyramidal cells of rodent cortex and hippocampus is altered by Pavlovian conditioning 〔Abstract〕. *Society for Neuroscience Abstracts*, 17, 480.

〔논문집의 특별 부록 - supplement〕

Regier, A., A., Narrow, W. E., & Rae, D. S. (1990). The epidemiology of anxiety disorders: The epidemiologic catchment area (ECA) experience. *Journal of Psychiatric Research*, 24(Suppl. 2), 3-14.

(2) 단행본(Books)

- 저자, 편집자 : 편집된 책일 경우 국문은 저자명 뒤에 '편'으로 표시하고 영문일 경우 'Ed.' 혹은 'Eds.' 라는 약어로 표시한다.

- 출판 연도 : 책이 발간된 연도를 표시한다.

- 책 제목 : 국문일 경우 진하게, 영문일 경우 이탤릭체로 표기하되 책 제목은 명사, 대명사만 대문자로 표기한다. 책이 재판 이상으로 간행된 경우 책 제목 다음에 판수를 기재한다.

- 출판 도시 : 출판 도시와 출판사 사이는 콜론(:)으로 표시한다.

〔단행본〕

홍길동(1995). **운동생리학**. 서울: 동양출판사. Safrit, M. J. (1990). *Introduction to measurement in physical education and exercise science*(3rd. ed.). St. Louis, Missouri: Times Mirror.

〔편저〕

Gibbs, T. T., & Huang, L. N. (Eds.). (1991). *Children of color: Psychological interventions with minority youth*. San Francisco: Jossey-Bass.

〔저자, 편저자가 명기 안 된 단행본〕

Merrian-Webster's collegiate dictionary(10th ed.). (1993). Springfield, MA: Merrian-Webster.

〔백과사전, 사전〕

Sadie, S. (Ed.). (1980). *The new Grove dictionary of music and musicians*(6th ed., vols. 1-20). London: m Macmillan.

〔편·저서 내의 장(chapter) 또는 논문〕

Bjork, R. A. (1989). Retrieval inhibition as an adaptive mechanism in human memory. In H. L. Roediger III & F. I. M. Craik (Eds.), *Varieties of memory & consciousness* (pp. 309-330). Hillsdale, NJ: Erlbaum.

(3) 보고서(Technical and Research Reports)

〔보고서〕

김천식(1993). 국민건강관리 프로그램 개발. 서울: 한국문화대학교 체육과학연구소. National Institute of Mental Health. (1990). *Clinical training in serious mental illness* (DHHS Publication No. ADM 90-1679). Washington, DC: U. S. Government Printing Office.

(4) 학술회의나 심포지엄의 자료(Proceedings)

〔출간된 자료집〕

Deci, E. L., & Robert, R. M. (1997). A motivational approach to self: Intergration in personality. In R. Dienstbier (Ed.), *Nebraska Symposium on Motivation, Vol. 37. Perspectives on motivation* (pp. 237-288). Lincoln: university of Nebraska press.

김경숙(2005). 국민체육진흥을 위한 생활체육지도자의 역할. 한국체육학회, 제24회 국민체육 진흥세미나, 국민체육진흥을 위한 전문체육인의 역할(pp. 29-56). 서울: 한국체육학회.

〔포스터 발표〕

Ruby, J., & Fulton, C.(1993, June). *Beyond redlining: Editing software that works.* Poster session presented at the annual meeting of the Society for Scholarly Publishing, Washington, DC.

(5) 석·박사 학위 논문(Doctoral Dissertation and Master's Thesis)

〔학위 논문〕

홍길남(1994). 준거지향 검사의 기준설정 방법 비교. 미간행 박사학위 논문. 서울대학교 대학원, 서울.

〔학위 논문 초록집〕

Bower, D. L. (1993). Employee assistant programs supervisory referrals: Characteristics of referring and nonreferring supervisor. *Dissertation Abstracts International, 54* (01), 534B. (UMI No. 9315947)

(6) 시청각 자료(Audiovisual Media)

〔TV 프로그램〕

Miller, R. (Producer). (1989). The mind 〔Television series〕. New York: WNET.

(7) 전자문서(Electronic Media)

〔전자 저널〕

Fredrikson, B. L. (2000, March 7). Cultivating positive emotions to optimize health and well-being. *Prevention & Treatment, 3*, Article 0001a. Retrieved November 20, 2000, from http://journalsapa. org/prevention/volume3/pre0030001a.html.

〔웹사이트 자료〕

Greater New Milford Area Healthy Community 2000, Task Force on Teen and Adolescent Issues. (n.d.) *Who has time for a family meal?* You do! Retrieved October 5, 2000, from http://www.familymealtime.org.

(8) 참고 문헌에 허용되는 축약형 용어는 다음과 같다.

축약형	기본 용어	축약형	기본 용어
Chap.	chapter	p.(pp.)	page(pages)
ed.	edition	vol.	Volume
Rev. ed.	revised edition	vols.	volumes
2nd ed.	second edition	No.	Number
Ed.(Eds.)	Editor(Editors)	Pt.	Part
Trans.	Translator(s)	Suppl.	Supplement
n.d.	no date		

7) 한국체육학회지 편집양식(아래아한글 2004)

	서체(영문)	장평(%)	자간(%)	급수	행간	단수	내어 쓰기	들여 쓰기
본문	휴먼명조	90	-10	10p	150%	2		10pt
논문 제목	휴먼명조	90	-10	18p	130%	1		왼쪽
부제목	휴먼명조	90	-10	12p	150%			왼쪽
이름	신명태고딕	90	-10	11p	130%			왼쪽
소속	휴먼명조	90	-10	10p	130%			왼쪽
영문 논문 제목	HCI Poppy	95	-10	15p	110%			왼쪽
영문 부제목	HCI Poppy	90	-10	12p	150%			왼쪽
영문 이름	HCI Poppy	90	-10	10p	150%			왼쪽
영문 소속	HCI Poppy	90	-10	10p (이탤릭)	150%			왼쪽
요약	신명태고딕	90	-10	10p	150%			왼쪽
국문 요약 본문	휴먼명조	90	-10	10p	150%			
Abstract	신명태고딕	90	-10	10p	150%			왼쪽
영문 요약 본문	휴먼명조	90	-10	9p	150%			
Key words	HCI Poppy	90	-10	8p	130%			
장 제목(서론)	휴먼명조	90	-10	14p (진하게)	150%	2		가운데
1. 제목	휴먼명조	90	-10	10p (진하게)	150%	2		10pt
1) 제목	휴먼명조	90	-10	10p (진하게)	150%	2		10pt
표 제목	휴먼고딕	90	-10	9p	105%	1 or 2		
표 내용	휴먼명조	90	-10	9p	105%	1 or 2		
그림 제목	휴먼고딕	90	-10	9p	105%	1 or 2		
그림 내용	휴먼명조	90	-10	9p	105%	1 or 2		
참고 문헌	휴먼명조	90	-10 (진하게)	14p	150%	2		가운데
참고 문헌 내용	휴먼명조	90	-10	10p	150%	2	35pt	

- 용지 설정 : 사용자 정의 - 190×260, 여백주기 - 위쪽 : 20, 아래쪽 : 20, 오른쪽 : 20, 왼쪽 : 20
- 머리말 : 15.0 , 꼬리말 : 0
- 표 , 그림은 캡션 편집

2. 한국사회체육학회지(http://www.kssls.org)

1) 논문 체재

(1) 원고 분량은 A4용지에 횡서로 작성하며, 분량은 10페이지 내외를 원칙으로 한다.

(2) 원고가 외국어(영어)로 작성된 경우 국문 초록을 첨부하며, 국문 초록 분량은 A4용지 2매를 기준으로 한다.

(3) 논문 작성은 한글 또는 한글 한자 혼용을 원칙으로 하며, 외국어로 작성할 경우는 영어를 사용한다. 또한 한자를 혼용할 경우에는 용어 및 개념어에 한정해서 사용하여야 한다.

(4) 원고 첫 페이지에는 논문 제목, 연구자 성명(소속), 차례(1. 서론, 2. 연구 방법, 3. 연구 결과, 4. 논의, 5.결론)를 기재한다. 연구자 소속은 저자가 사회체육 관련 학과에 소속된 경우가 아닐 때만 학과명까지 기재한다. 저자가 단체나 기관에 종사할 경우는 단체나 기관명을 기재한다.

(5) 맨 처음 위치하는 연구자 성명이 제1저자(주저자)명이며, 교신 저자는 이름 왼쪽 상단에 * 표시를 반드시 학고, 첫 페이지 왼쪽 하단에 e-mail 주소를 기재해야 한다.

(6) 가급적 외래어 표기는 하지 않도록 하나 원어를 사용할 경우에는 우리말 의미를 덧붙이도록 한다.

2) 그림, 표 작성

(1) 그림은 인쇄용 원고로 직접 사용할 수 있도록 선명하게 작성해서 첨부한다. 사진을 첨부할 경우에는 가급적 흑백용 필름을 사용해서 제출한다.

(2) 표, 그림의 제목 내용은 반드시 국문 또는 한자 혼용으로 작성한다. 그림과 표 제목 및 내용에 전문 용어를 원어로 직접 표기할 경우 우리말 의미를 덧붙인다.

(3) 표, 그림 제목의 번호는 본문에 설명할 경우 〈표 1〉 또는 〈表 1〉, 〈그림 1〉로 괄호를 사용해서 표기하고, 표와 그림에는 표 1 또는 表 1, 그리고 그림 1과 같이 괄호 없이 표기한다.

(4) 모든 표는 아래 보기와 같이 반드시 가로 선으로만 작성한다. 다만, 특별한 의미를 나타낼 필요가 있는 경우는 세로선도 사용할 수 있다.

* 〈표의 예시〉

표 1. 피험자들의 신체적 특성(N=12)

	연령(세)	체중(kg)	신장(cm)
평균	22.1	75.4	178.4
표준 편차	0.9	3.2	3.7

(5) 표 제목은 표의 상단에, 그림 제목은 그림 하단에 적는다.

(6) 표와 그림이 인용된 자료일 경우 표 그림의 하단에 참고 문헌 형식으로 제시한다.

(7) 표, 그림에 필요한 단위는 반드시 원어로 표기한다.

3) 수학 및 통계 기호

(1) 일반적으로 사용되는 통계치에 대한 공식 등은 논문 내용에 설명하지 않는다.

(2) 통계 또는 수학식이 새로운 것이거나 꼭 필요한 경우에는 논문에 제시한다.

(3) 본문에서 추리 통계치를 제시할 때는 통계치 기호와 함께 자유도, 통계치 그리고 유의수준을 같이 제시한다(이때 유의수준의 소수점 앞에는 0을 쓰지 않는다).

(4) 피험자 수를 기호로 나타낼 때는 전집일 경우 N으로, 표본 대상일 경우 소문자 n을 쓴다.

4) 서체 및 숫자

(1) 통계 부호 또는 수학의 변수로 사용된 문자는 이탤릭체로 작성한다.

예) *F*검증 *Z*점수 *t-test* *F*(153)＝10.03

(2) 화학 용어, 삼각함수 용어, 그리스 문자, 약어로 쓰인 문자 등은 이탤릭체를 사용하지 않는다.

(3) 일반적으로 본문 중 10 이상 숫자는 아라비아 숫자를 사용하고, 10 이하의 수는 글자로 표시한다. 1,000 이상의 숫자는 세 자리씩 쉼표로 구분한다.

5) 참고 문헌

(1) 참고 문헌은 국문일 경우 가나다순으로, 영문일 경우 알파벳순으로 작성한다. 주요 작성 원칙은 아래와 같다.

(2) 정기 간행물 참고 문헌의 표시

저자(출판 연도). 논문 제목, 학술지 이름, 권, 번호, 페이지 번호.

저자 이름은 모두 명기한다. 영문일 경우 성은 전부 쓰고 나머지 부분은 머리 글자만으로 표시한다. 영문으로 표기할 경우 성 다음은 쉼표(,)로 표시하고 저자가 2명이나 그 이상인 경우에는 마지막 저자 앞에 &를 사용한다. 출판 연도는 저자 다음에 붙여서 괄호 안에 표시한다.

예)

Bruce, H. B. & Song, H. N.(1995).

김길동, 김길서, 김길남(1995).

논문 제목이 영문인 경우 첫 머리 글자와 부제목(쉼표 다음에 이어지는 제목) 첫 머리 글자만 대문자로 표시하고, 나머지는 모두 소문자로 기록한다. 학술지 이름과 출판정보(권 번호, 페이지 번호)는 국문인 경우 학술지 이름을 고딕으로 기록하고, 영문인 경우 학술지 이름을 이탤릭체로 표기한다. 영문 학술지 이름은 명사, 대명사는 첫 머리 글자를 대문자로 표시한다. 권 번호(volume number)는 국·영문 모두 이탤릭체로 숫자만 표시, 페이지 번호도 숫자만 기재한다.

예)

김일동(1995). 청소년의 여가 교육에 관한 연구, 한국 사회체육학회지, *5*(2),96-107.

Kim, G. Y(1995). An inquiry into theory of play, the physical Education and Sports, *62*, 73-80.

(3) 단행본 참고 문헌의 표시

저자 또는 편집자(출판 연도). 책 제목, 출판사 소재지 : 출판사

● 저자, 편집자 - 편집된 책일 경우 국문은 저자 이름 뒤에 '편'으로 표시하고, 영문일 경우 'ed.' 혹은 'eds.'라는 약어로 표시한다.

● 출판 연도 - 책이 발간된 연도를 표시한다.

● 책 제목 - 국문일 경우 고딕체로, 영문일 경우 이탤릭체로 쓰

되, 책 제목 가운데 명사, 대명사만 대문자로 표기한다. 책이 재판 이상 간행된 경우 책 제목 다음에 판수를 기재한다.

● 출판사 소재지, 출판사 - 출판사 소재지와 출판사 사이는 콜론(:)으로 표시한다.

예)

김길동(1995). 운동생리학, 서울: 도서출판 대경.

Eldon, E. S.(1995). Concept of Leisure,California: Prentice Hall Inc.

(4) 연구 보고서 또는 용역 과제 보고서의 참고 문헌 표시

보고서 저자(출판 연도). 보고서 제목(출판물 고유번호), 출판사 소재지 : 출판부서 기관명.

예)

김길동(1995). 사회복지 프로그램, 서울 : 한국사회체육학회지.

※ 석 · 박사 논문 참고 문헌의 표시

저자(논문 작성 연도). 논문 제목, 미간행 석사(박사) 학위 논문, 대학원명.

예)

김길동(1995). 스포츠 경영체의 주체적 조건에 따른 소비자 행동 분석, 미간행 박사 학위 논문, 고려대학교대학원.

6) 인용, 본문에서 참고 문헌 인용

(1) 다른 저자의 책, 출간된 연구물에서 인용된 자료, 검사 항목에서 따온 자료, 그리고 피험자에 대한 언어적 지시사항 등은 문자 그대로 적는다.

(2) 짧은 인용(40단어 이하)은 본문 속에 포함시키고, 직접 인용부호 큰따옴표("")로 인용문을 표시한다. 40단어 이상의 인용문은 본문과 별도로 적고 인용 부호는 생략한다. 별도로 인용문을 적을 때는 문단을 바꿔서 왼쪽, 오른쪽 끝을 각각 5자씩 들여서 쓴다.

(3) 인용을 할 때 본문에는 저자, 연도 그리고 페이지만 밝혀주고, 참고 문헌에 완전한 출처를 제시한다.

(4) 본문에서 참고 문헌을 이용할 때 단독 또는 두 명의 연구자일 경우, 저자의 이름(영문일 경우 성만 표기)과 출판 연도를 논문의 적당한 부분에 삽입한다.

(5) 저자가 2명 이상 6명 이하인 연구에서는 처음 참고 문헌을 인용할 때 모든 저자를 밝히고, 두 번째부터는 첫 번째 저자 이름(영문일 경우 성)만 쓰고 '등' (영문일 경우 et al.)과 출판 연도만 적는다.

(6) 저자가 단체일 경우 처음 인용할 때에는 단체명을 모두 쓰고, 그 이후부터는 약어로 쓰면 된다.

7) 논문의 형식

(1) 논문 작성은 다음 형식에 따른다.

I. 서론

II. 연구 방법

III. 연구 결과

IV. 논의

V. 결론

참고 문헌

ABSTRACT(마지막 부분에 key words : 6~7개 기입)

(2) 이론적 배경(혹은 관련 연구)은 간결하게 분석하여 서론 부분에 포함시킨다.

(3) 연구 결과는 '결과 및 논의'로, 결론은 '결론 및 제언' 등으로 쓸 수 있다.

(4) 장 및 절에 해당하는 번호는 아래 원칙에 따른다.

3. 한국스포츠산업경영학회지(http://www.kssm.or.kr)

1) 원고 작성 규정

※ 논문의 작성은 다음 체제에 준한다.

<table>
<tr><td>조사 연구 논문의 원고 작성 체제 범례</td></tr>
<tr><td>논제
저자 (소속)
국문 초록
Ⅰ. 서론
Ⅱ. 연구 방법
Ⅲ. 결과
Ⅳ. 결론
참고 문헌
ABSTRACT</td></tr>
</table>

(1) 논문은 표제, 국문 초록, 주요어, 본문, 참고 문헌, 영문 초록 순으로 구성한다.

(2) 원고 첫 페이지인 표제 부분은 논문 제목, 연구자 성명, 소속, 학과 순으로 기재한다. 저자가 대학원생일 경우 ○○대학교 대학원으로 기재한다. 저자가 단체나 기관에 종사할 경우는 단체나 기관명을 기재한다.

(3) 논문의 부제는 순차적인 일련 번호 Ⅰ, 1, 1), (1), …에 따라

표기한다.

(4) 주요어는 논문의 중요한 단어(keyword)를 2~5개 정도로 표시한다.

(5) 이론적 배경(혹은 관련 연구)은 간결하게 분석 요약하여 서론 부분에 포함시킨다.

(6) 결과는 결과(분석) 및 논의로, 결론은 결론 및 제언 등으로 쓸 수 있다.

※ 원고의 서식은 횡서로 하여 국문으로 작성하는 것을 원칙으로 하되 부득이하게 외국어를 사용할 경우에는 ( )를 이용하여 표기한다.

※ 원고는 4×6 배판(B5) 규격으로 2단 편집하고, 분량은 한국스포츠산업경영학회지 편집 양식에 준하여 15매 이내를 원칙으로 한다.

※ 원고는 반드시 워드프로세서(한글 97, 한글 2002)로 작성하며, 학회 홈페이지를 통해 온라인 접수 및 투고한다.

※ 원고는 영어, 불어 혹은 독어를 첨부하여야 하며, 그 분량은 한국스포츠산업경영학회지 편집 양식 프로그램에 준하여 1매(B5) 이내를 원칙으로 한다.

※ 본문은 외래어를 사용할 경우 가급적 우리말 의미를 덧붙이도록 한다.

2) 그림, 표 작성

(1) 그림은 인쇄용 원고로 직접 사용할 수 있도록 선명하게 작성해서 첨부한다. 사진을 첨부할 경우 가급적 흑백용 필름을 사용해서 제출한다.

(2) 표 및 그림의 제목 내용은 반드시 국문 또는 한자 혼용으로 작성한다. 그림과 표 제목 및 내용에 전문 용어를 원어로 직접 표기할 경우 우리말 의미를 덧붙인다.

(3) 표 및 그림 제목의 번호를 본문에서 설명 할 경우 〈표 1〉 또는 〈表 1〉, 〈그림 1〉로 괄호를 사용해서 표기하고 표와 그림에서는 표 1. 또는 表 1., 그림 1.과 같이 괄호 없이 표기한다.

(4) 모든 표는 반드시 가로 선으로만 작성한다. 단, 특별한 의미를 나타낼 필요가 있는 경우에는 세로선도 사용할 수 있다.

(5) 표 제목은 표의 상단에, 그림 제목은 그림 하단에 표기한다.

(6) 표 및 그림이 인용된 자료일 경우 표, 그림의 하단에 참고 문헌 형식을 제시한다.

(7) 표 및 그림에 필요한 단위는 반드시 원어로 표기한다.

3) 수학 및 통계 기호

(1) 논문 작성에 사용한 원자료는 논문이 출간된 이후 최소한 3년간 보관하는 것이 일반적인 관례이므로 본 학회에 제출한 논문 자료도 최소한 3년간 보관해야 한다.

(2) 일반적으로 사용되는 통계치에 대한 공식 등은 논문 내용에서 설명하지 않는다.

(3) 통계 또는 수학식이 새로운 것이나 꼭 필요한 경우에는 논문에 제시한다.

(4) 논문에서 추리 통계치를 제시할 때는 통계치 기호와 함께 자유도, 통계치, 유의수준을 같이 제시한다(이때 유의수준의 소수점 앞에는 0을 쓰지 않는다).

(5) 피험자의 수를 나타낼 경우 N으로, 표본대상일 경우 소문자 n을 사용한다.

4) 서체 및 숫자

(1) 통계 부호, 또는 수학의 변수로 사용된 문자는 이탤릭체로 작성한다.

예)

F 검증 Z 점수 $t-test$ $F(1.53) = 10.03$

(2) 화학 용어, 삼각 함수 용어, 그리스 문자, 약어로 쓰인 문자 등은 이탤릭체를 사용하지 않는다.

(3) 일반적으로 본문 중의 10 이상의 숫자는 아라비아 숫자를 사용하고 10 이하의 수는 글자로 표시한다. 1,000 이상의 숫자에서는 세 자리씩 쉼표로 구분한다.

5) 참고 문헌

(1) 참고 문헌 작성 원칙은 미국심리학회 출판요강(Publication Manual of American Psychological Association) 5판에 준한다. 참고 문헌의 나열은 먼저 한국 표기 문헌을 가나다순으로 하고, 다음으로 외국 문헌을 알파벳순으로 한다. 세부 주요 작성 원칙은 다음과 같다.

- 한 저자의 두 논문이 다른 연도일 경우 : 과거 연도부터 우선 기입한다.
예)
Hewlett, L. S. (1996).
Hewlet, L. S. (1999).

- 두 참고 문헌의 1저자의 이름이 같은 경우 : 연도와 상관없이 저자의 수가 적은 논문부터 먼저 기입한다.
예)
Alleyne, R. L. (2001)
Alleyne, R. L., & Evans, A. J. (1999)

- 같은 저자의 같은 연도 논문일 경우 제목의 알파벳순으로 정리한다. 제목 처음에 붙은 'An' 혹은 'The'에서 A 혹은 T는 제목으로 간주하지 않는다. 만약 두 편이 Part 1 and Part 2와 같이 시리즈로 나뉜 것이라면 제목 순서대로 괄호 안의 연도 뒤에 a, b, c를 삽입한 후 시리즈 순서대로 한다.

예)

Baheti, J. R. (2001a). The Control…

Baheti, J. R. (2001b). The roles of…

– 저자의 성(family name)이 같은 사람이 여러 명일 경우 : 이름 (first name) 순으로 한다.

예)

Mathur, A. L., & Wallston, J. (1999).

Mathur, S. E., & Ahlers, R. J. (1998).

(2) 정기 간행물 참고 문헌의 표기(학술지 논문의 참고 문헌 표기)

– 저자(출판 연도). 논문 제목. 학술지명, 권수(호수), 페이지 번호. 모든 논문은 저자(출판 연도), 논문 제목, 학술지명, 권수(호수), 페이지 번호 순으로 한다.

– 외국 논문일 경우 위와 같은 순으로 하되 성(family name)을 먼저 쓰고, 이름은 머리 글자로 쓴다.

– 외국 논문일 경우 2인 이상의 저자인 경우에는 마지막 저자 앞에 쉼표(,)하고 & 기호를 사용한다. 그러나 한국 참고문헌일 경우에는 마지막 저자 앞에 & 기호를 쓰지 않는다.

– 저자가 3, 4, 5인일 경우 본문에 최초 인용하는 문장에서는 모든 저자의 이름을 쓰고, 두 번째 인용부터는 1저자만 표기하고 뒤에는 등(혹은 et al.)으로 표기한다. 또한 최초 인용 이후 같은 문단 내에서 본 저자들이 다시 인용될 경우에는 et al. 다음에 연도를 생략한다.

– 저자가 6인 이상일 경우 본문 중에는 1저자만 표기하고 뒤에는 등(혹은 at al.)으로 표기하고 참고 문헌에는 6인까지 표기하고 7인부

터는 등 혹은 et al. (연도)로 표기한다.

- 본문에서 두 참고 문헌은 저자가 1, 2, 혹은 3까지 이르니 같은 경우 1저자와 연도만 쓸 경우 두 참고 문헌이 같은 것으로 혼동이 되므로, 저자의 이름이 달라지는 부분까지 저자 이름을 기입한 후 등 혹은 et al. (연도)로 표기한다.

예) 최초 인용에서는 모든 저자 이름 표기

Kosslyn, Koening, Barrett, Cave, Tang, and Gabrieli (1996)

Kosslyn, Koening, Gabrieli, Tang, Marsoek, and Daly (1996)

예) 두 번째 인용에서는 (1저자만 쓰지 않고 저자가 달라질 때까지 표기)

Kosslyn, Koening, Barrett, et al. (1996) 그리고 Kosslyn, Koening, Gabrieli et al. (1996)

- 본문에서 저자가 단체일 경우 최초 인용에서는 모두 기입하고 두 번째 인용부터는 약어를 사용할 수 있다.

예)

···National Institute of Mental Health(NIMH) (1999) ——— 최초 인용

···NIMH (1999) ——— 두 번째 인용

- 한국 참고 문헌일 경우에는 마지막 저자 앞에 & 기호를 쓰지 않는다.

- 출판 허가를 받았지만 아직 출판되지 않은 원고는 소괄호 속에 '인쇄 중(혹은 in press)'이라 기입한다.

- 외국의 논문일 경우(영어, 불어, 독어) 제목의 첫 단어와 부제의 첫 단어, 그리고 고유 명칭만 대문자로 쓰고 나머지는 제목은 모두 소문자로 쓴다.

- 학술지명은 소문자와 대문자를 사용하여 전체를 기입한다.

- 한국 참고 문헌일 경우에는 학술지명과 권수만을 고딕체로 진하게 한다.

- 외국 참고 문헌일 경우에는 학술지명과 권수만을 고딕체로 진하게 한다.

- 외국 참고 문헌일 경우에는 학술지명과 권수를 이탤릭체로 쓴다. 학술지명은 대문자와 소문자를 사용하여 기입한다. 만약 논문의 호수(no)가 있다면, 권수 바로 뒤 소괄호 안에 호수를 기입한다. 단, 호수는 이탤릭체로 쓰지 않는다.

- 모든 내용을 표기한 후 마침표로 끝낸다.

예)

〔국문 학회지〕

홍길동, 홍길서 (2003). 프로 스포츠 관중의 구매 형태에 따른 경기장 시설 환경 요인 만족도 비교. **한국체육학회지**, 42(3), 465-475.

〔외국학회지〕

James, J. D., & Ross, S. D. (2004). Comparing sport consumer motivations across multiple sports. *Sport Marketing Quarterly, 13*(1), 17-25.

- 저자 2인 이상의 경우

Zhang, J. J., Wall, K. A., & Smith, D. W. (2000). To go or not? Relationship of selected variables to game attendance of professional basketball season ticket holders. *International Journal of Sport Management, 3*(3), 200-226.

- 저자 6인 이상의 경우

Wolchick, S. A., West, S. G., Sandler, I. N.,Tein, J., Coatsworth, D., Lengua, L., et al. (2000). An experimental evaluation of theory-based mother and mother-child programs for children of divorce. *Journal of Consulting and Clinical Psychology, 68,* 843-856.

- 학술지 : 심사 완료 후 게재 예정인 논문

Zuckerman, M., & Kieffer, S. C. (in press). Race differences in face-ism: Does facial prominence imply dominance? *Journal of Personality and Social Psychology.*

(3) 잡지 기사

- 출판물에 제시된 날짜를 기입한다.

예)

Kandel, e. R., & Squire, L. R. (2000, November 10). Neuroscience:Breaking down scientific barriers to the study of brain and mind. *Science, 290,* 1113-1120.

(4) 신문 기사

- 학술지 논문의 형식과 같이 하되, 발행된 날짜를 함께 기입한다.

- 신문 기사에 대한 쪽번호(p. 혹은 pp.)를 기입한다.

- 만약 기사가 다른 쪽 번호에 걸쳐 나타나면 모든 쪽 번호를 기입한다.

- 저자가 없는 기사들은 기사 제목만 쓴다. 본문에서는 괄호 안

에 인용 표시 " "를 하고 제목의 첫 번째 혹은 두 번째 단어를 사용한다.

예)

홍길동(1998. 7월 20일). 운동 선수의 상해 실태.

동해일보, pp. A15, A16.

[신문 기사 : 저자가 없는 경우]

New drug appears to sharply cut risk of death from heart failure. (1994, July 15). The Washington Post, p. A12. 본문에서는… ("New Drug," 1993).

[신문 기사를 다른 쪽번호에 걸쳐 인용할 경우]

Schwarta, J. (1993, September 30). Obesity affects economic, social status. The Washington Post, pp. A1, A4

(5) 단행본 참고 문헌 표기

- 모든 책은 저자(출판 연도). 서명. 출판 도시: 출판사순으로 하되 한국 책일 경우 제목을 진하게 한다.

- 외국 책일 경우 제목을 이탤릭체로 쓴다.

- 책인 2판 이상으로 간행된 경우 책 제목 다음에 판수를 기재한다.

- 저자와 출판사가 동일한 경우 'Author' 라는 단어를 출판사에 사용한다.

- 저자가 편저일 경우 괄호 안에 편저라고 기입한다.

- 저자가 없는 경우 저자 자리에 제목을 넣는다.

예)

〔국문 단행본〕

홍길동, 홍길서 (2003). 스포츠마케팅. 서울: 학현사.

홍길동, 홍길서, 홍길남 (2001). 스포츠마케팅 (2판). 서울: 학현사.

〔외국어 단행본〕

Shank, M. D. (1999). *Sports marketing: A strategic perspective.* Upper Saddle River, NJ: Prentice Hall.

Mitchell, T. R., & Larson, J. R. Jr. (1987). *People in organizations: An introduction to organizational behavior* (3rd ed.). NewYork: McGraw-Hill.

〔단행본 : 저자와 출판사가 동일한 경우〕

Australian Bureau of Statistics. (1991). Estimated resident population by age and sew in statistical local areas, New South Wales, June 1990 (NO. 3209.1). Canberra, Australia Capital Territoty: Author.

〔단행본 : 편저일 경우〕

Gibbs, J. T., & Huang, L. N. (Eds). (1991). Children of color: *Psychological interventions with minority youth.* San Francisco: Jossey-Bass.

〔단행본 : 저자가 없는 경우〕

Merriam-Webster's collegiate dictionary (10th ed.). (1993). Springfield, MA: Merriam-Webser.

본문에서는 (Merriam-Webster's Collegiate Dictionary, 1993)으

로 한다.

(6) 학위 논문
- 순서는 저자, 제목, 논문 종류, 학교, 지역 순으로 하되, 국문
논문의 경우 논문 제목을 진하게, 외국 논문의 경우는 이탤릭체로
쓴다.

홍길남(1994). 준거지향 검사의 기준설정방법 비교. 미간행 박사
학위 논문. 서울대학교대학원.
Ryerson, J. J. (2000). Effectivemanagement training: Two
models. Unpublished doctoral dissertation, McGill UniVetsity,
Montreal.

(7) 인터넷 기사(자료) 인용
- 순서는 저자(작성 연월일), 제목, 출판사 등과 같은 순서로 하되,
검색일 또는 자료 인출일과 웹 주소를 함께 기입한다.
- 전자정보 형태의 기사인 경우 [Electronic version]을 기입한다.
- 날짜가 없을 경우에는 괄호 안에 (n. d.)라고 한다.
예)
Fredrickson, B. L. (2000, Marck 7). Cultivating positive
emotions to optimize health and well-being. Prevention &
Treatment, 3, Retrieved November 20, 2000, from http://
journals.aps.org/prevention/volume 3/pre0030001a. html

VandenBos, G. Knapp, S., & Doe, J. (2001). Role of reference elements in the selection of resources by psychology undergraduates [Electronic version]. Journal of Bibliographic Research, 5, 117-123.

Greater New Milford Area Healthy Community 2000, Task Force on Teen and Adolescent lssues. (n. d.). who has time for a family meal? You do? Retrieved October 5, 2000, from http://www.familymealtime.org

홍길동(2007. 3. 9). 스포츠마케팅으로 관광객 유치한다. 2007. 7. 25. available [on-line]: http://kssm.co.kr/sch/00300001a.html

6) 인용, 본문에 참고 문헌 인용

– 다른 저자의 책, 출간된 연구물에서 인용된 자료, 검사 항목에서 따온 자료 및 피험자에 대한 언어적 지식 사항 등은 문자 그대로 표기한다(표기할 경우 인용 부호 " "로 인용문을 표시하고, 페이지 번호를 표기한다). 또한 문장을 인용하는 가운데 원저자만의 단어 혹은 특정 단어를 강조하고 싶을 경우에는 ' '를 사용할 수 있다.

예)

She stated, "The 'placebo effect' ⋯ disappeared when behaviors were studied in this manner" (Miele, 1993, p. 276), but she did not clarify which behaviors were studied.

Miele (1993) found that "the 'placebo effect,' which had been verified in previous studies, disappeared when only the first group's behaviors were studies in this manner"(p. 276).

(1) 40단어 이상의 인용문은 본문과 별도로 적고 인용 부호는 생략한다. 별도로 인용문을 기술할 때는 문단을 바꾸고 왼쪽, 오른쪽을 각각 5자씩 들여 쓴다.

(2) 인용을 할 때 본문에는 저자, 연도, 페이지만 표기하고 참고 문헌에 완전한 출처를 제시한다.

(3) 본문에서 참고 문헌을 인용할 때 단독 또는 두 명의 연구자일 경우 저자의 이름(영문일 경우 성만 표기)과 출판 연도를 논문의 적당한 부분에 삽입한다.

(4) 저자가 2명 이상 6명 이하인 연구에서는 처음 참고 문헌을 인용할 때 모든 저자를 밝히고 두 번째부터는 첫 번째 저자의 이름(영문일 경우 성)만 쓰고 등(영문일 경우 et al.)과 연도만 표기한다.

(5) 저자가 단체일 경우 처음 인용 때는 단체명을 모두 쓰고 그 이후부터는 약어로 표기한다.

(6) 재인용일 경우

– 참고 문헌에는 secondary source(2차 자료)를 기입하고 본문에는 원본의 이름을 기입한다(원저자와 인용 저자를 함께 제시해준다).

– 참고 문헌에는 다음과 같이 표기한다.

홍길순 (2001). 스포츠 마케팅의 현재와 미래. 한국스포츠산업경영학회지, 42(3), 240-252.

Coltheart, M., Curtis, B., Atkins, P., & Haller, M. (1993). Models

of reading aloud: Dual-route and parallel-distributed-
processing approaches. psychological Review, 100, 589-608.

- 본문에는 '원저자, 출판 연도, 인용 저자, 출판 연도: 페이지에
서 재인용'의 형식으로 표시한다.

예)

이러한 관점에서 스포츠 마케팅의 중요성이 강조되어야 한다(홍
길동, 1982, 홍길순, 2001: 249에서 재인용). Seidenberg and
McClelland's study (as cited in Coltheart, Curits, Atkins, Haller,
1993).

4. 한국체육과학회지(http://www.iksss.or.kr/)

1) 논문의 체재

(1) 원고 작성은 국문을 원칙으로 하며 외국어로도 작성할 수 있
다.

(2) 원고는 표제, 영문 초록, 본문, 참고 문헌의 순서로 구성한다.

(3) 원고의 표제에는 논문 제목, 연구자 성명, 소속을 기재한다.

(4) 영문 초록은 600단어 이내로 작성하고 연구의 목적·방법·
결과, 결론을 요약하여 개재한다.

(5) 본문은 서론, 연구 방법, 결과, 결론의 순서로 작성하며, 본문

의 순차적인 일련번호는 Ⅰ, 1, 1), (1), ① 로 표기한다.

  (6) 원고는 단수 2로, 단 간격 8㎜의 편집 약식을 원칙으로 한다.

논문의 원고 작성 체제는 다음과 같다.

논제(국문)

저자(국문)

논제(영문)

저자(영문)

Abstract

Key words

소속(국문)

주소(국문)

소속(영문)

주소(영문)

Ⅰ. 서론

Ⅱ. 연구 방법

Ⅲ. 결과 및 고찰

Ⅳ. 결론

참고 문헌

※ 편집 양식

표 2. 연구에서 사용한 측정 도구

	서체 (국문)	서체 (영문)	장평	자간	급수	줄 간격	낱말 간격	들여 쓰기	정렬 방식	문단 간격	
본문	신명 중명조	신명조	95	-5	10	160%	20%	2	혼합	위	0
										아래	0
큰 제목	견명조	견명조	95	-5	16	160%	20%	0	가운데	위	0
										아래	3.527mm
Ⅰ. 제목	견명조	견명조	95	-3	15	160%	0	0	가운데	위	8.810mm
										아래	5.291mm
1. 제목	(한)태 그래픽	(한)태 그래픽	95	-3	10.5	160%	0	2	혼합	위	7.408mm
										아래	3.527mm
1) 제목	견명조	견명조	90	-3	10.5	160%	0	2	혼합	위	7.000mm
										아래	3.500mm
이름	견명조	견명조	90	0	12	160%	0	0	가운데	위	0
										아래	3.527mm
소속	휴먼명조	신명조	95	-5	9	130%	20%	2	혼합	위	0
										아래	0
표	중고딕	중고딕	90	-3	9	130%	10%	2	혼합	위	0
										아래	0
표 내용	휴먼명조	신명조	95	-5	9	130%	20%	0	가운데	위	0
										아래	0
그림	중고딕	중고딕	90	-3	9	130%	10%	2	가운데	위	0
										아래	0
영문 초록	견명조 (진하게)	견명조 (진하게)	90	-5	9	160%	0	0	가운데	위	0
										아래	3.527mm
영문 초록 제목	견명조 (진하게)	견명조 (진하게)	90	-5	10	160%	0	0	가운데	위	0
										아래	3.527mm
영문 이름	(한)태 그래픽	(한)태 그래픽	80	-5	9.5	160%	0	0	가운데	위	0
										아래	5.291mm
영문 초록 본문	휴먼명조	신명조	95	-5	9	140%	20%	2	혼합	위	0
										아래	0
참고 문헌	견명조	견명조	90	-5	12	160%	0	0	가운데	위	10.58mm
										아래	5.291mm
용지 설정	사용자 정의 : 210×297(A4) 여백주기 - 위쪽 : 44, 아래쪽 : 44, 왼쪽 : 30, 오른쪽 : 30, 머리말 : 12, 꼬리말 : 0 표 : 위 캡편 편집, 그림 : 아래 캡션 편집										
다단	단수 2, 단 간격 8mm										

2) 표, 그림 작성

(1) 논문 원고를 제출할 때에는 원고 파일에 표와 그림이 원고 내에 포함되어 있어야 한다.

(2) 표와 그림에서는 표 1, 또는 그림 1과 같이 괄호 없이 표기하며, 본문에서 설명할 경우 〈표 1〉 또는 〈그림 1〉과 같이 괄호가 있게 표기한다.

(3) 모든 표는 반드시 가로선만으로 작성한다. 단, 특별한 경우에는 세로선을 사용할 수도 있다.

(4) 표의 제목은 표의 상단 왼쪽에 기재하고 그림의 제목은 그림 하단에 표기한다.

(5) 표 및 그림이 인용된 자료일 경우 표 및 그림의 하단에 참고 문헌 형식을 제시 한다.

(6) 표와 그림에 필요한 단위는 반드시 원어로 표기한다.

※ 표 작성의 예

Table 1. Physical characteristics of subjects

Groups	Age(yrs)	Height(cm)	Weight(kg)	Career(yrs)
Taekwondo	22.3 ± 1.2	162.8 ± 5.32	66.7 ± 5.75	8.2 ± 3.7
Control	23.1 ± 0.9	160.4 ± 5.28	62.3 ± 6.52	7.8 ± 3.5

3) 수학 및 통계 기호

(1) 논문 작성 시 본문에서 추리 통계치의 유의도 수준을 제시할 경우 P<.05로 표기하고 소수점 앞의 0을 생략한다.

(2) 피검자 수를 나타낼 경우에는 대문자 N으로, 표본이 대상일 경우 소문자 n으로 표시한다.

4) 서체 및 숫자

(1) 통계 부호 및 수학의 변수로 사용된 문자는 이탤릭체로 작성한다.

예) F검정, Z점수, $t\text{-}test$, $F(3,1)=10.13$, $M\pm SD$, $P<.05$

(2) 일반적으로 본문 중의 10 이하의 수는 글자로 표시한다. 1,000 이상의 숫자에서는 세 자리씩 쉼표로 구분한다.

5) 참고 문헌

(1) 본문 중의 문헌 인용은 위첨자 번호 없이 저자명과 연도를 기재하고 국내 문헌은 모든 연구자의 성과 이름을, 외국 문헌은 모든 연구자의 성만 표기하되 3인 이상의 저자에 의해 작성된 문헌은 먼저 가나다순으로 나열하고 이어서 서양어 표기문헌을 알파벳순으로 나열한다.

예)

첫 번째 인용 : 홍길동, 강감찬, 이순신(2003), Astrand, Saltin, & Kim(2002)

두 번째 인용 : 홍길동 등 (2003), Astrand et al. (2002)

(2) 본문에서 인용된 문헌은 참고 문헌에 완전한 출처를 제시한다.

※ 참고 문헌의 세부적인 작성 원칙은 아래와 같다.

① 인용 문헌이 책인 경우

- 국문

이순신 (2000). 체력과학회. 서울 : 태근문화사

- 영문

Ralston, H. (1974). Mechanices of human isolated voluntary muscle. New York.

① 인용 문헌이 논문인 경우

- 국문

홍성욱 (1993). 프로 축구 선수들의 통계 체력 훈련 효과. 한국체육과학회지, 2권 1호, 1-12.

- 영문

Andersen, K. L., & Clarke, H. H. (1961).

Physiological Work Capacity health and fitness in the World. Journal of Sport Physiological, 5, 109-115.

③ 보고서의 표시

보고서 저자 (출판 연도). 보고서 제목. 출판 도시 : 출판 부서 기관명.

예)

홍길동 (1997). 고령자의 혈압에 관한 프로그램 개발. 태근 : 덕성여자대학교 체육과학연구소.

④ 석 · 박사 논문의 표시

저자 (논문작성연도). 논문 제목. 미간행 석사(박사) 학위 논문, 대학원명.

예)

홍길동 (1992). 착의 수영이 에너지 대사에 미치는 영향. 미간행 박사 학위 논문, 경희대학교대학원.

※ 본문 중의 숫자는 아라비아 숫자로 적고 모든 단위는 원어로 쓰되 국제 단위계(S. I. units)를 사용한다.

● 참고 문헌 ●

강진령 편저(2005). APA 논문작성법. 경기 : 양서원.

김계수(2001). AMOS 구조방정식 모형 분석. 고려정보산업.

김태영, 김정수, 조임곤(2003). 사회과학 논문 작성과 통계자료 분석. 서울 : 대영문화사.

논문작성법편찬위원회(2003). 학술논문작성법. 대구 : 계명대학교출판부.

박명호, 조윤식(1992). 마케팅 연구방법론. 대구 : 진흥출판사.

윤대순(2002). 논문 쉽게 잘 쓰는 방법. 서울 : 백산출판사.

임인재(1996). 논문작성법-인문 · 사회편. 서울 : 서울대학교출판부.

홍종선, 박옥희, 최창현(1996). 조사방법과 통계자료분석. 서울 : 박영사.

Fornell, C., & Lacker, D. F. (1981). Evaluating structural equation models with unobserved variables and measurement errors. Journal of Marketing Research, 18(1), 39-50.

http://graduate.sangji.ac.kr/gradhtml/contents/grad/treatiseform.html

http://www.kahperd.or.kr/ati_rule_info.php

http://www.kssls.org/ati_rule_info.php

http://www.kssm.or.kr/ati_rule_info.php

http://www.iksss.or.kr/modules/doc/index.php?doc=non_01&___M_ID=37

가림출판사 · 가림M&B · 가림Let's에서 나온 책들

문 학

바늘구멍
켄 폴리트 지음 / 홍영의 옮김 / 신국판 / 342쪽 / 5,300원

레베카의 열쇠
켄 폴리트 지음 / 손연숙 옮김 / 신국판 / 492쪽 / 6,800원

암병선
니시무라 쥬코 지음 / 홍영의 옮김 / 신국판 / 300쪽 / 4,800원

첫키스한 얘기 말해도 될까
김정미 외 7명 지음 / 신국판 / 228쪽 / 4,000원

사미인곡 上·中·下
김충호 지음 / 신국판 / 각 권 5,000원

이내의 끝자리
박수완 스님 지음 / 국판변형 / 132쪽 / 3,000원

너는 왜 나에게 다가서야 했는지
김충호 지음 / 국판변형 / 124쪽 / 3,000원

세계의 명언 편집부 엮음 / 신국판 / 322쪽 / 5,000원

여자가 알아야 할 101가지 지혜
제인 아서 엮음 / 지창국 옮김 / 4×6판 / 132쪽 / 5,000원

현명한 사람이 읽는 지혜로운 이야기
이정민 엮음 / 신국판 / 236쪽 / 6,500원

성공적인 표정이 당신을 바꾼다
마츠오 도오루 지음 / 홍영의 옮김 / 신국판 / 240쪽/ 7,500원

태양의 법
오오카와 류우호오 지음 / 민병수 옮김 / 신국판 / 246쪽 / 8,500원

영원의 법
오오카와 류우호오 지음 / 민병수 옮김 / 신국판 / 240쪽 / 8,000원

석가의 본심
오오카와 류우호오 지음 / 민병수 옮김 / 신국판 / 246쪽 / 10,000원

옛 사람들의 재치와 웃음
강형중 · 김경익 편저 / 신국판 / 316쪽 / 8,000원

지혜의 쉼터
쇼펜하우어 지음 / 김충호 엮음 / 4×6판 양장본 / 160쪽 / 4,300원

헤세가 너에게
헤르만 헤세 지음 / 홍영의 엮음 / 4×6판 양장본 / 144쪽 / 4,500원

사랑보다 소중한 삶의 의미
크리슈나무르티 지음 / 최윤영 엮음 / 신국판 / 180쪽 / 4,000원

장자-어찌하여 알 속에 털이 있다 하는가
홍영의 엮음 / 4×6판 / 180쪽 / 4,000원

논어-배우고 때로 익히면 즐겁지 아니한가
신도희 엮음 / 4×6판 / 180쪽 / 4,000원

맹자-가까이 있는데 어찌 먼 데서 구하려 하는가
홍영의 엮음 / 4×6판 / 180쪽 / 4,000원

아름다운 세상을 만드는 사랑의 메시지 365
DuMont monte Verlag 엮음 / 정성호 옮김
4×6판 변형 양장본 / 240쪽 / 8,000원

황금의 법
오오카와 류우호오 지음 / 민병수 옮김 / 신국판 / 320쪽 / 12,000원

왜 여자는 바람을 피우는가?
기젤라 룬테 지음 / 김현성 · 진정미 옮김 / 국판 / 200쪽 / 7,000원

세상에서 가장 아름다운 선물
김인자 지음 / 국판변형 / 292쪽 / 9,000원

수능에 꼭 나오는 한국 단편 33
윤종필 엮음 / 신국판 / 704쪽 / 11,000원

수능에 꼭 나오는 한국 현대 단편 소설
윤종필 엮음 및 해설 / 신국판 / 364쪽 / 11,000원

수능에 꼭 나오는 세계단편(영미권)
지창영 옮김 / 윤종필 엮음 및 해설 / 신국판 / 328쪽 / 10,000원

수능에 꼭 나오는 세계단편(유럽권)
지창영 옮김 / 윤종필 엮음 및 해설 / 신국판 / 360쪽 / 11,000원

대왕세종 1·2·3
박충훈 지음 / 신국판 / 각 권 9,800원

세상에서 가장 소중한 아버지의 선물
최은경 지음 / 신국판 / 144쪽 / 9,500원

건 강

아름다운 피부미용법
이순희(한독피부미용학원 원장) 지음 / 신국판 / 296쪽 / 6,000원

버섯건강요법
김병각 외 6명 지음 / 신국판 / 286쪽 / 8,000원

성인병과 암을 정복하는 유기게르마늄
이상현 편저 / 캬오 샤오이 감수 / 신국판 / 312쪽 / 9,000원

난치성 피부병
생약효소연구원 지음 / 신국판 / 232쪽 / 7,500원

新 방약합편
정도명 편역 / 신국판 / 416쪽 / 15,000원

자연치료의학 오홍근(신경정신과 의학박사 · 자연의학박사) 지음
신국판 / 472쪽 / 15,000원

약초의 활용과 가정한방
이인성 지음 / 신국판 / 384쪽 / 8,500원

역전의학
이시하라 유미 지음 / 유태종 감수 / 신국판 / 286쪽 / 8,500원

이순희식 순수피부미용법
이순희(한독피부미용학원 원장) 지음 / 신국판 / 304쪽 / 7,000원

21세기 당뇨병 예방과 치료법
이현철(연세대 의대 내과 교수) 지음 / 신국판 / 360쪽 / 9,500원

신재용의 민의학 동의보감
신재용(해성한의원 원장) 지음 / 신국판 / 476쪽 / 10,000원

치매 알면 치매 이긴다
배오성(백상한방병원 원장) 지음 / 신국판 / 312쪽 / 10,000원

21세기 건강혁명 밥상 위의 보약 생식
최경순 지음 / 신국판 / 348쪽 / 9,800원

기치유와 기공수련
윤한홍(기치유 연구회 회장) 지음 / 신국판 / 340쪽 / 12,000원

만병의 근원 스트레스 원인과 퇴치
김지혁(김지혁한의원 원장) 지음 / 신국판 / 324쪽 / 9,500원

김종성 박사의 뇌졸중 119
김종성 지음 / 신국판 / 356쪽 / 12,000원

탈모 예방과 모발 클리닉
장정훈 · 전재홍 지음 / 신국판 / 252쪽 / 8,000원

구태규의 100% 성공 다이어트
구태규 지음 / 4×6배판 변형 / 240쪽 / 9,900원

암 예방과 치료법
이춘기 지음 / 신국판 / 296쪽 / 11,000원

알기 쉬운 위장병 예방과 치료법
민영일 지음 / 신국판 / 328쪽 / 9,900원

이온 체내혁명
노보루 야마노이 지음 / 김병관 옮김 / 신국판 / 272쪽 / 9,500원

어혈과 사혈요법
정지천 지음 / 신국판 / 308쪽 / 12,000원

약손 경락마사지로 건강미인 만들기
고정환 지음 / 4×6배판 변형 / 284쪽 / 15,000원

정유정의 LOVE DIET
정유정 지음 / 4×6배판 변형 / 196쪽 / 10,500원

머리에서 발끝까지 예뻐지는 부분다이어트
신상만 · 김선민 지음 / 4×6배판 변형 / 196쪽 / 11,000원

알기 쉬운 심장병 119
박승정 지음 / 신국판 / 248쪽 / 9,000원

알기 쉬운 고혈압 119
이정균 지음 / 신국판 / 304쪽 / 10,000원

여성을 위한 부인과질환의 예방과 치료
차선희 지음 / 신국판 / 304쪽 / 10,000원

알기 쉬운 아토피 119
이승규 · 임승엽 · 김문호 · 안유일 지음 / 신국판 / 232쪽 / 9,500원

120세에 도전한다
이권행 지음 / 신국판 / 308쪽 / 11,000원

건강과 아름다움을 만드는 요가
정판식 지음 / 4×6배판 변형 / 224쪽 / 14,000원

우리 아이 건강하고 아름다운 롱다리 만들기
김성훈 지음 / 대국전판 / 236쪽 / 10,500원

알기 쉬운 허리디스크 예방과 치료
이종서 지음 / 대국전판 / 336쪽 / 12,000원

소아과전문의에게 듣는 알기 쉬운 소아과 119
신영규 · 이강우 · 최성항 지음 / 4×6배판 변형 / 280쪽 / 14,000원

피가 맑아야 건강하게 오래 살 수 있다
김영찬 지음 / 신국판 / 256쪽 / 10,000원

웰빙형 피부 미인을 만드는 나만의 셀프 피부건강
양해원 지음 / 대국전판 / 144쪽 / 10,000원

내 몸을 살리는 생활 속의 웰빙 항암 식품
이승남 지음 / 대국전판 / 248쪽 / 9,800원

마음한글, 느낌한글
박완식 지음 / 4×6배판 / 300쪽 / 15,000원

웰빙 동의보감식 발마사지 10분
최미회 지음 / 신재용 감수 / 4×6배판 변형 / 204쪽 / 13,000원

아름다운 몸, 건강한 몸을 위한 목욕 건강 30분
임하성 지음 / 대국전판 / 176쪽 / 9,500원

내가 만드는 한방생주스 60
김영섭 지음 / 국판 / 112쪽 / 7,000원

몸을 살리는 건강식품
백은회 · 조창호 · 최양진 지음 / 신국판 / 384쪽 / 11,000원

건강도 키우고 성적도 올리는 자녀 건강
김진돈 지음 / 신국판 / 304쪽 / 12,000원

알기 쉬운 간질환 119
이관식 지음 / 신국판 / 272쪽 / 11,000원

밥으로 병을 고친다
허봉수 지음 / 대국전판 / 352쪽 / 13,500원

알기 쉬운 신장병 119
김형규 지음 / 신국판 / 240쪽 / 10,000원

마음의 감기 치료법 우울증 119
이민수 지음 / 대국전판 / 232쪽 / 9,800원

관절염 119
송영욱 지음 / 대국전판 / 224쪽 / 9,800원

내 딸을 위한 미성년 클리닉
강병문 · 이향아 · 최정원 지음 / 국판 / 148쪽 / 8,000원

암을 다스리는 기적의 치유법
케이 세이헤이 감수 / 카와키 나리카즈 지음 / 민병수 옮김
신국판 / 256쪽 / 9,000원

스트레스 다스리기
대한불안장애학회 스트레스관리연구특별위원회 지음
신국판 / 304쪽 / 12,000원

천연 식초 건강법 건강식품연구회 엮음 / 신재용(해성한의원 원장) 감수
신국판 / 252쪽 / 9,000원

암에 대한 모든 것
서울아산병원 암센터 지음 / 신국판 / 360쪽 / 13,000원

알록달록 컬러 다이어트
이승남 지음 / 국판 / 248쪽 / 10,000원

당신도 부모가 될 수 있다
정병준 지음 / 신국판 / 268쪽 / 9,500원

키 10cm 더 크는 키네스 성장법 김양수 · 이종균 · 최형규 · 표재환 · 김문희 지음
대국전판 / 312쪽 / 12,000원

당뇨병 백과
이현철 · 송영득 · 안철우 지음 / 4×6배판 변형 / 396쪽 / 16,000원

호흡기 클리닉 119
박성학 지음 / 신국판 / 256쪽 / 10,000원

키 쑥쑥 크는 롱다리 만들기
롱다리 성장클리닉 원장단 지음 / 4×6배판 변형 / 256쪽 / 11,000원

내 몸을 살리는 건강식품
백은회 · 조창호 · 최양진 지음 / 신국판 / 368쪽 / 11,000원

내 몸에 맞는 운동과 건강
하철수 지음 / 신국판 / 264쪽 / 11,000원

교 육

우리 교육의 창조적 백색혁명
원상기 지음 / 신국판 / 206쪽 / 6,000원

현대생활과 체육
조창남 외 5명 공저 / 신국판 / 340쪽 / 10,000원

퍼펙트 MBA IAE유학네트 지음 / 신국판 / 400쪽 / 12,000원

유학길라잡이 I - 미국편
IAE유학네트 지음 / 4×6배판 / 372쪽 / 13,900원

유학길라잡이 II - 4개국편
IAE유학네트 지음 / 4×6배판 / 348쪽 / 13,900원

조기유학길라잡이.com
IAE유학네트 지음 / 4×6배판 / 428쪽 / 15,000원

현대인의 건강생활
박상호 외 5명 공저 / 4×6배판 / 268쪽 / 15,000원

천재아이로 키우는 두뇌훈련
나카마츠 요시로 지음 / 민병수 옮김 / 국판 / 288쪽 / 9,500원

두뇌혁명
나카마츠 요시로 지음 / 민병수 옮김 / 4×6판 양장본 / 288쪽 / 12,000원

테마별 고사성어로 익히는 한자
김경익 지음 / 4×6배판 변형 / 248쪽 / 9,800원

生생 공부비법 이은승 지음 / 대국전판 / 272쪽 / 9,500원

자녀를 성공시키는 습관만들기
배은경 지음 / 대국전판 / 232쪽 / 9,500원

한자능력검정시험 1급
한자능력검정시험연구위원회 편저 / 4×6배판 / 568쪽 / 21,000원

한자능력검정시험 2급
한자능력검정시험연구위원회 편저 / 4×6배판 / 472쪽 / 18,000원

한자능력검정시험 3급(3급II)
한자능력검정시험연구위원회 편저 / 4×6배판 / 440쪽 / 17,000원

한자능력검정시험 4급(4급II)
한자능력검정시험연구위원회 편저 / 4×6배판 / 352쪽 / 15,000원

한자능력검정시험 5급
한자능력검정시험연구위원회 편저 / 4×6배판 / 264쪽 / 11,000원

한자능력검정시험 6급
한자능력검정시험연구위원회 편저 / 4×6배판 / 168쪽 / 8,500원

한자능력검정시험 7급
한자능력검정시험연구위원회 편저 / 4×6배판 / 152쪽 / 7,000원

한자능력검정시험 8급
한자능력검정시험연구위원회 편저 / 4×6배판 / 112쪽 / 6,000원

볼링의 이론과 실기 이택상 지음 / 신국판 / 192쪽 / 9,000원

고사성어로 끝내는 천자문
조준상 글 · 그림 / 4×6배판 / 216쪽 / 12,000원

내 아이 스타 만들기
김민성 지음 / 신국판 / 200쪽 / 9,000원

교육 1번지 강남 엄마들의 수험생 자녀 관리
황송주 지음 / 신국판 / 288쪽 / 9,500원

초등학생이 꼭 알아야 할 위대한 역사 상식
우진영 · 이양경 지음 / 4×6배판 변형 / 228쪽 / 9,500원

초등학생이 꼭 알아야 할 행복한 경제 상식
우진영 · 전선심 지음 / 4×6배판 변형 / 224쪽 / 9,500원

초등학생이 꼭 알아야 할 재미있는 과학상식
우진영 · 정경희지음 / 4×6배판 변형 / 220쪽 / 9,500원

한자능력검정시험 3급 · 3급 II

한자능력검정시험연구위원회 편저 / 4×6판 / 380쪽 / 7,500원

교과서 속에 꼭꼭 숨어있는 이색박물관 체험 이신화 지음
대국전판 / 248쪽 / 12,000원

초등학생 독서 논술(저학년) 책마루 독서교육연구회 지음
4×6배판 변형 / 244쪽 / 14,000원

초등학생 독서 논술(고학년) 책마루 독서교육연구회 지음
4×6배판 변형 / 236쪽 / 14,000원

놀면서 배우는 경제
김솔 지음 / 대국전판 / 196쪽 / 10,000원

건강생활과 레저스포츠 즐기기
강선희 외 11명 공저 / 4×6배판 / 324쪽 / 18,000원

아이의 미래를 바꿔주는 좋은 습관
배은경 지음 / 신국판 / 216쪽 / 9,500원

다중지능 아이의 미래를 바꾼다
이소영 외 6인 지음 / 신국판 / 232쪽 / 11,000원

**체육학 자연과학 및 사회과학 분야의 석·박사 학위 논문, 학술진흥재단
등재지, 등재후보지와 관련된 학회지 논문 작성법**
하철수·김봉경 지음 / 신국판 / 336쪽 / 15,000원

취미 · 실용

김진국과 같이 배우는 와인의 세계
김진국 지음 / 국배판 변형양장본(올 컬러판) / 208쪽 / 30,000원

경제 · 경영

CEO가 될 수 있는 성공법칙 101가지
김승룡 편역 / 신국판 / 320쪽 / 9,500원

정보소프트 김승룡 지음 / 신국판 / 324쪽 / 6,000원

기획대사전 다카하시 겐코 지음 / 홍영의 옮김
신국판 / 552쪽 / 19,500원

맨손창업 · 맞춤창업 BEST 74
양혜숙 지음 / 신국판 / 416쪽 / 12,000원

무자본, 무점포 창업! FAX 한 대면 성공한다
다카시로 고시 지음 / 홍영의 옮김 / 신국판 / 226쪽 / 7,500원

성공하는 기업의 인간경영 중소기업 노무 연구회 편저 / 홍영의 옮김
신국판 / 368쪽 / 11,000원

21세기 IT가 세계를 지배한다
김광희 지음 / 신국판 / 380쪽 / 12,000원

경제기사로 부자아빠 만들기
김기태·신현태·박근수 공저 / 신국판 / 388쪽 / 12,000원

포스트 PC의 주역 정보가전과 무선인터넷
김광희 지음 / 신국판 / 356쪽 / 12,000원

성공하는 사람들의 마케팅 바이블
채수명 지음 / 신국판 / 328쪽 / 12,000원

느린 비즈니스로 돌아가라
사카모토 게이이치 지음 / 정성호 옮김 / 신국판 / 276쪽 / 9,000원

적은 돈으로 큰돈 벌 수 있는 부동산 재테크
이원재 지음 / 신국판 / 340쪽 / 12,000원

바이오혁명
이주영 지음 / 신국판 / 328쪽 / 12,000원

성공하는 사람들의 자기혁신 경영기술
채수명 지음 / 신국판 / 344쪽 / 12,000원

CFO 교텐 토요오·타하라 오키시 지음 / 민병수 옮김
신국판 / 312쪽 / 12,000원

네트워크시대 네트워크마케팅
임동학 지음 / 신국판 / 376쪽 / 12,000원

성공리더의 7가지 조건
다이앤 트레이시·윌리엄 모건 지음 / 지창영 옮김
신국판 / 360쪽 / 13,000원

김종결의 성공창업
김종결 지음 / 신국판 / 340쪽 / 12,000원

최적의 타이밍에 내 집 마련하는 기술
이원재 지음 / 신국판 / 248쪽 / 10,500원

컨설팅 세일즈 *Consulting sales*
임동학 지음 / 대국전판 / 336쪽 / 13,000원

연봉 10억 만들기
김농주 지음 / 국판 / 216쪽 / 10,000원

주5일제 근무에 따른 한국형 주말창업
최효진 지음 / 신국판 변형 양장본 / 216쪽 / 10,000원

돈 되는 땅 돈 안되는 땅
김영준 지음 / 신국판 / 320쪽 / 13,000원

돈 버는 회사로 만들 수 있는 109가지
다카하시 도시노리 지음 / 민병수 옮김 / 신국판 / 344쪽 / 13,000원

프로는 디테일에 강하다
김미현 지음 / 신국판 / 248쪽 / 9,000원

머니투데이 송복규 기자의 부동산으로 주머니돈 100배 만들기
송복규 지음 / 신국판 / 328쪽 / 13,000원

성공하는 슈퍼마켓&편의점 창업
나명환 지음 / 4×6배판 변형 / 500쪽 / 28,000원

대한민국 성공 재테크 부동산 펀드와 리츠로 승부하라
김영준 지음 / 신국판 / 256쪽 / 12,000원

마일리지 200% 활용하기
박성희 지음 / 국판 변형 / 200쪽 / 8,000원

1%의 가능성에 도전, 성공 신화를 이룬 여성 CEO
김미현 지음 / 신국판 / 248쪽 / 9,500원

3천만 원으로 부동산 재벌 되기
최수길·이숙·조연희 지음 / 신국판 / 290쪽 / 12,000원

10년을 앞설 수 있는 재테크
노동규 지음 / 신국판 / 260쪽 / 10,000원

세계 최강을 추구하는 도요타 방식
나카야마 키요타카 지음 / 민병수 옮김 / 신국판 / 296쪽 / 12,000원

최고의 설득을 이끌어내는 프레젠테이션
조두환 지음 / 신국판 / 296쪽 / 11,000원

최고의 만족을 이끌어내는 창의적 협상
조강희·조원희 지음 / 신국판 / 248쪽 / 10,000원

New 세일즈 기법 물건을 팔지 말고 가치를 팔아라
조기선 지음 / 신국판 / 264쪽 / 9,500원

작은 회사는 전략이 달라야 산다
황문진 지음 / 신국판 / 312쪽 / 11,000원

돈되는 슈퍼마켓&편의점 창업전략(입지 편)
나명환 지음 / 신국판 / 352쪽 / 13,000원

25·35 꼼꼼 여성 재테크
정원훈 지음 / 신국판 / 224쪽 / 11,000원

대한민국 2030 독특하게 창업하라
이상헌·이호 지음 / 신국판 / 288쪽 / 12,000원

왕초보 주택 경매로 돈 벌기
천관성 지음 / 신국판 / 268쪽 / 12,000원

New 마케팅 기법 (실천편) 물건을 팔지 말고 가치를 팔아라 2
조기선 지음 / 신국판 / 240쪽 / 10,000원

퇴출 두려워 마라 홀로서기에 도전하라
신정수 지음 / 신국판 / 256쪽 / 11,500원

슈퍼마켓&편의점 창업 바이블
나명환 지음 / 신국판 / 280쪽 / 12,000원

위기의 한국 기업 재창조하라
신정수 지음 / 신국판 / 304쪽 / 15,000원

주 식

개미군단 대박맞이 주식투자
홍성걸(한양증권 투자분석팀 팀장) 지음 / 신국판 / 310쪽 / 9,500원

알고 하자! 돈 되는 주식투자
이길영 외 2명 공저 / 신국판 / 388쪽 / 12,500원

항상 당하기만 하는 개미들의 매도·매수타이밍 999% 적중 노하우
강경무 지음 / 신국판 / 336쪽 / 12,000원

부자 만들기 주식성공클리닉
이창희 지음 / 신국판 / 372쪽 / 11,500원

선물 · 옵션 이론과 실전매매

이창희 지음 / 신국판 / 372쪽 / 12,000원
너무나 쉬워 재미있는 주가차트
홍성무 지음 / 4×6배판 / 216쪽 / 15,000원
주식투자 직접 투자로 높은 수익을 올릴 수 있는 비결
김학균 지음 / 신국판 / 230쪽 / 11,000원

역 학

역리종합 만세력 정도명 편저 / 신국판 / 532쪽 / 10,500원
작명대전 정보국 지음 / 신국판 / 460쪽 / 12,000원
하락이수 해설 이천교 편저 / 신국판 / 620쪽 / 27,000원
현대인의 창조적 관상과 수상 백운산 지음 / 신국판 / 344쪽 / 9,000원
대운용신영부적 정재원 지음 / 신국판 양장본 / 750쪽 / 39,000원
사주비결용법 이세진 지음 / 신국판 / 392쪽 / 12,000원
컴퓨터세대를 위한 新 **성명학대전** 박용찬 지음 / 신국판 / 388쪽 / 11,000원
길흉화복 꿈풀이 비법 백운산 지음 / 신국판 / 410쪽 / 12,000원
새천년 작명컨설팅 정재원 지음 / 신국판 / 492쪽 / 13,900원
백운산의 신세대 궁합 백운산 지음 / 신국판 / 304쪽 / 9,500원
동자삼 작명학 남시모 지음 / 신국판 / 496쪽 / 15,000원
구성학의 기초 문길여 지음 / 신국판 / 412쪽 / 12,000원
소울음소리 이건우 지음 / 신국판 / 314쪽 / 10,000원

법률 일반

여성을 위한 **성범죄 법률상식**
조명원(변호사) 지음 / 신국판 / 248쪽 / 8,000원
아파트 난방비 75% 절감방법
고영근 지음 / 신국판 / 238쪽 / 8,000원
일반인이 꼭 알아야 할 절세전략 173선
최성호(공인회계사) 지음 / 신국판 / 392쪽 / 12,000원
변호사와 함께하는 **부동산 경매**
최환주(변호사) 지음 / 신국판 / 404쪽 / 13,000원
혼자서 쉽고 빠르게 할 수 있는 **소액재판**
김재용 · 김종철 공저 / 신국판 / 312쪽 / 9,500원
"술 한 잔 사겠다"는 말에서 찾아보는 채권 · 채무
변환철(변호사) 지음 / 신국판 / 408쪽 / 13,000원
알기쉬운 부동산 세무 길라잡이
이건우(세무서 재산계장) 지음 / 신국판 / 400쪽 / 13,000원
알기쉬운 어음, 수표 길라잡이
변환철(변호사) 지음 / 신국판 / 328쪽 / 11,000원
제조물책임법
강동근(변호사) · 윤종성(검사) 공저 / 신국판 / 368쪽 / 13,000원
알기 쉬운 **주5일근무에 따른 임금 · 연봉제 실무**
문강분(공인노무사) 지음 / 4×6배판 변형 / 544쪽 / 35,000원
변호사 없이 당당히 이길 수 있는 **형사소송**
김대환 지음 / 신국판 / 304쪽 / 13,000원
변호사 없이 당당히 이길 수 있는 **민사소송**
김대환 지음 / 신국판 / 412쪽 / 14,500원
혼자서 해결할 수 있는 **교통사고 Q&A**
조명원(변호사) 지음 / 신국판 / 336쪽 / 12,000원
알기 쉬운 **개인회생 · 파산 신청법**
최재구(법무사) 지음 / 신국판 / 352쪽 / 13,000원

생활법률

부동산 생활법률의 기본지식
대한법률연구회 지음 / 김원중(변호사) 감수 / 신국판 / 472쪽 / 13,000원
고소장 · 내용증명 생활법률의 기본지식
하태웅(변호사) 지음 / 신국판 / 440쪽 / 12,000원
노동 관련 생활법률의 기본지식
남동희(공인노무사) 지음 / 신국판 / 528쪽 / 14,000원
외국인 근로자 생활법률의 기본지식

남동희(공인노무사) 지음 / 신국판 / 400쪽 / 12,000원
계약작성 생활법률의 기본지식
이상도(변호사) 지음 / 신국판 / 560쪽 / 14,500원
지적재산 생활법률의 기본지식
이상도(변호사) · 조의제(변리사) 공저 / 신국판 / 496쪽 / 14,000원
부당노동행위와 부당해고 생활법률의 기본지식
박영수(공인노무사) 지음 / 신국판 / 432쪽 / 14,000원
주택 · 상가임대차 생활법률의 기본지식
김운용(변호사) 지음 / 신국판 / 480쪽 / 14,000원
하도급거래 생활법률의 기본지식
김진홍(변호사) 지음 / 신국판 / 440쪽 / 14,000원
이혼소송과 재산분할 생활법률의 기본지식
박동섭(변호사) 지음 / 신국판 / 460쪽 / 14,000원
부동산등기 생활법률의 기본지식
정상태(법무사) 지음 / 신국판 / 456쪽 / 14,000원
기업경영 생활법률의 기본지식
안동섭(단국대 교수) 지음 / 신국판 / 466쪽 / 14,000원
교통사고 생활법률의 기본지식
박정무(변호사) · 전병찬 공저 / 신국판 / 480쪽 / 14,000원
소송서식 생활법률의 기본지식
김대환 지음 / 신국판 / 480쪽 / 14,000원
호적 · 가사소송 생활법률의 기본지식
정주수(법무사) 지음 / 신국판 / 516쪽 / 14,000원
新**상속과 세금 생활법률**의 기본지식
박동섭(변호사) 지음 / 신국판 / 492쪽 / 14,500원
담보 · 보증 생활법률의 기본지식
류창호(법학박사) 지음 / 신국판 / 436쪽 / 14,000원
소비자보호 생활법률의 기본지식
김성천(법학박사) 지음 / 신국판 / 504쪽 / 15,000원
판결 · 공정증서 생활법률의 기본지식
정상태(법무사) 지음 / 신국판 / 312쪽 / 13,000원
산업재해보상보험 생활법률의 기본지식
정유석(공인노무사) 지음 / 신국판 / 384쪽 / 14,000원

처 세

성공적인 삶을 추구하는 여성들에게 **우먼파워**
조안 커너 · 모이라 레이너 공저 / 지창영 옮김
신국판 / 352쪽 / 8,800원
聽 **이익이 되는 말** 話 **손해가 되는 말**
우메시마 미요 지음 / 정성호 옮김 / 신국판 / 304쪽 / 9,000원
부자들의 생활습관 가난한 사람들의 생활습관
다케우치 야스오 지음 / 홍영의 옮김 / 신국판 / 320쪽 / 9,800원
코끼리 귀를 당긴 원숭이-히딩크식 창의력을 배우자
강충인 지음 / 신국판 / 208쪽 / 8,500원
성공하려면 유머와 위트로 무장하라
민영욱 지음 / 신국판 / 292쪽 / 9,500원
등소평의 오뚝이전략
조창남 편저 / 신국판 / 304쪽 / 9,500원
노무현 화술과 화법을 통한 이미지 변화
이현정 지음 / 신국판 / 320쪽 / 10,000원
성공하는 사람들의 토론의 법칙
민영욱 지음 / 신국판 / 280쪽 / 9,500원
사람은 칭찬을 먹고산다
민영욱 지음 / 신국판 / 268쪽 / 9,500원
사과의 기술
김농주 지음 / 신국판 변형 양장본 / 200쪽 / 10,000원
취업 경쟁력을 높여라
김농주 지음 / 신국판 / 280쪽 / 12,000원
유비쿼터스시대의 블루오션 전략
최양진 지음 / 신국판 / 248쪽 / 10,000원
나만의 블루오션 전략 -화술편

민영욱 지음 / 신국판 / 254쪽 / 10,000원
희망의 씨앗을 뿌리는 20대를 위하여
우광균 지음 / 신국판 / 172쪽 / 8,000원
끌리는 사람이 되기위한 이미지 컨설팅
홍순아 지음 / 대국전판 / 194쪽 / 10,000원
글로벌 리더의 소통을 위한 스피치
민영욱 지음 / 신국판 / 328쪽 / 10,000원
오바마처럼 꿈에 미쳐라
정영순 지음 / 신국판 / 208쪽 / 9,500원
여자 30대, 내 생애 최고의 인생을 만들어라
정영순 지음 / 신국판 / 256쪽 / 11,500원

명　상

명상으로 얻는 깨달음
달라이 라마 지음 / 지창영 옮김 / 국판 / 320쪽 / 9,000원

어　학

2진법 영어　이상도 지음 / 4×6배판 변형 / 328쪽 / 13,000원
한 방으로 끝내는 영어　고제윤 지음 / 신국판 / 316쪽 / 9,800원
한 방으로 끝내는 영단어　김승엽 지음 / 김수경 · 카렌다 감수 /
4×6배판 변형 / 236쪽 / 9,800원
해도해도 안 되던 영어회화 하루에 30분씩 90일이면 끝낸다
Carrot Korea 편집부 지음 / 4×6배판 변형 / 260쪽 / 11,000원
바로 활용할 수 있는 기초생활영어
김수경 지음 / 신국판 / 240쪽 / 10,000원
바로 활용할 수 있는 비즈니스영어
김수경 지음 / 신국판 / 252쪽 / 10,000원
생존영어55　홍일록 지음 / 신국판 / 224쪽 / 8,500원
필수 여행영어회화　한현숙 지음 / 4×6판 변형 / 328쪽 / 7,000원
필수 여행일어회화　윤영자 지음 / 4×6판 변형 / 264쪽 / 6,500원
필수 여행중국어회화　이은진 지음 / 4×6판 변형 / 256쪽 / 7,000원
영어로 배우는 중국어　김승엽 지음 / 신국판 / 216쪽 / 9,000원
필수 여행스페인어회화　유연창 지음 / 4×6판 변형 / 288쪽 / 7,000원
바로 활용할 수 있는 홈스테이 영어
김형주 지음 / 신국판 / 184쪽 / 9,000원
필수 여행러시아어회화　이은수 지음 / 4×6판 변형 / 248쪽 / 7,500원

레포츠

수열이의 브라질 축구 탐방 삼바 축구, 그들은 강하다
이수열 지음 / 신국판 / 280쪽 / 8,500원
마라톤, 그 아름다운 도전을 향하여
빌 로저스 · 프리실라 웰치 · 조 헨더슨 공저 /
오인환 감수 / 지창영 옮김 / 4×6배판 / 320쪽 / 15,000원
인라인스케이팅 100%즐기기
임미숙 지음 / 4×6배판 변형 / 172쪽 / 11,000원
배스낚시 테크닉
이종건 지음 / 4×6배판 / 440쪽 / 20,000원
나도 디지털 전문가 될 수 있다!!!
이승훈 지음 / 4×6배판 / 320쪽 / 19,200원
스키 100% 즐기기
김동환 지음 / 4×6배판 변형 / 184쪽 / 12,000원
태권도 총론
하웅의 지음 / 4×6배판 / 288쪽 / 15,000원
건강하고 아름다운 동양란 기르기
난마을 지음 / 4×6배판 변형 / 184쪽 / 12,000원
수영 100% 즐기기
김종만 지음 / 4×6배판 변형 / 248쪽 / 13,000원
애완견114
황양원 엮음 / 4×6배판 변형 / 228쪽 / 13,000원
건강을 위한 웰빙 걷기
이강옥 지음 / 대국전판 / 280쪽 / 10,000원

우리 땅 우리 문화가 살아 숨쉬는 옛터
이형권 지음 / 대국전판 올컬러 / 208쪽 / 9,500원
아름다운 산사
이형권 지음 / 대국전판 올컬러 / 208쪽 / 9,500원
쉽고 즐겁게! 신나게! 배우는 재즈댄스
최재선 지음 / 4×6배판 변형 / 200쪽 / 12,000원
맛과 멋이 있는 낭만의 카페
박성찬 지음 / 대국전판 올컬러 / 168쪽 / 9,900원
한국의 숨어 있는 아름다운 풍경
이종원 지음 / 대국전판 올컬러 / 208쪽 / 9,900원
사람이 있고 자연이 있는 아름다운 명산
박기성 지음 / 대국전판 올컬러 / 176쪽 / 12,000원
마음의 고향을 찾아가는 여행 포구
김인자 지음 / 대국전판 올컬러 / 224쪽 / 14,000원
생명이 살아 숨쉬는 한국의 아름다운 강
민병준 지음 / 대국전판 올컬러 / 168쪽 / 12,000원
틈나는 대로 세계여행
김재관 지음 / 4×6배판 변형 올컬러 / 368쪽 / 20,000원
해양스포츠 카이트보딩
김남용 편저 / 신국판 올컬러 / 152쪽 / 18,000원
풍경 속을 걷는 즐거움 명상 산책
김인자 지음 / 대국전판 올컬러 / 224쪽 / 14,000원
3.3.7 세계여행
김완수 지음 / 4×6배판 변형 올컬러 / 280쪽 / 12,900원

골　프

퍼팅 메커닉
이근택 지음 / 4×6배판 변형 / 192쪽 / 18,000원
아마골프 가이드
정영호 지음 / 4×6배판 변형 / 216쪽 / 12,000원
골프 100타 깨기
김준모 지음 / 4×6배판 변형 / 136쪽 / 10,000원
골프 90타 깨기
김광섭 지음 / 4×6배판 변형 / 148쪽 / 11,000원
KLPGA 최여진 프로의 센스 골프
최여진 지음 / 4×6배판 변형 올컬러 / 192쪽 / 13,900원
KTPGA 김준모 프로의 파워 골프
김준모 지음 / 4×6배판 변형 올컬러 / 192쪽 / 13,900원
골프 80타 깨기
오태훈 지음 / 4×6배판 변형 / 132쪽 / 10,000원
신나는 골프 세상
유응열 지음 / 4×6배판 변형 올컬러 / 232쪽 / 16,000원
이신 프로의 더 퍼펙트
이신 지음 / 국배판 / 336쪽 / 28,000원
주니어출신 박영진 프로의 주니어골프
박영진 지음 / 4×6배판 변형 올컬러 / 164쪽 / 11,000원
골프손자병법
유응열 지음 / 4×6배판 변형 올컬러 / 212쪽 / 16,000원
박영진 프로의 주말 골퍼 100타 깨기
박영진 지음 / 4×6배판 변형 올컬러 / 160쪽 / 12,000원
10타 줄여주는 클럽 피팅
현세용 · 서주석 공저 / 4×6배판 변형 / 184쪽 / 15,000원
단기간에 싱글이 될 수 있는 원포인트 레슨
권용진 · 김준모 지음 / 4×6배판 변형 올컬러 / 152쪽 / 12,500원
이신 프로의 더 퍼펙트 쇼트 게임
이신 지음 / 국배판 올컬러 / 248쪽 / 20,000원

여성실용

결혼준비, 이제 놀이가 된다　김창규 · 김수경 · 김정철 지음
4×6배판 변형 올컬러 / 230쪽 / 13,000원

체육학 자연과학 및 사회과학 분야의 석 · 박사 학위 논문,
학술진흥재단 등재지, 등재후보지와 관련된 학회지

논문 작성법

2009년 1월 10일 제1판 1쇄 발행

지은이/하철수 · 김봉경
펴낸이/강선희
펴낸곳/가림출판사

등록/1992. 10. 6. 제4-191호
주소/서울시 광진구 구의동 57-71 부원빌딩 4층
대표전화/458-6451   팩스/458-6450
홈페이지/ www.galim.co.kr
전자우편/galim@galim.co.kr

값 15,000원

ISBN 978-89-7895-305-4 13370

가림출판사 · 가림M&B · 가림Let's의 홈페이지(http://www.galim.co.kr)에 들
어오시면 가림출판사 · 가림M&B · 가림Let's의 신간도서 및 출간 예정 도서를
포함한 모든 책들을 만나실 수 있습니다.
온라인 서점을 통하여 직접 도서 구입도 하실 수 있으며 가림 홈페이지 내에서
전국 대형 서점들의 사이트에 링크하시어 종합 신간 안내 및 각종 도서 정보,
책과 관련된 문화 정보를 받아보실 수 있습니다.
또한 홈페이지 방문시 회원으로 가입하시면 신간 안내 자료를 보내드립니다.